U0505956

华中师范大学政治学一流学科建设成果文库

基层与地方治理年度报告系列

总主编 徐 勇 陈军亚

乡域治理现代化
发展报告

REPORT ON THE DEVELOPMENT OF
TOWNSHIP GOVERNANCE MODERNIZATION

黄振华 主编 张海超 副主编

社会科学文献出版社
SOCIAL SCIENCES ACADEMIC PRESS (CHINA)

前　言

　　2013 年，党的十八届三中全会提出"国家治理体系和治理能力现代化"的重大命题。2019 年，党的十九届四中全会审议通过了《中共中央关于坚持和完善中国特色社会主义制度、推进国家治理体系和治理能力现代化若干重大问题的决定》，对国家治理体系和治理能力现代化进行了全面部署。2024 年，党的二十届三中全会决定指出，进一步全面深化改革的总目标是继续完善和发展中国特色社会主义制度，推进国家治理体系和治理能力现代化。国家治理体系和治理能力现代化是中国式现代化的重大战略目标，需要集聚各方面力量努力实现。

　　国家治理体系和治理能力现代化是一个系统工程，它包括多个领域和多个层级。基层与地方治理是国家治理的重要组成部分。2021 年，《中共中央 国务院关于加强基层治理体系和治理能力现代化建设的意见》指出：基层治理是国家治理的基石，统筹推进乡镇（街道）和城乡社区治理，是实现国家治理体系和治理能力现代化的基础工程。介于中央和基层之间的地方治理在国家治理体系中居于上下衔接的重要位置。为了更好地贯彻中央精神，让人们及时了解基层与地方治理的进展，增强理论自觉和行动自觉，我们组织撰写了"基层与地方治理年度报告系列"，包括《省域治理现代化发展报告》《市域治理现代化发展报告》《县域治理现代化发展报告》《乡域治理现代化发展报告》等。

　　华中师范大学的政治学学科从 20 世纪 80 年代初期就开始从事基层与地方治理研究。80 年代，随着农村人民公社体制的废除，国家恢复设立乡政府，实行村民自治，我校的政治学学者便开始从事基层群众自治研究。90年代末，我校的政治学学者将"治理"引入政治学和农村研究领域。进入21世纪后，城市社区治理成为重要内容。我校政治学的研究领域逐步由村（社区）向乡镇（街道）、县（区）、市和省扩展，产出了大量研究成果。

2017年，华中师范大学的政治学学科入选国家"双一流"建设学科名单。2022年，我校的政治学学科进入第二轮"双一流"建设学科名单，明确了"世界一流　中国特色　华师路径"的学科建设方向，形成"优势突破引领—交叉融合推进—整体发展提升"的总体思路，构建"一个引领、两大支撑、三大基础"的一流学科建设"雁阵布局"。其中，"国家治理体系中的基层与地方治理"确定为优势引领领域。这一领域的成果包括教材、数据库、年度报告等内容。"基层与地方治理年度报告系列"是重点内容之一。

基层与地方治理是我校政治学长期坚持的研究领域。根据国家治理体系和治理能力现代化的总体要求，紧密结合实际，展示我国基层与地方治理的最新状况并提出对策建议，是一项全新的任务。在年度报告的撰写中，我们以中央精神为指引，以基层与地方治理的发展现状为依据，在主编和撰写人员的共同努力下，完成了系列年度报告，旨在客观呈现我国基层与地方治理的总体状况、发展特点、存在的问题及未来方向，为国家治理现代化的实践和相关学术研究提供参考。

本系列年度报告具有开拓性，尚有需要进一步完善之处，还请读者批评指正。

"基层与地方治理年度报告系列"总主编

徐　勇　陈军亚

2024年12月2日

目　录

绪　论

一　"乡"与乡域治理

"乡"这一概念最早出现于周朝的《周礼·大司徒》中，《周礼·大司徒》将五州称为乡，注有"万二千五百家为乡"。[①] 自此，乡（镇）的建制逐步被确定下来，并在历代地方政府建构之中得到延续。直至 1958 年开始集体化建设，乡（镇）建制被"人民公社"所取代，原本由乡（镇）管辖的行政区域被划分为不同的生产队与组，乡（镇）这一场域在基层治理中不断被模糊、淡化。1978 年改革开放开始，国家工作的中心转移到经济上来，同时开始了思想、观念上的拨乱反正，随之而来的"人民公社"的撤销为乡（镇）重新回归基层治理场域奠定了前提条件。1982 年伊始，原本以"人民公社"划分的生产、生活区域陆续改称为乡或镇，直至今日，乡（镇）都是国家行政单位不可缺失的一部分。当下，我国地方行政区划体制基本划分为"省、市（地级）、县、乡"四级，其中乡级是我国最小的行政区划，包括街道、镇、乡、民族乡、苏木、民族苏木。

乡域指乡级行政区划范域，乡域治理则是指乡级行政区划范域的治理，具体而言，指以乡（镇）的行政区域为范围，依靠党委政府、社会组织、企事业单位及个人等主体，按照一定秩序和规范参与社会活动、进行社会建设、完善体制机制并对辖区内的居民、事务、组织等进行管理和服务的过程或总和。基层治理是国家治理的基石，乡域正是国家治理的基层场域，乡域治理则是国家治理在乡域层面的空间表达。因此，乡域治理对国家治理至关

---

① 周公旦：《周礼·大司徒》，徐正英、常佩雨译注，中华书局，2023，第 12 页。

重要，事关人民安居乐业，事关社会安定有序，事关国家长治久安。

二 乡域治理变迁及乡域治理现代化

乡级国家权力机关是乡域治理主体，在单一制国家结构形式下，国家权力机关的治理目标、理念影响着乡域治理。总体来说，乡域治理在传统中国、近代中国及现代中国呈现不同的内容。

传统中国的国家治理主要着重于国家整体性控制与专制皇权延续，因此，乡域治理以政治统治、政治控制为主。中央凭借以军事力量为代表的暴力机关、组织严密的乡里制度和乡村组织、以君臣思想为核心的传统道德伦理观念、制度化赋税与徭役等来实现对于地方的政治统治与政治控制，强制性、单向性是传统中国乡域治理的主旋律。在传统乡域治理中，乡绅在民众与官员之间起到了桥梁与缓冲带的作用，构筑了民意上传、皇权下达双向沟通的渠道，一定程度上为乡域治理增添了一抹民主性色彩，但在专制主义与中央集权的封建体制下，乡域治理的主旋律仍未改变。

在战争中开启的近代中国联结了传统与现代两个时期，这一时期的国家治理兼具两个时期的特征。进入近代以来，国家试图通过以"清末新政"为代表的政策，不断加强对于地方特别是农村地区的资源控制与汲取。民国时期，国民党政府在乡域基层建立区公所与乡公所，并派驻行政人员，国家行政机构由此第一次在中国历史上延伸至县级以下的乡域。此外，20世纪上半叶，传统的保甲体制也经历了一个不断官化的过程，其机构设置和功能由简而繁。其中，20世纪30年代，国民党政府重建保甲，将保甲制改造为克服内乱、抵抗外敌的准军事化组织，使用古代连坐制度对地方社会进行严密的控制，强化了国家对乡村社会的内部绥靖。与此同时，为缓和中央与地方的矛盾，延续国家对于乡村的政治控制与资源汲取，抵御外国侵略者维护国家统一，近代中国国家政权也自清末以来，顺应时代潮流与民众需要，在乡域推行自治。但是，由于保甲制度的存在，近代的乡域自治仍是统治者加强乡域控制的一种手段。在国家对于乡村政治控制加强的背景下，国家运用正式的国家权力和行政机构对乡村社会进行整合与改造，乡绅垄断了乡村治理、建设的资源，切断了原本存在的民意上传渠道。中央权力、乡绅权力对于乡村的控制成为近代乡域治理的显著特征，强调控制、忽视管理、民主淡化是近代乡域治理的主要特点。

进入现代以来，国家治理逐渐以人民为中心，乡域治理逐渐以社会发展和人民群众的共同利益为出发点，乡级政权在为民提供公共服务的同时对社会实施有效管理。在乡域治理中，乡镇政府力求充分调动各乡域治理主体的积极性，充分发挥党、政府、人民团体、企事业单位、群众等主体的积极作用，让各类主体有序参与治理实践。为推进乡域治理，中央政府有意识地向基层放权赋能，乡镇政权在统筹协调各方力量、管理基层社会事务、防范化解风险等方面的权能得到充分拓展。随着《村民委员会组织法》的颁布，村民自治也得到了极大的发展，为乡域治理提供了极大的动能。在社会主义与现代化浪潮下，多元共治、平等协商、充分发展等成为现代乡域治理的主要特点。

党的十八大以来，以习近平同志为核心的党中央高度重视乡域社会治理工作。党的十八届三中全会首次提出"推进国家治理体系和治理能力现代化"这个重大命题，并把"完善和发展中国特色社会主义制度、推进国家治理体系和治理能力现代化"确定为全面深化改革的总目标，这为乡域治理指明了方向，即乡域治理应朝着现代化的方向发展。2021年，《中共中央 国务院关于加强基层治理体系和治理能力现代化建设的意见》明确指出，"统筹推进乡镇（街道）和城乡社区治理，是实现国家治理体系和治理能力现代化的基础工程"，这深刻强调了乡域治理现代化对于国家治理现代化的基础性作用。

近年来，各地结合自身实际，在改进和创新治理方式方法上形成不少特色做法，乡域社会治理效能不断提升。各地在推动大数据、人工智能、区块链等现代科技与乡域社会治理深度融合的基础之上，推进乡域社会治理体系架构、运行机制、工作流程智能化再造，搭建大整合、高共享、深应用的智能化平台，实现社会运行"一网统管"和政务服务"一网通办"，提升智慧治理和智慧服务水平；主动适应乡域社会治理面临的新情况新问题，落实社会稳定风险评估制度，科学评估各类风险等级，压实防范、化解和管控责任，健全矛盾纠纷多元化解机制，坚持关口前移、源头预防，深入开展矛盾风险动态排查，加强风险评估研判，完善多元化解联动机制；充实壮大乡村小组长队伍，努力实现对人、地、物、事、组织等基本要素的精准管控，提升基层公共服务、矛盾化解、应急管理水平，加强人才队伍建设，建立与经济社会发展水平相适应的乡村治理工作者、乡村小组长、人民调解员等待遇保障机制，发挥正向激励作用，吸引更多专业人才加入乡村治理工作者队伍。

三 乡域治理研究概述

（一）乡域治理在国家治理中的重要地位

我国国家治理体系存在宏观、中观、微观三个层级，其中，宏观治理即国家层面的治理，是国家制度法律等政治规则和国家战略、国家公共决策的策源地，具有国家战略决策的总体性和高覆盖性；中观治理即中层治理，主要包含省级治理和市级治理两级，是公共治理的地方化；微观治理即基层治理，包含县级治理和乡级治理，是国家治理体系的末端，其中，乡级治理位于国家治理体系中的最末端。在微观治理中，乡域是国家与社会广泛联系的治理空间，国家改造乡村的所有意志都需要借由乡镇来完成（见图0-1）。

一方面，中国是一个超大规模的国家，面临着社会、历史、自然等资源禀赋差异巨大的现实国情，在这种情况下，中央的顶层设计如何在地方得到有效落实，成为国家治理现代化实践中不可忽视的重要问题。另一方面，随着全面深化改革向纵深推进，基层治理改革中暴露出诸多亟待解决的新问题，如社会治理悬浮化、社区治理内卷化、基层治理碎片化、基层治理"国家在场"弱化以及信息孤岛现象等，正制约着国家治理现代化战略向纵深发展的步伐。作为国家治理体系"顶层设计"的最终落地环节与国家治理体系的最末端，乡域治理对国家治理起着更基础性的作用，在国家治理体

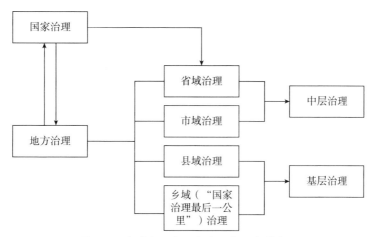

图 0-1　乡域治理在国家治理体系中的定位

系中扮演着承上启下的枢纽角色，在新时代背景下，推进乡域治理现代化具有重要的现实意义。

（二）乡域治理现代化的实践探索

各界对于乡域治理现代化的思考与探索，很大程度上是学习与运用党的十九届四中全会通过的《中共中央关于坚持和完善中国特色社会主义制度 推进国家治理体系和治理能力现代化若干重大问题的决定》的结果和延伸。乡域治理是国家治理在乡镇层面的具体体现，近年来，在党对于国家治理现代化的顶层设计下，多地为实现基层治理现代化开展了乡域治理创新性探索，为其他地区开展乡域治理活动，创新乡域治理体系，提升乡域治理能力提供了借鉴。在乡域治理现代化的诸多实践中，党建引领带动、群众主体性发挥、多元主体共治、公共服务优化是各地主要着力点。

在党建引领带动方面，作为四川省乡镇治理现代化试点乡镇，彭州市丹景山镇紧扣川西地区乡村聚落形态特征，聚焦街区、小区、林盘（院落）三类治理基本单元，深入实施"美丽乡村细胞工程"。以街区、小区、林盘（院落）三类"细胞"为治理对象，从党员、热心群众中推选能人建立共建、共治、共营"三共"委员会，科学设置项目、议题，以事聚人、聚人成事。以村（社区）党组织为核心，发动社会组织、企业、群众等多元主体组建共建委员会，搭建"坝坝会""堂屋说事"等民主协商平台，畅通村（居）民参与街区风貌改造、乡镇有机更新等重大事务渠道，形成利益联结体。充分发挥党员、党组织在乡镇治理中的带头人与联络人作用，密切党员与群众之间、政府与群众之间、干部与群众之间的联系，增强群众对于干部、政府的信任。

在群众主体性发挥方面，丹景山镇党委政府在乡镇治理过程中，始终将"授权赋能"理念嵌入治理的全过程，积极构建镇—村（社区）—群众自治组织三级良性互动机制，坚持"自上而下"的社会管理和"自下而上"的社会自治"纵向有机结合"，通过"赋权、赋能、赋值"于民，厘清政府和居民各自职责边界，增强居民主人翁意识，充分发挥人民群众在乡镇建设中的主体作用，使乡镇治理效益切实惠及群众。

在多元主体共治方面，习近平总书记在党的十九大报告中指出，加强农村基层基础工作，健全自治、法治、德治相结合的乡村治理体系。近几年来，温州瑞安市陶山镇结合自身特点，在自治、法治、德治"三治"融合的基础上，充分发挥新乡贤参与乡域社会治理的独特作用，拓展延伸出了以贤政、贤资、贤智、贤调为主要内容的"贤治"，成为"三治"融合的有益补充。陶山镇把"贤治"融入"三治"，初步形成了具有陶山特色的"四治"融合基层治理模式，被当地干部群众所称道。

在公共服务优化方面，新昌县儒岙镇坚持和发展新时代"枫桥经验"，创新实践基层治理"3+5"模式，建立儒岙镇综治工作中心、儒岙镇社会组织服务中心、平安儒岙体验中心，推出天姥平安行、天姥美立方、天姥爱心港、天姥书香情、天姥夕阳红五大特色志愿项目。儒岙镇综治工作中心是全镇综合治理的中枢神经，综治工作中心整合了基层治理四平台、平安建设系统、胶囊监管系统等资源，在平安建设、社会治安、应急调度指挥、四平台协调处理等工作中，发挥了重要作用。尤其是胶囊监管系统，可以实时掌握全镇胶囊企业从原料进厂到产品出厂的全过程，实现了无死角监管。儒岙镇社会组织服务中心，是全镇社会组织的孵化摇篮。截至 2020 年 4 月，在全镇培育孵化社会组织 220 个，累计开展扶弱济困、助学助医、社会救灾、矛盾调解、心理咨询等各项活动 1500 余场次，参与人数 8 万余人次，[①] 有效地缓解了基层矛盾，促进了乡风文明，提升了人民群众的幸福指数。

（三）乡域治理理论研究

作为国家治理的重要组成部分，乡域治理体系和治理能力现代化程度深刻影响着国家治理体系和治理能力的现代化程度。在实现国家治理体系和治理能力现代化的过程中，乡镇政府治理能力的大小和治理水平的高低不仅影响国家治理现代化的成效，更直接关系到广大群众的切身利益及乡镇发展。学界对于"乡域治理"的研究主要集中于乡镇政府能力建设，探究如何以乡镇能力建设为抓手，推进乡域治理现代化。

受到治理资源、治理理念等条件的限制，乡域治理面临着诸多问题。一是治理主体单一，多元化治理程度不高。乡域治理任务主要由乡镇政府承担，未充分调动乡域内社会组织、人民团体、企事业单位以及人民群众的积极性，更多的是乡镇政府"单打独斗"，未充分形成合力。二是治理手段滞后，乡镇工作中信息化技术覆盖面不够，使用效率不高，现代信息技术对于乡镇的工作支持力度相对不足。三是治理能力弱化。方柏华等指出党组织引领、动员能力弱是乡镇政府治理能力弱化的根本原因，也是急需解决的重要问题。[②] 四是治理权责失衡。乡镇治理中乡镇政府的"权""责""利"三者之间关系不平衡是限制乡镇政府治理职能发挥的重要原因。[③]

基于乡镇政府能力建设与乡域治理现代化面临的问题，学界对于实现乡镇政府治理能力提升、推动乡域治理能力现代化措施的探索已初具规模，这些措施主要着眼于乡域治理手段现代化和治理过程民主化，具体包括如下几个方面的内容。

---

① 黄丽丽、俞浙峰：《以乡镇（街道）为关键 走好市域社会治理现代化"最初一公里"——新时代"枫桥经验"的绍兴实践》，《浙江日报》2020 年 4 月 13 日。
② 方柏华等：《多中心视野下的乡镇治理——基于浙江实践的考察》，《科学社会主义》2013年第 4 期。
③ 方柏华：《多中心视野下的乡镇治理——基于浙江实践的考察》，《科学社会主义》2013年第 4 期。

其一，树立现代治理理念，建立多元主体治理体系。有学者提出乡镇政府要转变发展理念，牢固树立多元主体合作共治的思想，将人民群众作为乡镇治理的生力军，执政党要在互动关系中起到重要的引领和整合作用。① 也有学者提出，用合作治理思维克服行政垄断思维，尊重乡域治理中每一个主体的治理积极性、能动性与效能，做到地位平等、相互尊重。② 其二，推动乡镇权责对等。一方面，要建立权力和责任相匹配的行政体制，同时在明确乡镇权责体系的前提下加强乡镇综合执法队伍建设，在综合执法队伍建设过程中要注重发挥党的领导作用，并加强综合执法人员的综合能力培训;③ 另一方面，构建财权与事责相匹配的财政体制，使乡镇政府有资源、有底气进行乡镇建设与乡镇治理。其三，坚持依法行政，建立法治型政府。法律制度是乡镇政府工作的准绳，也是乡域治理现代化的保障。④ 法治政府的建设不仅需要完备的法律体系，还需要乡镇干部严格遵守法律制度。乡镇依法治理关键在党、在人，在于拥有一支政治过硬、本领过硬和作风过硬的优秀干部队伍，能够坚定执行党的政治路线和贯彻党的思想路线、组织路线、群众路线，遵守国家法律法规。⑤ 其四，不断提升公共服务水平。国家治理体系现代化要求乡镇政府转变职能，打造服务型政府，协调多元化的乡村利益关系以及多元主体共治的现实需要也要求乡镇政府转变职能。⑥ 有学者指出，乡镇服务型政府的构建需要实现三个方面的目标：一是要实现乡镇公共服务标准化，二是要创新公共服务运营机制，三是要注重乡镇居民和社会组织对乡镇公共服务过程的参与。⑦

---

① 许远旺：《基层"三整合"改革与乡镇治理现代化路径选择》，《治理研究》2022 年第 6 期。
② 王曙光、兰信鸽：《乡镇政府治理现代化探析》，《经济研究导刊》2023 年第 6 期。
③ 何石：《基层治理现代化背景下乡镇综合执法体制改革研究》，《经济研究导刊》2021 年第 30 期。
④ 王曙光、兰信鸽：《乡镇政府治理现代化探析》，《经济研究导刊》2023 年第 6 期。
⑤ 金江峰：《中坚干部：乡镇治理有效的内生动力及其功能实践》，《求索》2022 年第 2 期。
⑥ 张春照：《乡村振兴背景下的服务型乡镇政府建设——基于国家治理体系现代化视角的研究》，《人民论坛·学术前沿》2019 年第 2 期。
⑦ 夏志强、谭毅：《"治理下乡"：关于我国乡镇治理现代化的思考》，《上海行政学院学报》2018 年第 3 期。

指 数 篇

第一章　乡域治理现代化指标体系构建

　　学界现有对乡域治理的研究已初具规模，其对于乡域治理现代化的内涵、问题、举措的探究具有一定的指导意义，但是也存在着诸多不足，特别是，缺少对于乡域治理现代化评价指标、评价体系的建构，难以衡量乡域治理的水平，从而为乡域治理现代化提供针对性的优化思路与措施。因此，在对乡域治理现代化进行顶层设计和积极实践的背景下，建立一套科学评估乡域治理效能的指标体系，对乡域治理的具体实践效果进行评估，发现各乡域在治理过程中存在的短板，是推进党中央重大战略部署在乡域层面更好落实和帮助乡镇切实提升乡域治理水平的必要举措。

一　乡域治理现代化指标体系构建的意义

（一）理论意义

　　乡域治理现代化是当下全国乡域范围内正在摸索、建设的重要议题，但对于如何提升乡域治理效能这一问题,政学两界尚未达成有效共识。通过对乡级治理评估研究进行回顾可知,学术界相关研究具有一定的参考借鉴意义,但这些研究大多只围绕着乡域治理的一个方面而展开,忽视了乡域范围内各领域的整体性评估。而完善的乡域治理现代化指标体系不仅关注乡域治理活动赖以展开的一系列制度安排,还关注治理主体运用制度安排去管理社会各方面事务的能力,将治理过程和治理绩效有机统一,这有助于对乡域治理现代化水平作出科学、全面的评估。此外,基于乡域治理现代化指标体系对典型地区乡域治理现代化的经验总结,有助于展示中国乡域治理的经验、成就与优势,产生可交流、可推广的共识经验,为乡域治理理论提供实践基础。

(二)实践意义

乡域治理现代化指标体系可以为考察乡域治理现代化提供科学依据,有利于帮助各乡发现、解决乡域治理中存在的问题。乡域治理在国家治理体系中处于基础性位置,乡域治理中能力不足、力量不强、韧性不够、保障不力等问题,会严重制约地方经济建设和社会治理的协同发展。乡域治理现代化指标评价能够为我们提供一个客观、可量化的评估工具,帮助政府、乡镇、社会及时了解目前乡域治理现代化的水平和效果。通过定期进行评估,政策制定者可以及时了解政策的开展进程,发现问题所在,并据此制定和调整相应的治理策略和政策,进而提升治理能力和效果,持续推进乡域治理现代化。

二 乡域治理现代化指标的选取及含义

本书将乡域治理现代化指标的具体内容分为"经济建设"、"政治建设"、"文化建设"、"社会建设"和"生态文明建设"五个维度,并基于此建立一、二、三级指标。首先,明确乡域治理现代化指标体系在选取指标上的主要原则,并建立基础指标池。其次,对指标池指标进行筛选,并最终建立起三级指标。最后,对筛选后的三级指标进行无量纲化处理,并采用层次分析法和专家打分法相结合的方法确定每个指标的权重，以形成完整的乡域治理现代化指标体系。

乡域治理现代化指标体系从治理体系现代化、治理能力现代化的基本框架中提炼出了 15 个一级指标，并在此基础上对一级指标的内容进行外延分解，形成了 34 个二级指标。对治理能力现代化的评估，主要从经济建设、政治建设、文化建设、社会建设、生态文明建设五个方面进行。中国共产党的领导是中国特色社会主义最本质的特征，政治、经济、文化、社会、生态文明等各领域的建设是在党的领导下逐渐确立起来并不断推进的，整体而言，这五个方面的能力建设各有自己特定的战略地位，是一个有机统一、相互协调、整体联动的评估系统。其中，政治建设是其他各方面能力建设得以顺利推进的根本保证；经济建设是基层政府工作开展、打造服务型政府的重要动力；文化建设是保证社会主义发展方向、人民当家作主的重要保障；法治社会建设是实现社会公平正义、保证社会长治久安、改善人民生活水平的重要条件；生态建设是促进人与自然和谐相处，提升人民群众生活幸福感的长久之策。

（一）乡域经济建设

乡镇是我国的基层行政单位，乡镇经济是我国经济的重要组成部分，乡镇经济的发展关系着我国广大人民的切身利益，对提高我国人民的生活水平有重要作用，而且随着我国经济进入新常态，乡镇经济的发展将进一步带动城乡一体化发展的进程。本书中，乡域治理现代化指标体系主要从村集体经济、城镇工业经济、乡镇财税三个方面评估乡域经济建设能力。

1. 村集体经济

村集体经济，是指与社会主义市场经济体制相适应的在集体财产保值增值中实现集体成员利益共享的公有制经济。其实行基本生产资料和资产的共同所有和按份所有，在一定区域与产业内，农民按照自愿互利原则组织起来，在生产和流通环节进行某种程度的合作，组织内实行民主管理，组织外采用市场化运作，实现统一经营与承包经营的有机结合，所得收益的分配原则为按劳分配与按要素分配相结合。对于村集体经济的评估，可以从集体经济发展、集体经济监管两方面的指标入手。

2. 城镇工业经济

工业经济，又叫资源经济，即经济发展主要取决于自然资源的占有和配置。工业和信息化部等部门都将发展生产性服务业作为加快推进工业转型升级、两化深度融合、走新型工业化道路的一项重要工作，扎实推进。可以从发展水平、产业培育、招商引资三个方面衡量乡域城镇工业经济发展水平。作为现代服务业的核心与主要组成部分，生产性服务业包括交通运输、现代物流、金融保险、商务服务等多个行业。

3. 乡镇财税

贯彻政府过紧日子的要求，坚持勤俭节约的原则，按照规范的管理办法，围绕政策目标主要采用因素法或项目法分配各类转移支付资金。采用因素法分配资金，应选择与财政收支政策有较强相关性的因素，赋予不同因素相应权重，并结合实际情况运用财政困难程度、支出成本差异、绩效结果等系数加以调节，采取公式化方式测算，体现明确的政策导向和支持重点。可从财税收支、财税管理两个方面衡量乡域财税水平。确需以项目形式下达的转移支付资金可采用项目法，遵循公平、公正、公开的原则，结合实际采取竞争性评审等方式，按照规范程序分配。转移支付资金分配应与下级政府提供基本公共服务的成本相衔接，同时充分考虑下级政府努力程度，强化绩效管理，适度体现激励约束。

（二）乡域政治建设

旗帜鲜明讲政治是我们党作为马克思主义政党的根本要求。党的政治建设是党的根本性建设，决定党的建设方向和效果，事关统揽推进伟大斗争、伟大工程、伟大事业、伟大梦想。在革命、建设、改革各个时期，我们党都高度重视党的政治建设，形成了讲政治的优良传统。党的十八大以来，以习近平同志为核心的党中央把党的政治建设摆在更加突出位置，加大力度抓，形成了鲜明的政治导向，推动党的政治建设取得重大历史性成就。同时，必须清醒看到，党内存在的政治问题还没有得到根本解决，一些党组织和党员干部忽视政治、淡化政治、不讲政治的问题还比较突出，有的甚至存在偏离中国特色社会主义方向的严重问题。切实有效解决这些问题，必须进一步加强党的政治建设。

加强党的政治建设，必须高举中国特色社会主义伟大旗帜，全面贯彻党的十九大、二十大精神，坚持以马克思列宁主义、毛泽东思想、邓小平理论、"三个代表"重要思想、科学发展观、习近平新时代中国特色社会主义思想为指导，坚持党的基本理论、基本路线、基本方略，落实新时代党的建设总要求，增强"四个意识"，坚定"四个自信"，坚决维护习近平总书记党中央的核心、全党的核心地位，坚决维护党中央权威和集中统一领导，把准政治方向，坚持党的政治领导，夯实政治根基，涵养政治生态，防范政治风险，永葆政治本色，提高政治能力，把我们党建设得更加坚强有力，确保我们党始终成为中国特色社会主义事业的坚强领导核心，为实现"两个一百年"奋斗目标和中华民族伟大复兴的中国梦提供坚强政治保证。可以从政治领导、思想领导、组织领导三个方面衡量乡域政治建设能力。

1. 政治领导

政治领导是国家或政党所制定和执行的反映其阶级利益、意志的路线、方针、政策。党的政治领导体现在三个方面。一是党的最高领导机关依据马克思主义的普遍真理，结合本国的实际情况，制定出符合客观规律的路线、方针、政策；对社会主义的政治、经济、文化、外交、军事等方面的重大措施作出明确的规定，使人民群众明确为之奋斗的目标和当前的行动任务。二是各级党组织要把党的路线、方针、政策同本地区、本部门、本单位的具体实际结合起来，使党的路线、方针、政策得到贯彻落实，能卓有成效地完成党所提出的任务。三是党的路线、方针、政策需经过人民群众实践的反复检验，力求不断完善。可以从思想宣传、群团统战两个方面衡量乡域政治领导能力。

2. 思想领导

思想领导是中国共产党的领导方式之一，另外两种分别为组织领导、政治领导。思想领导即用马克思列宁主义、毛泽东思想、邓小平理论、"三个代表"重要思想、科学发展观、习近平新时代中国特色社会主义思想教育党员和人民群众，不断提高他们的思想觉悟，使其懂得党的纲领和路线，懂得国家的法律和政策，并自觉贯彻执行。可以从党风廉政、理论学习两个方面衡量乡域思想领导能力。

3. 组织领导

组织领导即充分发挥各级党组织的战斗堡垒作用，以广大党员的先锋模范作用，来带动和影响人民群众，从组织上保证党的纲领和路线，国家的宪法、法律付诸实施；培养、选拔、考核和监督干部，并向国家机关推荐德才兼备的干部，以成功地推进中国特色社会主义事业的发展。可以从组织建设、队伍建设两个方面衡量乡域组织领导能力。

（三）乡域文化建设

文化是民族生存和发展的重要力量。担负起新的文化使命、建设中华民族现代文明，必须深入学习领会习近平文化思想，将其贯彻落实到文化建设全过程各方面。党的十八大以来，以习近平同志为核心的党中央在领导党和人民推进治国理政的实践中，把文化建设摆在全局工作的重要位置，不断深化对文化建设的规律性认识，提出一系列新思想新观点新论断，推动我国文化建设在正本清源、守正创新中取得历史性成就、发生历史性变革，为新时代坚持和发展中国特色社会主义、开创党和国家事业发展新局面提供了强大正能量。习近平总书记在文化传承发展座谈会上指出："在新的起点上继续推动文化繁荣、建设文化强国、建设中华民族现代文明，是我们在新时代新的文化使命。"[①] 担负起新的文化使命、建设中华民族现代文明，必须深入学习领会习近平文化思想，将其贯彻落实到文化建设全过程各方面。

习近平总书记指出："在五千多年中华文明深厚基础上开辟和发展中国特色社会主义，把马克思主义基本原理同中国具体实际、同中华优秀传统文

---

① 习近平：《在文化传承发展座谈会上的讲话》，人民出版社，2023，第10页。

化相结合是必由之路。这是我们在探索中国特色社会主义道路中得出的规律性认识。"① 可以从文化服务体系、文化产业、乡风文明三个方面衡量乡域文化建设能力。"坚持把马克思主义基本原理同中国具体实际相结合、同中华优秀传统文化相结合"②，是习近平总书记在庆祝中国共产党成立 100 周年大会上的重要讲话中提出的重大论断。在文化传承发展座谈会上，习近平总书记从五个方面深刻阐释了马克思主义基本原理同中华优秀传统文化相结合的重大意义、重要内涵，强调"'第二个结合'是又一次的思想解放，让我们能够在更广阔的文化空间中，充分运用中华优秀传统文化的宝贵资源，探索面向未来的理论和制度创新"。③"第二个结合"是我们党对马克思主义中国化时代化历史经验的深刻总结，是对中华文明发展规律的深刻把握，表明我们党对中国道路、理论、制度的认识达到了新高度，表明我们党的历史自信、文化自信达到了新高度，表明我们党在传承中华优秀传统文化中推进文化创新的自觉性达到了新高度。

1. 文化服务体系

"十四五"时期要将坚持正确导向、坚持以人民为中心、坚持改革创新、坚持系统推进作为基本原则，重点从推进城乡公共文化服务体系一体化，建设以人为中心的图书馆，繁荣群众文艺，增强公共文化服务实效性，推动公共文化服务社会化发展和数字化、网络化、智能化建设，推进公共文化服务区域均衡发展等几个方面着手加大建设力度，推动到"十四五"末，公共文化服务布局更加均衡、服务水平显著提高、供给方式更加多元、数字化网络化智能化发展取得新突破，争取到 2035 年建成与社会主义文化强国相适应的现代公共文化服务体系。可以从文化基础设施、文化活动两个方面衡量乡域文化服务体系建设。

2. 文化产业

改革开放以来，随着我国社会生产力、综合国力、经济发展水平不断提

① 习近平：《在文化传承发展座谈会上的讲话》，人民出版社，2023，第 5 页。
② 《习近平著作选读》（第二卷），人民出版社，2023，第 483 页。
③ 习近平：《在文化传承发展座谈会上的讲话》，人民出版社，2023，第 8 页。

高，人民生活显著改善，人民群众的文化需求日益强烈，期盼更加丰富的精神文化生活。《国民经济和社会发展第十四个五年规划和2035年远景目标纲要》提出到2035年建成文化强国的远景目标，并强调健全现代文化产业体系。这为推动"十四五"时期文化事业和文化产业繁荣发展、满足人民群众日益增长的精神文化需要、提升国家文化软实力指明了方向和路径。可以从文化传承与保护、文化资源开发两个方面衡量乡域文化产业建设。文化产业是满足人民群众精神文化需要的重要载体。发展文化产业，既是建设社会主义文化强国的重要内容，也有利于促进文艺作品的内容与技术、模式、业态、场景等的融合发展，创造新的经济业态，增加先进文化产品和服务供给，实现社会效益和经济效益有机统一。

3. 乡风文明

"农业强不强、农村美不美、农民富不富，决定着全面小康社会的成色和社会主义现代化的质量。"[1] 重农固本是安民之基、治国之要。实施乡村振兴战略是党的十九大作出的重大决策部署。可以从移风易俗、良风传承两个方面衡量乡域乡风文明建设。乡村振兴，包括产业、人才、文化、生态和组织等多方面的振兴。乡风文明是评判乡村共同体进步开化与否的标准，是乡村振兴水平和程度的外显，乡村振兴战略背景下的乡风文明建设具有重要意义。

（四）乡域社会建设

党的十八大以来，习近平总书记高度重视社会建设，提出一系列新思想新观点新论断，科学回答了在新时代为什么要推进社会建设、怎样推进社会建设等重大理论问题，为开展各项社会建设工作提供了根本遵循，把我们党对社会建设的认识提升到新高度，推动了社会建设理论和实践创新。

党的十八大之前，无论学术界还是政府部门，社会建设更多地被理解为社会民生建设。党的十八大报告提出"在改善民生和创新管理中加强社会

---

① 习近平：《论"三农"工作》，中央文献出版社，2022，第268页。

建设"，强调"必须从维护最广大人民根本利益的高度，加快健全基本公共服务体系，加强和创新社会管理"。[①] 这意味着，我们党将改善民生和社会治理创新并列作为社会建设的重要内容，社会建设成为由合理配置社会资源、调整社会利益关系、推进民生建设、培育社会组织、发展社会事业等多个领域构成的宏大系统。十年来，我们党把以人民为中心的发展思想贯穿社会建设全过程，将促进社会公平正义、增进人民福祉作为社会建设的出发点和落脚点，以保障和改善民生为重点，在社会治理、社会体制机制改革等方面系统发力，探索建设共同富裕的美好社会，全面开展社会建设。推动高水平社会建设与高质量经济发展齐头并进。党的十八大以来，我国经济发展平衡性、协调性、可持续性明显增强，国内生产总值已突破百万亿元大关，人均国内生产总值超过1万美元，国家经济实力、科技实力、综合国力跃上新台阶，我国经济迈上更高质量、更有效率、更加公平、更可持续的发展之路，为社会建设奠定了坚实物质基础。同时，我们党努力建设体现效率、促进公平的收入分配体系，调节过高收入，取缔非法收入，增加低收入者收入，稳步扩大中等收入群体，推动形成橄榄形分配格局，居民收入增长与经济增长基本同步，农村居民收入增速快于城镇居民。可以从公共服务、平安稳定、群众自治三个方面衡量乡域社会建设能力。在社会治理领域，创新社会治理理念，改进社会治理方式，构建共建共治共享的社会治理格局，完善中国特色社会主义社会治理体系，努力建设更高水平的平安中国，社会治理的社会化、法治化、智能化、专业化水平大幅度提升，高水平社会建设与高质量经济发展齐头并进。

1. 公共服务

公共服务是指在教育、医疗健康、养老、托育、家政、文化和旅游、体育等社会领域，为满足人民群众多层次多样化需求，依靠多元化主体提供服务的活动。乡镇政府提供服务的数量、质量及其分配情况直接影响着居民的生活环境与生活水平，关系着社会治理的好坏，可以从基础设施建设、公共

---

① 《十八大以来重要文献选编》（上），中央文献出版社，2014，第27页。

服务供给两方面进行评估。农村基础设施建设成效明显，但与城市相比仍有差距。党的十八大以来，以习近平同志为核心的党中央高度重视农村工作，一系列强农惠农富农政策的实施，加快了农村基础设施建设步伐，大多数村庄通了公路，县一级基本上通了高速公路，物流配送大规模下了乡。由于受到财政投入不足、城乡二元经济体制等影响，我国农村公共产品和服务在供给过程中还存在诸多的问题。如何解决这些问题已经成为政府亟待思考的重要课题。

2. 平安稳定

乡域平安稳定的中心工作是维护、保障乡域公共安全，公共安全是社会和谐稳定的基础，在提升人民群众的幸福感、满意度方面具有显著作用，它主要指社会和公民个人从事和进行正常的生活、工作、学习、娱乐和交往所需要的稳定的外部环境和秩序。乡域平安建设是缓解与化解重大隐患、进行风险控制的重要治理领域，是乡域社会治理现代化建设的着力点之一。可从应急管理和平安建设两方面进行评估。应急管理是指政府及其他公共机构在突发事件的事前预防、事发应对、事中处置和善后恢复过程中，通过建立必要的应对机制，采取一系列必要措施，应用科学、技术、规划与管理等手段，保障公众生命、健康和财产安全，并促进社会和谐健康发展的有关活动。

3. 群众自治

推进乡域群众自治，即以习近平新时代中国特色社会主义思想为指导，践行以人民为中心的发展思想，改进和规范基层群众性自治组织服务工作，为群众提供高效、便捷、规范的服务，打通联系服务群众"最后一公里"，有效增强群众的获得感和幸福感。可以从民主选举、民主决策、民主管理、民主监督、民主协商五个方面推进乡域群众自治，切实做好如下工作。加强村民委员会规范化建设。坚持党组织领导基层群众性自治组织的制度，建立基层群众性自治组织法人备案制度，加强集体资产管理。合理确定村规模，不盲目求大。健全村民自治机制。强化党组织领导把关作用，规范村民委员会换届选举，全面落实村"两委"班子成员资格联审机制。在基层公共事务和公益事业中广泛实行群众自我管理、自我服务、自我教育、自我监督，拓宽群众反映意见和建议的渠道。聚焦群众关心的民生实事和重要事项，定期开展民主协商。完善党务、村（居）务、财务公开制度，及时公开权力事项，接受群众监督。强化基层纪检监察组织与村（居）务监督委员会的沟通协作、有效衔接，形成监督合力。规范村公共服务、代办政务、民俗文化活动服务事项，由基层党组织主导整合资源为群众提供服务。推进城乡社区综合服务设施建设，依托其开展就业、养老、医疗、托幼等服务，加强对困难群体和特殊人群的关爱照护，做好传染病、慢性病防控等工作。加强综合服务、兜底服务能力建设。完善支持社区服务业发展政策，采取项目示范等方式，实施政府购买社区服务，鼓励社区服务机构与市场主体、社会力量合作。开展"新时代新社区新生活"服务质量提升活动，推进社区服务标准化。

（五）乡域生态文明建设

党的十八大以来，以习近平同志为核心的党中央把生态文明建设摆在全局工作的突出位置，全面加强生态文明建设，一体治理山水林田湖草沙，开展了一系列根本性、开创性、长远性工作，决心之大、力度之大、成效之大前所未有，对于生态文明建设从认识到实践都发生了历史性、转折性、全局性的变化。可以从乡村环境整治、污染防治、自然环境保护三个方面衡量乡域生态文明建设能力。习近平生态文明思想内涵丰富，思想深刻，对于我们深刻认识生态文明建设的重大意义，完整准确全面贯彻新发展理念，正确处理好经济发展同生态环境保护的关系，坚持走生产发展、生活富裕、生态良好的文明发展道路，加快建设资源节约型、环境友好型社会，推动形成绿色发展方式和生活方式，推进美丽中国建设，实现中华民族永续发展，实现"两个一百年"奋斗目标、实现中华民族伟大复兴的中国梦，具有十分重要的意义。

1. 乡村环境整治

改善农村人居环境，是以习近平同志为核心的党中央从战略和全局高度作出的重大决策部署，是实施乡村振兴战略的重点任务，事关广大农民根本福祉，事关农民群众健康，事关美丽中国建设。2018年农村人居环境整治三年行动实施以来，各地区各部门认真贯彻党中央、国务院决策部署，全面扎实推进农村人居环境整治，扭转了农村长期以来存在的脏乱差局面，村庄环境基本实现干净整洁有序，农民群众环境卫生观念发生可喜变化、生活质量普遍提高，为全面建成小康社会提供了有力支撑。可以从垃圾处理、污水处理、厕所革命几个方面衡量乡村环境整治成效。当前，我国农村人居环境总体质量还存在区域发展不平衡、基本生活设施不完善、管护机制不健全等问题，与农业农村现代化要求和农民群众对美好生活的向往还有差距。

2. 污染防治

良好生态环境是实现中华民族永续发展的内在要求，是增进民生福祉的优先领域，是建设美丽中国的重要基础。党的十八大以来，以习近平同志为核心的党中央全面加强对生态文明建设和生态环境保护的领导，开展了一系列根本性、开创性、长远性工作，推动污染防治的措施之实、力度之大、成效之显著前所未有，污染防治攻坚战阶段性目标任务圆满完成，生态环境明显改善，人民群众获得感显著增强，厚植了全面建成小康社会的绿色底色。可以从土地污染、水污染两个方面衡量乡域污染防治建设。

3. 自然环境保护

持续改善环境质量是不断满足人民对美好生活新期待的必然要求。良好生态环境是最公平的公共产品，是最普惠的民生福祉。人民群众日益增长的优美生态环境需要已成为我国社会主要矛盾的重要内容，广大人民群众热切期盼良好生产生活环境。人民对美好生活的向往，就是我们的奋斗目标。可以基于山水林田湖草沙保护修复指标衡量乡域自然环境保护建设。要坚持以人民为中心，加快改善环境质量，让人民群众充分享受到蓝天白云、繁星闪烁，清水绿岸、鱼翔浅底，鸟语花香、田园风光，不断提高对优美生态环境的获得感、幸福感、安全感。

三 乡域治理现代化指标体系

在上述设计目标与原则的指导下，本书制定了乡域治理现代化指标体系，如表1-1所示。

表1-1 乡域治理现代化指标体系

数据维度	一级指标	二级指标	三级指标	数据化处理	指标属性	序号
经济建设	村级集体经济	集体经济发展	营收规模	各村集体经济平均年度营收规模（万元）	正指标	1
			年度增长速度	各村集体经济平均年度收入增长率（%）	正指标	2
		集体经济监管	集体经济组织运营规范度	制定集体经济组织运行管理制度的村庄比例（%）	正指标	3
			乡村"三资"监管平台建设	乡镇是否建立乡村"三资"监管平台（是为1，否为0）	正指标	4
	城镇工业经济	发展水平	工业产值	乡镇年度工业产值（万元）	正指标	5
			规模以上工业企业数	乡镇规模以上工业企业数量（家）	正指标	6
			科技型中小企业登记数	乡镇科技型中小企业登记数（家）	正指标	7
		产业培育	规模以上工业增加值	乡镇规模以上工业增加值（万元）	正指标	8
			新增"四上"企业数量	乡镇新增"四上"企业数（家）	正指标	9
			企业技术改造率	乡镇企业技术改造率（%）	正指标	10
		招商引资	一站式涉企服务平台建设	乡镇是否有一站式涉企服务平台（是为1，否为0）	正指标	11
			涉企政务公开	乡镇是否做好涉企政务公开（是为1，否为0）	正指标	12
			年度引入工业项目数	乡镇年度引入工业项目数量（个）	正指标	13
			固定资产投资额	乡镇年度固定资产投资额（万元）	正指标	14

续表

数据维度	一级指标	二级指标	三级指标	数据化处理	指标属性	序号
经济建设	乡镇财税	财税收支	年度财税总收入	乡镇年度财政总收入（万元）	正指标	15
			年度财政总支出	乡镇年度财政总支出（万元）	正指标	16
			工业税收占比	乡镇工业税收占比（%）	正指标	17
		财税管理	财政预算管理规范度	乡镇是否建立财政预算管理制度（是为1，否为0）	正指标	18
			政府采购管理规范度	乡镇是否建立政府采购管理制度（是为1，否为0）	正指标	19
政治建设	政治领导	思想宣传	党员干部入户宣传频次	乡镇党员干部年度入户宣传频次（次）	正指标	20
			党建品牌创建	乡镇党建品牌创建数量（个）	正指标	21
		群团统战	党外人士联谊情况	乡镇年度党外人士联谊次数（次）	正指标	22
			党外干部建设情况	乡镇干部中党外干部人数（人）	正指标	23
			党群活动开展情况	乡镇年度党群活动开展次数（次）	正指标	24
			新乡贤统战工作开展情况	乡镇是否建立新乡贤联络机制（是为1，否为0）	正指标	25
政治建设	思想领导	党风廉政	"四风"问题纠正	乡镇年度"四风"问题通报次数（次）	负指标	26
			违反中央八项规定精神问题整顿	乡镇年度违反中央八项规定精神通报次数（次）	负指标	27
			"两个责任"落实	乡镇"两个责任"落实是否到位（是为1，否为0）	正指标	28
			廉政宣传教育活动开展情况	乡镇年度廉政宣传教育活动开展次数（次）	正指标	29
		理论学习	主题教育学习活动开展情况	乡镇年度主题教育学习活动开展次数（次）	正指标	30
			党史学习教育基地建设	乡镇党史学习教育基地数量（个）	正指标	31
	组织领导	组织建设	党组织设置覆盖广度	乡镇党组织各部门覆盖率（%）	正指标	32
			党组织工作内容覆盖深度	乡镇党组织工作内容覆盖度（%）	正指标	33

续表

数据维度	一级指标	二级指标	三级指标	数据化处理	指标属性	序号
政治建设	组织领导	队伍建设	干部年轻化	乡镇36岁以下的干部占比（%）	正指标	34
			干部知识化	乡镇本科及以上学历干部占比（%）	正指标	35
			后备干部储备	乡镇后备干部数量（人）	正指标	36
文化建设	文化服务体系	文化基础设施	村级公共文化设施覆盖率	村级公共文化设施覆盖率（%）	正指标	37
		文化活动	群众文化活动开展	乡镇年度群众文化活动开展次数（次）	正指标	38
			科普宣教活动开展	乡镇年度科普宣教活动开展次数（次）	正指标	39
			志愿服务活动开展	乡镇年度志愿服务活动开展次数（次）	正指标	40
	文化产业	文化传承与保护	优秀文化资源保护情况	乡镇优秀文化资源保护数量（个、处）	正指标	41
		文化资源开发	文化资源开发情况	乡镇文化资源开发数量（处）	正指标	42
			文化产业产值	乡镇文化产业产值（万元）	正指标	43
	乡风文明	移风易俗	丧葬婚俗改革成效	乡镇年度不良婚丧仪式占比（%）	负指标	44
			人情风整治成效	乡镇年度传统人情支出占比（%）	负指标	45
			文明祭祀深入性	乡镇年度不文明祭祀次数占比（%）	负指标	46
		良风传承	好人好家评选认可度	乡镇年度好人好家评选响应率（%）	正指标	47
			乡贤文化弘扬	乡镇年度乡贤文化宣传次数（次）	正指标	48
社会建设	公共服务	基础设施建设	村组通硬化路覆盖率	乡镇村组通硬化路覆盖率（%）	正指标	49
			道路常态化管护情况	乡镇管护良好道路占比（%）	正指标	50
			5G网络覆盖率	乡镇5G网络覆盖率（%）	正指标	51
			网络光纤入户率	乡镇网络光纤入户率（%）	正指标	52
			饮水安全工程覆盖率	乡镇饮水安全工程覆盖率（%）	正指标	53
			村级物流快递点覆盖率	村级物流快递点覆盖率（%）	正指标	54

数据维度	一级指标	二级指标	三级指标	数据化处理	指标属性	序号
社会建设	公共服务	公共服务供给	乡镇中学升学率	乡镇中学升学（升高中）率（%）	正指标	55
			教师队伍本科及以上学历比例	乡镇教师队伍本科及以上学历比例（%）	正指标	56
			村卫生室覆盖率	乡镇村卫生室覆盖率（%）	正指标	57
			医疗保险覆盖率	乡镇医疗保险覆盖率（%）	正指标	58
			养老保险覆盖率	乡镇养老保险覆盖率（%）	正指标	59
			村级老年食堂建设情况	乡镇村级老年食堂覆盖率（%）	正指标	60
			脱贫群体就业率	乡镇脱贫群体就业率（%）	正指标	61
			群众就近就业率	乡镇群众就近就业率（%）	正指标	62
			一站式政务便民服务中心建设	乡镇是否有一站式政务便民服务中心（是为1，否为0）	正指标	63
			农村"帮代办"普及度	乡镇"帮代办"普及率（%）	正指标	64
	平安稳定	应急管理	灾害监测预警	乡镇能实现提前预警的灾害的比例（%）	正指标	65
			应急队伍建设	乡镇年度应急人员能力培训次数（次）	正指标	66
			应急资源保障	乡镇年度应急资源支出额（万元）	正指标	67
		平安建设	安全生产督查	乡镇年度安全生产督查次数（次）	正指标	68
			综治中心建设	乡镇是否有综治中心（是为1，否为0）	正指标	69
			信访工作机制规范程度	乡镇是否建立信访工作机制（是为1，否为0）	正指标	70
			信访积案化解数	乡镇年度信访积案化解数（件）	正指标	71
			矛盾纠纷化解机制建设	乡镇是否建立矛盾纠纷化解机制（是为1，否为0）	正指标	72
	群众自治	民主选举	选举规范化	乡镇年度不良选举反馈数（次）	负指标	73
		民主决策	村民参与度	乡镇平均各村村民选举群众参与率（%）	正指标	74
		民主管理	村干部职责分工情况	乡镇各村村干部职责划分图表上墙率（%）	正指标	75
			村规民约约束力	乡镇各村村规民约覆盖率（%）	正指标	76

续表

数据维度	一级指标	二级指标	三级指标	数据化处理	指标属性	序号
社会建设	群众自治	民主监督	"三务"公开情况	乡镇各村平均年度"三务"公开次数（次）	正指标	77
		民主协商	协商平台建设	乡镇是否有议事协商平台（是为1，否为0）	正指标	78
			协商机制建设	乡镇是否有科学的协商机制（是为1，否为0）	正指标	79
			协商主体培训	乡镇年度群众协商能力培训活动开展次数（次）	正指标	80
生态文明建设	乡村环境整治	垃圾处理	垃圾分类开展情况	乡镇是否开展垃圾分类活动（是为1，否为0）	正指标	81
			垃圾清运及时性	乡镇每周垃圾清理频次（次）	正指标	82
		污水处理	生活污水处理无害化	乡镇是否进行生活污水无害化处理（是为1，否为0）	正指标	83
		厕所革命	卫生厕所普及率	农村卫生厕所普及率（%）	正指标	84
			农村公厕管护情况	管护良好的农村公厕占比（%）	正指标	85
	污染防治	土地污染	秸秆等农业废弃物综合再利用	乡镇是否对秸秆等农业废弃物进行综合再利用（是为1，否为0）	正指标	86
			土地休耕轮耕制度落实情况	乡镇休耕轮耕土地占比（%）	正指标	87
		水污染	养殖尾水/工业废水处理	乡镇是否对养殖尾水/工业废水进行处理（是为1，否为0）	正指标	88
	自然环境保护	山水林田湖草沙保护修复	X长制落实情况	乡镇是否严格落实X长制（是为1，否为0）	正指标	89

乡域治理现代化指标体系从乡域经济建设、乡域政治建设、乡域文化建设、乡域社会建设、乡域生态文明建设五个基本维度出发，主要包含代表这五个维度的15个一级指标、34个二级指标、89个三级指标和89个数据采集来源，力求从总体上反映乡域各领域的治理水平与发展状态。

1. 集体经济发展

（1）营收规模。相比传统的农村集体经济，新型农村集体经济是农村集体产权制度改革后的组织形态，是以共同富裕为目标，以市场化资源配置为核心，产权更为清晰、集体资产底数更为清楚、集体成员资格更为明晰，引入现代企业管理制度、多种经营模式的一种新型的经济形式。各地积极探索新型农村集体经济的有效实现形式，为发展壮大农村集体经济、推动乡村振兴、实现共同富裕提供必要保障。因此，可以用当地各村集体经济平均年度营收规模（万元）来衡量乡域集体经济营收规模。

（2）年度增长速度。发展产业是农村集体经济发展的根本任务。发展农村产业，应在尊重产业自身演变规律和市场规律的基础上进行。一是依据各地区集体经济组织所拥有的资源、资产和资本的数量与质量，以农业和农产品深加工为基础，选择具有比较优势的产业，做强地方特色，强化村庄地域品牌；二是顺应社会资本对集体经济发展的需求，以"借鸡下蛋，以蛋孵鸡"的发展思路，通过村企合作、城乡对口合作等方式，提升农产品深加工产业等传统产业的技术水平，推进一、二、三产业融合发展，延伸现有产业链和开发新产业链，提高产业持续盈利能力。因此，可以用各村集体经济平均年度收入增长率（%）来衡量乡域集体经济年度增长速度。

2. 集体经济监管

（1）集体经济组织运营规范度。党的二十大报告中强调要"巩固和完善农村基本经营制度，发展新型农村集体经济"。当前，我国农村集体经济组织作用发挥得还远远不够，农村集体经济发展不平衡不充分的矛盾仍比较突出，主要体现在集体经济组织运行不畅，集体经济发展保障不足、活力不强等方面。建议深入实施党建引领、健全规范管理制度、分类制定发展措施、建立报酬激励机制，进一步规范农村集体经济组织运行，夯实农村集体经济发展基础。因此，可以用制定集体经济组织运行管理制度的村庄比例（%）来衡量乡域集体经济组织运营规范度。

（2）乡村"三资"监管平台建设。随着社会主义市场经济的不断完善，农村集体经济也在不断发展壮大，参与市场经济活动也越来越频繁，涉及的面也越来越广泛。特别是近几年来呈现出农村集体、涉农项目资金多元化、资产利用多样化、资源开发产业化，这些都对如何加强农村"三资"管理，提出了新的更高要求。由于农村集体资金、资产、资源的管理涉及广大农民的根本利益，"三资"管理是目前搞好农村工作的热点和焦点之一。因此，可以用乡镇是否建立乡村"三资"监管平台（是为1，否为0）来衡量乡域"三资"监管平台建设。

3. 发展水平

（1）工业产值。工业总产值是指以货币形式表现的工业企业在一定时期内生产的已出售或可供出售的工业产品总量。它是反映一定时间内工业生产总规模和总水平的重要指标，是计算工业生产发展速度和主要比例关系，计算工业产品销售率和其他经济指标的重要依据。工业总产值采用"工厂法"计算，即以工业企业作为一个整体，按企业工业生产活动的最终成果来计算。但各企业之间、行业之间、地区之间存在着重复计算。其计算公式为：报告期工业总产值＝报告期全部产品的成品价值＋报告期工业性作业价值＋（报告期自制半成品和在产品期末余额－报告期自制半成品和在产品期初余额）。计算工业总产值采用的价格有不变价格和现行价格。因此，可以用乡镇年度工业产值（万元）来衡量乡域工业产值。

（2）规模以上工业企业数。规模以上工业企业，在统计学中一般以年主营业务收入作为企业规模的标准，达到一定规模要求的企业就称为规模以上企业。规模以上企业也分若干类，如特大型企业、大型企业、中型企业、小型企业等。中国规模以上工业企业是指年主营业务收入在2000万元以上的工业企业。因此，可以用乡镇规模以上工业企业数量（家）来衡量乡域规模以上工业企业建设。

（3）科技型中小企业登记数。科技型中小企业产品技术含量高、创新能力强，是极具活力和潜力的创新主体。助力科技型中小企业走好创新路，需要财税、金融、科技等支持政策组合发力，不断优化企业的成长环境。可以用乡镇科技型中小企业登记数（家）来衡量乡域科技型中小企业建设情况。

4. 产业培育

（1）规模以上工业增加值。工业增加值，是指工业企业在报告期内以货币形式表现的工业生产活动的最终成果，是企业全部生产活动的总成果扣除了在生产过程中消耗或转移的物质产品和劳务价值后的余额，是企业生产过程中新增加的价值。因此，可以用乡镇规模以上工业增加值（万元）来衡量乡域规模以上工业增长情况。

（2）新增"四上"企业数量。"四上"企业是规模以上工业企业、资质等级建筑业企业、限额以上批零住餐企业、国家重点服务业企业等这四类规模以上企业的统称。"四上"企业统计情况可以客观地反映某地的国民经济发展数据和经济发展程度，并为各级政府相关的经济政策调控提供必要的决策依据。因此，可以用乡镇新增"四上"企业数（家）来衡量乡域新增"四上"企业情况。

（3）企业技术改造率。党的十八大以来，以习近平同志为核心的党中央把科技创新摆在国家发展全局的核心位置，大力实施创新驱动发展战略，推动我国科技事业发生历史性变革，取得历史性成就。当前，我国科技创新仍然存在一些亟待解决的突出问题，尤其是企业对基础研究重视不够，重大原创性成果缺乏，底层基础技术、基础工艺能力不足等。我们必须紧跟新一轮科技革命和产业变革的步伐，充分用好新科技浪潮的"科技红利"，大力提升企业科技创新能力，把科技的力量转化为经济和产业竞争优势。因此，可以用乡镇企业技术改造率（%）来衡量乡域企业技术的改造情况。

5. 招商引资

（1）一站式涉企服务平台建设。认真贯彻落实中共中央、国务院关于深化"放管服"改革的决策部署，秉承"亲企惠企助企，全心全力全程"服务理念，以服务企业"一口办理"为目标，统筹整合全市服务企业资源，集成线上综合服务平台、线下服务专区、热线电话等多个服务渠道，按照"集成化服务、标准化管理、专业化运营"的工作要求，为企业提供全链条、全天候、全生命周期的一站式服务，有效解决服务资源"碎片化"和涉企政策"兑现难"等问题。因此，可以用乡镇是否有一站式涉企服务平台（是为1，否为0）来衡量乡域一站式涉企服务平台建设情况。

（2）涉企政务公开。聚焦提升涉企政务服务质量和水平，全面梳理高频涉企政务服务事项，制定精准详细的业务办理流程导图，以"大白话"

解读申办关键要素，实现办事申请直观便利。借鉴"秒报秒批一体化"政务服务新模式，在业务申报环节实行"无感申办"，在受理审批环节实行"秒批"，实现业务办理全流程不见面、零跑动、智慧办。因此，可以用乡镇是否做好涉企政务公开（是为1，否为0）来衡量乡域涉企政务公开建设情况。

（3）年度引入工业项目数。加快"十四五"规划重大工程、区域重大战略规划及年度工作安排明确的重大项目实施，推进具备条件的重大项目抓紧上马，能开工的项目尽快开工建设，在建项目加快建设进度，争取早日竣工投产。在5G、千兆光网等领域布局一批新型基础设施项目。尽快启动一体化大数据中心枢纽节点建设工程和中西部中小城市基础网络完善工程。可以用乡镇年度引入工业项目数量（个）来衡量乡域年度引入工业项目情况。

（4）固定资产投资额。固定资产投资（不含农户）指城镇和农村各种登记注册类型的企业、事业、行政单位及城镇个体户进行的计划总投资500万元及以上的建设项目投资和房地产开发投资，包括原口径的城镇固定资产投资加上农村企事业组织项目投资，该口径自2011年起开始使用。因此，可以用乡镇年度固定资产投资额（万元）来衡量乡域固定资产投资情况。

6. 财税收支

（1）年度财税总收入。财税收入是指政府为履行其职能、实施公共政策和提供公共物品与服务而筹集的一切资金的总和。财政收入表现为政府部门在一定时期内（一般为一个财政年度）所取得的货币收入。财政收入是衡量一国政府财力的重要指标，政府在社会经济活动中提供公共物品和服务的范围和数量，在很大程度上取决于财政收入的充裕状况。财政是同政府的产生和存在相联系的。政府为了维持自身的存在和发挥职能，必须消耗一定的社会产品。但是，政府本身通常不直接从事生产活动，因而必须凭借自身拥有的政治权力，强制性地征收一部分社会产品，以满足各方面支出的需要。可以用乡镇年度财政总收入（万元）来衡量乡域年度财税总收入情况。

（2）年度财政总支出。财政支出，也称公共支出或政府支出，是政府为履行其自身的职能，对其从私人部门集中起来的以货币形式表示的社会资源的支配和使用。在此有必要区分"财政支出"与"财政开支"两个概念。在财政预算意义上，财政支出是指政府可以支配的货币数额，而与此相关的财政开支则是指政府在一定时期内实际花费掉的货币总额。当财政收入大于财政支出时，政府财政预算上会出现财政盈余；反之就会出现财政赤字。财政支出是政府分配活动的一个重要方面，财政对社会经济的影响作用主要是通过财政支出来实现的。因此，可以用乡镇年度财政总支出（万元）来衡量乡域年度财税总支出情况。

（3）工业税收占比。当前，工业经济总体延续恢复性态势，结构优化、动能转换和质量提升稳步推进，总体发展的韧劲持续显现。在助力工业经济平稳运行方面，税收发挥了至关重要的作用。对制造业中小微企业实施阶段性税收缓缴措施，对先进制造业企业按月全额退还增值税增量留抵税额，对煤电和供热企业实行"减、退、缓"税措施等，聚力聚焦、精准施策，以真金白银为企业纾困解难，有利于地方牢牢把握经济发展主动权。因此，可以用乡镇工业税收占比（%）来衡量乡域工业税收情况。

7. 财税管理

（1）财政预算管理规范度。财政预算体现国家的战略和政策，反映政府的活动范围和方向，是推进国家治理体系和治理能力现代化的重要支撑，是宏观调控的重要手段。党中央、国务院高度重视预算管理工作。党的十九届五中全会对建立现代财税金融体制、深化预算管理制度改革作出部署。习近平总书记强调，财政是国家治理的基础和重要支柱，科学的财税体制是优化资源配置、维护市场统一、促进社会公平、实现国家长治久安的制度保障。[①] 因此，可以用乡镇是否建立财政预算管理制度（是为1，否为0）来衡量乡域财政预算管理规范情况。

（2）政府采购管理规范度。目前，我国政府采购预算常与部门预算脱节，公用支出项目未细化到政府采购目标，导致财政部门很难把握政府采购资金额度。此外，部分采购程序烦琐复杂，导致采购效率不高，特别是采购

---

① 《习近平著作选读》（第一卷），人民出版社，2023，第167页。

资金的申请、批复、拨付环节的时间周期长，影响了采购项目的执行效率。另外，部分财政部门重分配、轻管理，缺乏对资金使用过程的监督机制，忽视了采购项目的使用效益。鉴于此，可以用乡镇是否建立政府采购管理制度（是为1，否为0）来衡量乡镇政府采购管理规范情况。

8. 思想宣传

（1）党员干部入户宣传频次。通过党建促进文明创建，推动辖区单位党组织和党员到社区报到，让在职党员"化身"为公共交通志愿引导员、垃圾分类指导员等，通过文明交通督导活动向居民群众宣传交通安全法规，为创建文明城市营造文明和谐的道路交通安全环境，架起文明宣传的桥梁，让文明宣传融入居民生活。因此，可以用乡镇党员干部年度入户宣传频次（次）来衡量乡域党员干部入户宣传情况。

（2）党建品牌创建。基层是党的执政之基、力量之源。党支部作为党的基础组织，担负着教育党员、管理党员、监督党员和组织群众、宣传群众、凝聚群众、服务群众的职责。打造和创建高质量的党建品牌，彰显基层党组织的凝聚力、号召力、战斗力和组织力，提升对党组织的认知度、知名度、美誉度和忠诚度，对于支部加强党的领导，提升基层党组织服务能力和组织形象具有重要意义。要着力提升支部的凝聚力，努力提高品牌的认知度。党建品牌是一个党组织各项党建工作的有机整合和提炼升华，不仅体现着一个党组织全体党员的工作状态、精神风貌，更能反映该组织的特色，体现全体党员和相关群众发自内心的认可和支持。要在创建中凝聚思想。凝心聚力是党组织的重要工作。基层党组织在党建品牌创建中要不断加强对党的创新理论的宣传，强化理想信念，补足共产党人精神上的"钙"，增强党员干部对党的路线方针的思想认同、理论认同。要在创建中凝聚人心。在品牌规划、定位、设计等环节，集思广益、群策群力，鼓励全体党员共同研究和谋划支部的工作重点。因此，可以用乡镇党建品牌创建数量（个）来衡量乡域党建品牌创建情况。

9. 群团统战

（1）党外人士联谊情况。党员领导干部与党外代表人士联谊交友，是党的统一战线工作的优良传统，是党的群众路线在统一战线工作中的具体体现，是新时代进一步坚持和完善中国共产党领导的多党合作和政治协商制度的重要保证，是加强党外代表人士队伍建设的重要内容和基本方法。做好这项工作，有利于巩固和发展爱国统一战线；有利于实现决策的科学化、民主化。党员领导干部要从党和国家事业发展的高度，充分认识与党外代表人士联谊交友工作的重要意义，把联谊交友工作贯穿于党外代表人士发现、培养、使用和管理全过程。因此，可以用乡镇年度党外人士联谊次数（次）来衡量乡域党外人士联谊情况。

（2）党外干部建设情况。要搭建好党外干部的"培养皿"。坚持政治引领在前，不断加强党外干部教育培训，将党外干部培训班纳入全体干部教育培训计划一体推进，要注重保证党外干部参加培训的名额和比例。要根据党外干部教育的特点，制定实施教育培训规划，可以提供"套餐式""订单式"课程服务，采取"集中轮训""网络课程""分享交流"等形式，对党外干部实现教育培训全覆盖。要积极推动建立党外干部锻炼平台，采取多岗位锻炼、挂职任职、岗位交流等方式，强化对党外干部的实践锻炼，让党外干部下沉一线，在实践中增强党外干部的本领和能力。因此，可以用乡镇干部中党外干部人数（人）来衡量乡域党外干部建设情况。

（3）党群活动开展情况。保持和增强党的群团工作的政治性，关键是群团组织必须自觉坚持中国共产党的领导。坚持党的领导，是做好党的群团工作的根本保证，是必须坚持的正确政治方向，也是党的群团工作的优良传统。邓小平同志说，"共青团犯一千条错误都没有关系，但是有一条错误不能犯，就是脱离党的轨道"。[①] 群团组织要始终把自己置于党的领导之下，在思想上政治上行动上始终同党中央保持高度一致，自觉维护党中央权威，坚决贯彻党的意志和主张，严守政治纪律和政治规矩，经得住各种风浪考验，在大是大非问题面前立场坚定、旗帜鲜明，在关键时刻敢于冲锋陷阵、发声亮剑。可以用乡镇年度党群活动开展次数（次）来衡量乡域党领群团

---

① 《邓小平文集（一九四九～一九七四年）》（下卷），人民出版社，2014，第26页。

活动开展情况。

（4）新乡贤统战工作开展情况。统一战线是我们党夺取革命、建设、改革事业胜利的重要法宝，也是巩固拓展脱贫攻坚成果同乡村振兴有效衔接的重要法宝。乡村振兴重点在人才振兴。新乡贤是乡村振兴的人才保障，做好新乡贤统战工作是新时代统战工作的新的着力点，对于统筹城乡发展、加快农业农村现代化具有重要的意义。当前，我国新乡贤统战工作在不同地区还处于普遍探索阶段，虽然进行了一些有益的尝试，取得了一定的经验，但也存在不少的问题。做好新时代新乡贤统战工作，必须从坚持党的领导、加强队伍建设、健全工作机制、强化培育管理、传承乡风文化等方面来着力，充分发挥他们在服务乡村振兴中的优势和作用。因此，可以用乡镇是否建立新乡贤联络机制（是为1，否为0）来衡量乡域新乡贤统战工作开展情况。

10. 党风廉政

（1）"四风"问题纠正。"四风"问题产生的思想根源远未根除，有的党员干部学习党的创新理论没有真正入脑入心，贯彻落实党中央决策部署不用心、不务实、不尽力，少数干部没有牢固树立正确政绩观，对于贯彻新发展理念还想不清楚、弄不明白、做不到位。一些党员干部对党中央推进全面从严治党的坚强意志、坚定决心认识不清，对触碰纪律红线心存侥幸，对陈规陋习未能彻底摒弃，"身子进了新时代，思想还停留在过去"。[1] 高压之下出现改头换面、由明转暗等隐形变异，形式主义、官僚主义的危害进一步凸显。习近平总书记强调，"中央八项规定不是五年、十年的规定，而是长期有效的铁规矩、硬杠杠"。[2] 贯彻落实中央八项规定精神是一项严肃政治任务，必须保持战略定力，准确把握新阶段反"四风"的规律特点和工作要求，持续在常和长、严和实、深和细上下功夫，不敢、不能、不想一体推进，推动化风成俗、成为习惯。因此，可以用乡镇年度"四风"问题通报

---

① 《习近平著作选读》（第二卷），人民出版社，2023，第300页。
② 《习近平关于全面从严治党论述摘编》（2021年版），中央文献出版社，2021，第347页。

次数（次）来衡量乡域"四风"问题纠正情况。

（2）违反中央八项规定精神问题整顿。党性修养是衡量党员能力的最基础也是最重要的指标。加强党风廉政建设，进行反腐败斗争，是保持党的先进性和纯洁性的重要举措与关键环节。可以用乡镇年度违反中央八项规定精神通报次数（次）作为负指标来衡量乡域治理中乡镇违法违纪情况。

（3）"两个责任"落实。党的十九大后，在前期夯基垒台、立柱架梁，建立责任体系基础上，落实"两个责任"更加突出高质量，管党治党不仅是各级党组织的分内之事、应尽之责，而且必须高质量种好"责任田"，把党建设好、建设强成为党员领导干部的思想共识；更加突出完善和落实全面从严治党主体责任制度，健全明责、履责、督责、问责环环相扣的责任链条，责任落实的制度化规范化水平不断提升；更加突出精准规范问责，既防止问责不力，又防止问责泛化简单化；更加突出系统集成、协同高效，推动"两个责任"贯通协同，各级党委、纪委在一体推进"三不腐"上同题共答、同向发力，管党治党系统性、协同性、实效性进一步增强。因此，可以用乡镇"两个责任"落实是否到位（是为1，否为0）来衡量乡域"两个责任"落实情况。

（4）廉政宣传教育活动开展情况。"廉者，政之本也。"习近平总书记在内蒙古考察时对开展主题教育提出明确要求，对"以学正风"作出深刻阐释，强调"要弘扬清廉之风"。新时代新征程，党的建设特别是党风廉政建设和反腐败斗争面临不少顽固性、多发性问题，只有明方向、立规矩、正风气、强免疫，持续涵养求真务实、清正廉洁的新风正气，才能在新的赶考之路上考出好成绩。广大党员、干部要自觉用习近平新时代中国特色社会主义思想改造主观世界，深刻领会这一重要思想关于坚定理想信念、提升思想境界、加强党性锻炼等一系列要求，特别是要把这一重要思想的世界观、方法论和贯穿其中的立场观点方法转化为自己的思想武器，内化于心、外化于行，增强纪律意识、规矩意识，始终保持共产党人的高尚品格和廉洁操守。因此，可以用乡镇年度廉政宣传教育活动开展次数（次）来衡量乡域廉政宣传教育活动开展情况。

11. 理论学习

（1）主题教育学习活动开展情况。开展主题教育，总要求是"学思想、强党性、重实践、建新功"，根本任务是坚持学思用贯通、知信行统一，把习近平新时代中国特色社会主义思想转化为坚定理想、锤炼党性和指导实践、推动工作的强大力量，使全党始终保持统一的思想、坚定的意志、协调的行动、强大的战斗力，努力在以学铸魂、以学增智、以学正风、以学促干方面取得实实在在的成效。因此，可以用乡镇年度主题教育学习活动开展次数（次）来衡量乡域主题教育学习活动开展情况。

（2）党史学习教育基地建设。党史学习教育基地以独特的方式承担着熏陶、教育、培养和启发党员干部的特殊使命。各级党委（党组）要在当前已经做好的开创性工作的基础上，继续建好、用好党史学习教育基地，引导党员干部从党史故事、红色经典中传承基因，汲取力量，听党话，跟党走。利用基地的持续建设厚植党史底蕴，让红色基因融入党员干部血液，以身边党员讲身边事、身边人说身边理，树立典型，形成学习榜样、争当先锋的浓厚氛围。当前党史学习教育基地仍然处于建设初期，基地建设的目标、类型、位置、特色、活动等内容还未系统推介，仍然存在着教育基地位置受限、形式单一、受众不多、经费缺乏、特色不明等情况，由此出现了认知程度不足、覆盖范围不宽、挖掘程度不够、影响力度不大、创新程度不高等问题。因此，党史学习教育基地建设要针对以上问题，充分聚焦"六度"，摸清实际情况，走出建设困境，提升建设质效。因此，可以用乡镇党史学习教育基地数量（个）来衡量乡域党史学习教育基地建设情况。

12. 组织建设

（1）党组织设置覆盖广度。在乡镇党委统筹乡镇工作与乡村建设的过程中，具体活动、项目、政策的落实有赖于基层党组织与广大党员，党组织建设与党员联系作用的发挥情况直接影响着乡镇党委的领导效能。《中共中央 国务院关于加强基层治理体系和治理能力现代化建设的意见》强调把基层党组织建设成为领导基层治理的坚强战斗堡垒。可以用乡镇党组织各部门覆盖率（%）衡量乡镇党组织建设情况。

（2）党组织工作内容覆盖深度。堤溃蚁孔、气泄针芒。要管出好干部，需要在"颗粒度"上下功夫，管好关键人、管到关键处、管住关键事。一是时间上要有颗粒度。既要通过年度考核、专项考核、任期考核进行管理，也要加强平时日常的管理，随时掌握干部的动态变化，尤其是在晋升降级、成功失败、住院出院、结婚离婚等事业波动或家庭大事发生的关键节点，有针对性地给予鼓励鞭策、提醒帮助。二是空间上要有颗粒度。既要管理"八小时内"，也要关注"八小时外"；既要掌握工作业绩，也要掌握生活状态；既要了解"工作圈"，也要了解"社交圈""生活圈""朋友圈"，对苗头性、倾向性问题早谈话、早提醒、早纠正。因此，可以用乡镇党组织工作内容覆盖度（%）来衡量乡域组织工作内容覆盖深度。

13. 队伍建设

（1）干部年轻化。进入新时代以来，以习近平同志为核心的党中央高度重视年轻干部队伍建设。2013年6月，习近平总书记鲜明提出"信念坚定、为民服务、勤政务实、敢于担当、清正廉洁"的新时代好干部标准，强调"培养选拔年轻干部，事关党的事业薪火相传，事关国家长治久安"。①2018年7月，在全国组织工作会议上，习近平总书记开创性提出新时代党的组织路线，将"培养造就一代又一代可靠接班人"作为"党和国家事业发展的百年大计"，强调"要建设一支忠实贯彻新时代中国特色社会主义思想、符合新时期好干部标准、忠诚干净担当、数量充足、充满活力的高素质专业化年轻干部队伍"。②2019年3月，在2019年春季学期中央党校（国家行政学院）中青年干部培训班开班式上，习近平总书记开宗明义地指出："培养选拔优秀年轻干部是一件大事，关乎党的命运、国家的命运、民族的命运、人民的福祉，是百年大计。"③2022年10月，习近平总书记在党的二十大报告中再次强调，建设堪当民族复兴重任的高素质干部队伍，要"抓

---

① 《十八大以来重要文献选编》（上），中央文献出版社，2014，第337、347页。
② 《十九大以来重要文献选编》（上），中央文献出版社，2019，第568~569页。
③ 《习近平谈治国理政》（第三卷），外文出版社，2020，第518页。

好后继有人这个根本大计，健全培养选拔优秀年轻干部常态化工作机制"。[①]因此，可以用乡镇36岁以下的干部占比（%）来衡量乡域干部年轻化情况。

（2）干部知识化。干部作为国家治理体系的核心力量，必须具备法律思维和法律素养，才能有效地维护国家法制秩序。可以用乡镇本科及以上学历干部占比（%）来衡量乡域干部知识化情况。

（3）后备干部储备。按照德才兼备、以德为先的要求，采取从优秀党员中"挑"，从致富带头人和大学生村官中"选"，在现任优秀村干部中"留"，从外出务工能人和高校毕业生中"请"的方式，在个人自荐、群众举荐、组织推荐的基础上，经考察、面谈、票决、公示等程序，每个村确定3~5名后备人选，并上报存档，建立镇、村级后备干部资源库。因此，可以用乡镇后备干部数量（人）来衡量乡域后备干部储备情况。

14. 文化基础设施

村级公共文化设施覆盖率。公共文化设施是公共文化服务的载体，是保障人民群众基本文化权益的物质基础。近年来，农村公共文化设施建设日益受到重视，各类文化设施也不断完善，对丰富农村群众的文化生活，促进社会和谐发挥了显著作用。因此，可以用村级公共文化设施覆盖率（%）来衡量乡域村级公共文化设施建设情况。

15. 文化活动

（1）群众文化活动开展。群众文化植根群众、服务群众、快乐群众、为群众喜闻乐见。《中共中央关于坚持和完善中国特色社会主义制度 推进国家治理体系和治理能力现代化若干重大问题的决定》对群众性文化活动高度重视，提出一系列重要举措，各地区各部门要结合实际，在广泛深入上下功夫。这些年，各地区各部门结合庆祝新中国成立60周年、建党90周年、长征胜利70周年、抗战胜利60周年等重大节庆日，依托春节、清明、端午、中秋等民族民间文化资源，组织群众瞻仰革命圣地，参观主题展览，开展读书演讲，举办知识竞赛、书画美术摄影展，以及灯会、赛歌会、龙舟赛

---

① 《习近平著作选读》（第一卷），人民出版社，2023，第55页。

等各具特色的文化体育活动，深入挖掘重大节庆活动和民族传统节日的文化内涵，让群众在潜移默化中学习革命历史，弘扬优秀传统文化，丰富精神文化生活，收到很好效果，要继续坚持创新，提高活动质量和效益。因此，可以用乡镇年度群众文化活动开展次数（次）来衡量乡域群众文化活动开展情况。

（2）科普宣教活动开展。科学普及是国家和社会普及科学技术知识、弘扬科学精神、传播科学思想、倡导科学方法的活动，是实现创新发展的重要基础性工作。党的十八大以来，我国科普事业蓬勃发展，公民科学素质快速提高，但仍还存在对科普工作重要性认识不到位、落实科学普及与科技创新同等重要要求的制度安排尚不完善、高质量科普产品和服务供给不足、网络伪科普流传等问题。可以用乡镇年度科普宣教活动开展次数（次）来衡量乡域科普宣教活动开展情况。

（3）志愿服务活动开展。志愿服务活动在弥补政府在基层的薄弱环节，解决群众问题方面有较大积极作用，对于扩大公民参与，完善基层民主具有重要意义。因此可以将乡镇年度志愿服务活动开展次数（次）作为乡域志愿服务活动开展情况的一项指标。

16. 文化传承与保护

优秀文化资源保护情况。要坚持保护第一，强化系统保护，牢固树立保护历史文化遗产责任重大的观念，树立保护文物也是政绩的理念，统筹好历史文化遗产保护与城乡建设、经济发展、旅游开发；统筹好重要文化和自然遗产、非物质文化遗产系统性保护，加强各民族优秀传统手工艺保护传承；统筹好抢救性保护和预防性保护、本体保护和周边保护、单点保护和集群保护，加强世界文化遗产保护管理监测，维护历史文化遗产的真实性、完整性、延续性，牢牢守住文物安全底线。可以用乡镇优秀文化资源保护数量（个、处）来衡量乡域优秀文化资源保护情况。

17. 文化资源开发

（1）文化资源开发情况。切实遵循文化和产业发展规律，实施可持续发展战略，杜绝简单粗放的盲目开发；重视文化资源的积累和再造，在保护中开发、在开发中保护；克服文化资源开发和文化产品生产雷同问题，注重差异化发展，避免重复开发和资源浪费。可以用乡镇文化资源开发数量（处）来衡量乡域文化资源开发情况。

（2）文化产业产值。习近平总书记强调："要推动文化产业高质量发展，健全现代文化产业体系和市场体系，推动各类文化市场主体发展壮大，培育新型文化业态和文化消费模式，以高质量文化供给增强人们的文化获得感、幸福感。"[1] 这为推动文化产业转型升级、实现高质量发展指明了方向、明确了路径。健全现代文化产业体系和市场体系，是推动社会主义文化繁荣发展、更好满足人民精神文化生活需求的有效途径，是推动经济体系优化升级、实现文化产业高质量发展的重要环节。必须坚持把社会效益放在首位、社会效益和经济效益相统一，深化文化领域供给侧结构性改革，持续创新生产经营机制，更好释放文化产业潜能。可以用乡镇文化产业产值（万元）来衡量乡域文化产业产值。

18. 移风易俗

（1）丧葬婚俗改革成效。将推进农村婚丧习俗改革写入中央一号文件，充分体现了党中央在实施乡村振兴战略过程中物质文明和精神文明一起抓的决心。推进农村殡葬习俗改革，无疑是将殡葬移风易俗工作纳入巩固拓展脱贫攻坚成果、全面实施乡村振兴战略之中。这对弘扬优秀传统文化、破除丧葬陈规陋习、树立殡葬文明新风具有十分重要的现实意义。通过仔细研读2016~2025年的中央一号文件，可以看到，尽管提法和要求不尽相同，但党中央对婚丧陋习等移风易俗工作的重视一以贯之，这充分表明进一步推进农村婚丧习俗改革和移风易俗工作的重要性和紧迫性。因此，可以用乡镇年度不良婚丧仪式占比（%）来衡量乡域丧葬婚俗改革成效。

（2）人情风整治成效。整治人情风，除了需在全社会倡导节俭之风外，更需严管党员干部，抓住要害，堵住风源。一方面，要从加强思想教育入手，强化党员干部自我约束。教育引导党员干部带头移风易俗，带头节俭办

---

[1] 《习近平谈治国理政》（第三卷），外文出版社，2020，第314页。

事，带头不收、不送人情礼，带动广大群众破除落后的人情观念。同时，自觉做到不让"人情"成为权力寻租的平台。另一方面，要从强化执纪监督入手，提升制度执行力。可以用乡镇年度传统人情支出占比（%）来衡量乡域人情风整治成效。

（3）文明祭祀深入性。按照传统习俗，人们会在清明节前后为亲人上坟祭扫，并通过放鞭炮、烧纸钱等表达怀念之情，但这一方式具有噪声扰民、污染环境等弊端，与越来越讲求环保、越来越讲求文明的时代精神不合拍。所以当前有关部门对墓地祭祀方式给予了规定或限制，将不符合现代精神的传统方式全部或部分取消。开始时，部分地区通过在清明前后在十字路口放铁箱子，让祭祀者在铁箱里烧纸钱的方式，解决了纸灰打扫难的问题。后来，献花、植树、朗诵、折纸船、"天堂信箱"等成为人们的主流祭祀方式。可以用乡镇年度不文明祭祀次数占比（%）来衡量乡域文明祭祀深入性。

19. 良风传承

（1）好人好家评选认可度。为深入学习贯彻习近平新时代中国特色社会主义思想和党的二十大精神，大力弘扬中华民族尊老敬老传统美德，促进社会主义精神文明建设，构建和谐社会，"五好文明家庭""好婆婆""好媳妇""好妯娌"等评选活动广泛开展。通过评选活动，倡导平等和睦的家庭关系、健康科学的生活方式，营造积极向上的家庭氛围、和谐文明的家庭环境，大力弘扬中华民族尊老敬老传统美德，提高公民道德素质，为促进社会的文明进步、和谐稳定发挥积极作用。因此，可以用乡镇年度好人好家评选响应率（%）来衡量乡域好人好家评选认可度。

（2）乡贤文化弘扬。随着传统社会治理的流变演进，乡贤身体力行，充分发挥了价值引领作用，在敦风化俗、息讼止纷、安土息民中践行儒家道统，在"修齐治平"里追求中和圆融，进而在历史和地域尺度上汇集形成了乡贤文化，内嵌于传统社会"家国一体"的母本文化结构中，持续作用于基层社会治理的多个方面。作为中国乡村传统文化的有机组成部分，乡贤文化既展现了一个地区真实、立体的形象风貌，同时也是团结大众的有效形式。一方面，乡贤文化本身凸显了有德之士在文化传承中的重要性。另一方面，乡贤文化虽然有草根性、乡土性，但也体现了中国文化以道德安身立命的根本精神。同时，乡贤文化根植于乡土和家庭，凸显了中国文化重德育的传统。因此，可以用乡镇年度乡贤文化宣传次数（次）来衡量乡域乡贤文化弘扬情况。

20. 基础设施建设

（1）村组通硬化路覆盖率。乡镇公共交通建设涉及群众生产、生活方方面面，也是乡镇公共服务建设的重要内容。"要想富，想修路"足以看出道路基础设施在乡镇建设中的重要程度，公共交通是群众对外经济、人员、物品交流的重要渠道，承载着一方百姓的福祉。因此，可以用乡镇村组通硬化路覆盖率（％）来衡量乡域公共交通建设情况。

（2）道路常态化管护情况。近年来，在强农惠农富农政策支持下，农村基础设施持续改善，越来越多的农村实现水源净化、道路硬化、夜晚亮化、能源清洁化，我国农村面貌焕然一新。但我国农村地域广大，也有一些村庄因管护不善，造成路灯"失明"、自来水水质不达标、道路地基破碎等情况，既影响群众生产生活，也造成了资源浪费。农村基础设施包括道路、水利、电力、商务、文化等设施，是农民生产生活的重要保障。常言道，基础设施三分建、七分管。各地、各行业都在强调建立农村基础设施长效管护机制。但实际上，一些机制并没有建立起来，一些措施没有落到实处，还有一些机制已不适应农村实际情况，导致基础设施管护不理想，影响了正常使用。因此，可以用乡镇管护良好道路占比（％）来衡量乡域道路常态化管护情况。

（3）5G网络覆盖率、网络光纤入户率。乡镇智慧治理的开展与优化需要网络基础设施建设的推进，其是开展智慧治理的基础性工程。因此，可以用乡镇5G网络覆盖率（％）、网络光纤入户率（％）作为衡量网络基础设施建设的重要指标。

（4）饮水安全工程覆盖率。按照乡村振兴战略的总体部署要求，农村饮水安全方面还存在短板和不足。主要表现在水源还不稳定，部分分散、小型的集中供水工程标准相对较低，一些乡村工程管护薄弱等。未来要不断提升农村饮水标准，保障农村供水安全，从巩固拓展脱贫攻坚农村饮水安全成果，补齐农村饮水工程水源、工程建设短板，推进城乡供水一体化，提升农村供水管护水平等方面发力，满足乡村振兴需要。因此，可以用乡镇饮水安全工程覆盖率（%）来衡量乡域饮水安全工程建设情况。

（5）村级物流快递点覆盖率。现代信息技术的发展、电商平台的兴起、人民公共服务需求水平的提升，对于乡镇物流服务建设提出了更高的要求，物流服务的便捷程度也成为衡量乡镇服务能力的重要指标。可以用村级物流快递点覆盖率（%）来衡量乡域物流服务情况。

21. 公共服务供给

（1）乡镇中学升学率。乡镇中学作为基层教育的重要组成部分，其教育质量一直是备受关注的问题。当前学生的学习成绩是考量乡镇中学教学水平的重要指标。可以用乡镇中学升学（升高中）率（%）来衡量乡镇中学的教学质量情况。

（2）教师队伍本科及以上学历比例。一般而言，教师的学历层次与教师的教学水平存在强关联。随着时代的发展，学生适应社会所需要的知识越发复杂多元，中小学则越发需要接受过高等教育的教师，在实践中，具备本科学历逐渐成为各地招聘教师的基本要求。因此，可以用乡镇教师队伍本科及以上学历比例（%）来衡量乡域教师队伍学历情况。

（3）村卫生室覆盖率。村卫生室，顾名思义就是一个村级单位的医疗机构，在以前有村卫生室、村卫生所、村医疗点等各种称呼。新医改以后，国家将村级医疗机构统一称为村卫生室，并将以前的村卫生室、村卫生所、村医疗点进行合并，每个行政村有一所标准化的村卫生室。村卫生室一律不得租赁、转让、承包给他人。村卫生室必须设立在本村辖区内，每个行政村只设立一个定点医疗机构。2023 年 2 月，国家统计局发布《2022 年国民经济和社会发展统计公报》，初步核算，2022 年末全国共有村卫生室 58.8 万个。可以用乡镇村卫生室覆盖率（%）来衡量乡域卫生服务机构建设情况。

（4）医疗保险覆盖率。党的十八大以来，医疗保障事业发展进入新阶段，全民医保改革向纵深推进，我国已建立起覆盖全民的基本医疗保障制度，建立了大病保险等补充医疗保险制度，全面实施重特大疾病医疗救助，发展多种形式商业健康保险，构建起多层次、宽领域、全民覆盖的医疗保障体系，人人享有基本医疗保障的目标初步实现，为人民群众病有所医奠定了制度基础。因此，可以用乡镇医疗保险覆盖率（％）来衡量乡域医疗保障体系建设情况。

（5）养老保险覆盖率。当前，由于乡镇经济条件、基础设施、公共服务建设的相对滞后，乡镇养老服务面临着愈发沉重的压力，乡镇养老服务成为乡域治理具有长远影响且不可忽视的重要领域，也成为衡量乡域治理能力的重要指标，因此，可以用乡镇养老保险覆盖率（％）来衡量乡镇养老服务情况。

（6）村级老年食堂建设情况。发展老年助餐服务是实施积极应对人口老龄化国家战略的重要内容和重要民生工程，是支持居家社区养老、增进老年人福祉的重要举措。要以习近平新时代中国特色社会主义思想为指导，全面贯彻落实党的二十大精神，坚持以人民为中心的发展思想，聚焦老年人就餐实际困难，以普惠性、多样化为发展路径，坚持政府统筹、保障基本，因地制宜、精准施策，尽力而为、量力而行，充分发挥市场机制作用，积极构建覆盖城乡、布局合理、共建共享的老年助餐服务网络，推动老年助餐服务方便可及、经济实惠、安全可靠、持续发展。因此，可以用乡镇村级老年食堂覆盖率（％）来衡量乡域村级老年食堂建设情况。

（7）脱贫群体就业率。加强脱贫人口就业帮扶，是守住不发生规模性返贫底线的重要任务。《人力资源社会保障部　国家发展改革委　农业农村部关于开展防止返贫就业攻坚行动的通知》明确了拓展完善劳务协作对接机制、大力扶持就业帮扶车间健康发展、持续加大脱贫人口就业保障力度、积极帮扶脱贫家庭青年群体就业、坚持抓好重点地区倾斜支持等七个方面重点任务，既是贯彻党中央关于稳就业工作决策部署的具体体现，也是适应形势稳定就业大局的现实需要。精准聚焦脱贫群众就业工作领域重点和难点，打出组合拳，全力以赴帮助脱贫人口稳就业、稳增收，及时且必要。因此，可以用乡镇脱贫群体就业率（％）来衡量乡域脱贫群体就业情况。

（8）群众就近就业率。对群众而言，在家门口就业，既能增加收入，又能兼顾家庭；就近务工，既能学习新技能、提升自我发展能力，又能增强干劲、激发干事创业的内生动力。对乡村来说，有了产业，不仅能拓宽农民稳定增收的渠道，还能带动发展、推动振兴，带动乡村的精神风貌、人居环境、生态环境、社会风气都焕然一新，使乡亲们过上美好生活。因此，可以用乡镇群众就近就业率（％）来衡量乡域群众就近就业情况。

（9）一站式政务便民服务中心建设。湖州市南浔区根据中央和省市关于推进基层治理现代化的决策部署，结合本区当前全域土地综合整治工作，按照群众和企业到政府办事"只进一扇门、就近跑一次、能办多家事"的理念，整合基层行政审批和公共服务职责进驻镇级便民服务中心，统一设立"4+X"主题版块，实行"前台综合受理、后台分类审批、统一窗口出件"的模式，并加强对辖区内村（社区）便民服务站和人员的业务指导、培训、监督考核，以及对邮政、银行等代办网点的业务指导，全面提升基层政务服务承接能力，营造更优质的政务服务环境，推动政府治理体系和治理能力现代化。借鉴此例，可以用乡镇是否有一站式政务便民服务中心（是为1，否为0）来衡量乡域一站式政务便民服务中心建设情况。

（10）农村"帮代办"普及度。"帮代办"事项繁杂，各村（社区）将群众需要代办的事项分为急难事、跑路事、烦心事分类处理。代办员受理后，本级能够办结的事项即收即办，当面反馈。需到上级部门办理的事项，则及时送达办理并向委托人反馈情况。因此，可以用乡镇"帮代办"普及率（％）来衡量乡域农村"帮代办"普及情况。

22. 应急管理

（1）灾害监测预警。一些地方应急管理体制改革还有待深化，防灾减灾救灾统筹协调亟须强化。这体现在如下几方面。一是灾害风险隐患排查、预警与响应联动、社会动员等机制不适应新形势新要求。二是自然灾害防治缺少综合性法规，单灾种法规之间衔接不够。三是基层应急组织体系不够健全，社会参与程度有待提高。因此，可以用乡镇能实现提前预警的灾害比例

（％）来衡量乡域灾害监测预警能力。

（2）应急队伍建设。街道、乡镇要充分发挥民兵、预备役人员、保安员、基层警务人员、医务人员等有相关救援专业知识和经验人员的作用，在防范和应对气象灾害、水旱灾害、地震灾害、地质灾害、森林草原火灾、生产安全事故、环境突发事件、群体性事件等方面发挥就近优势，在相关应急指挥机构组织下开展先期处置，组织群众自救互救、参与抢险救灾、人员转移安置、维护社会秩序，配合专业应急救援队伍做好各项保障，协助有关方面做好善后处置、物资发放等工作。可以用乡镇年度应急人员能力培训次数（次）来衡量乡域应急队伍建设情况。

（3）应急资源保障。从应急物资需求的突发性和时效性出发，一旦发生突发事件就必须迅速调用所需的应急物资，以保障突发事件的有效应对。因此，相关部门应该就近、足量储备和调用应急物资。但由于重特大突发事件发生的不确定性和应急物资储备的高成本，仅靠地方政府的能力进行应急物资储备，往往难以完全满足应急物资的峰值需求，因而需要各级政府、企业和社会力量合理分担应急物资储备保障责任。与此同时，需要加强应急物资的综合管理与协调，实现各级各类应急物资的信息共享、快速调用与协同保障。可以用乡镇年度应急资源支出额（万元）来衡量乡域应急资源保障能力。

23. 平安建设

（1）安全生产督查。以习近平新时代中国特色社会主义思想为指导，认真学习贯彻落实习习近平法治思想和习近平总书记关于安全生产重要论述，提高政治站位，统筹发展和安全，坚持人民至上、生命至上，建立完善与新发展阶段、新发展理念、新发展格局相适应的科学高效的安全生产执法体制机制。强化安全生产法治观念，坚持严格规范公正文明执法，切实解决多层多头重复执法和屡罚不改、屡禁不止问题。创新执法模式，科学研判风险、强化精准执法，转变工作作风、敢于动真碰硬，以高质量执法推动提升安全生产水平，切实把确保人民生命安全放在第一位落到实处，以实际行动和实际效果践行"两个维护"。因此，可以用乡镇年度安全生产督查次数（次）

来衡量乡域安全生产督查情况。

（2）综治中心建设。坚持和发展新时代"枫桥经验"，加强乡镇（街道）综治中心规范化建设，发挥其整合社会治理资源、创新社会治理方式的平台作用，完善基层社会治安防控体系，健全防范涉黑涉恶长效机制。健全乡镇（街道）矛盾纠纷一站式、多元化解决机制和心理疏导服务机制，是平安建设的重要内容。因此，可以用乡镇是否有综治中心（是为1，否为0）来衡量乡域综治中心建设情况。

（3）信访工作机制规范程度。信访工作是党的群众工作的重要组成部分，是了解社情民意的重要窗口。《信访工作条例》以习近平新时代中国特色社会主义思想为指导，深入贯彻习近平总书记关于加强和改进人民信访工作的重要思想，总结党长期以来领导和开展信访工作的经验特别是党的十八大以来信访工作制度改革成果，坚持和加强党对信访工作的全面领导，理顺信访工作体制机制，是新时代信访工作的基本遵循。因此，可以用乡镇是否建立信访工作机制（是为1，否为0）来衡量乡域信访工作机制规范程度。

（4）信访积案化解数。基层是群众信访的源头，也是解决信访问题的关键。过去几年开展的治理重复信访、化解信访积案专项工作，消减存量、化解风险，一大批时间长、难度大、涉及面广的"骨头案""钉子案"得到有效解决。今后要加大力度推进信访问题源头治理，及时把矛盾纠纷化解在基层、化解在萌芽状态。因此，可以用乡镇年度信访积案化解数（件）来衡量乡域信访积案化解能力。

（5）矛盾纠纷化解机制建设。"抬头不见，低头见"是乡域社会生活的突出特征，频发的矛盾纠纷成为乡镇、村工作的重要内容，耗时费力是乡域矛盾纠纷调解工作的主要特征。乡镇急需形成一套完整的矛盾纠纷调解机制，提升矛盾纠纷调解效率，避免矛盾纠纷对于乡域治理效能的消解。可以用乡镇是否建立矛盾纠纷化解机制（是为1，否为0）来衡量乡域治理中矛盾纠纷调解建设情况。

24. 民主选举

选举规范化。制度化是实现过程民主和成果民主、程序民主和实质民主、直接民主和间接民主、人民民主和国家意志相统一，形成全链条、全方位、全覆盖的民主，构成最广泛、最真实、最管用的社会主义民主的重要保障。新中国成立以来特别是党的十八大以来，我们党坚持和完善基层群众自治制度，全国各地也创新性探索了一系列引导基层群众实现自我管理、自我服务、自我教育、自我监督的民主参与机制。可以用乡镇年度不良选举反馈数（次）来衡量乡域后备选举规范化程度。

25. 民主决策

村民参与度。充分的参与权是村民自治的关键。要通过完善办事程序，最大限度保障村民的参与权。一是村民事村民提。打破"由官而民"的单一提事模式，鼓励村民自发提事，把仅涉及少数村民利益、容易成为村委"盲区"的一些细事、"小事"提到全村工作的议事日程。二是村民事村民议。定期召开党员代表和村民代表联席会议，对村里事项共同研究，特别是涉农补贴发放、新型合作医疗等"沾钱"的事项和道路建设等重大敏感事项，逐项研究方案细节。三是村民事村民办。坚持村级事务处理村民全程参与。因此，可以用乡镇平均各村村民选举群众参与率（％）来衡量乡域民主决策村民参与度。

26. 民主管理

（1）村干部职责分工情况。实施乡村振兴战略，是党的十九大作出的重大决策部署，是决胜全面建成小康社会、全面建设社会主义现代化国家的重大历史任务，是新时代"三农"工作的总抓手。要加强党对"三农"工作的全面领导，发挥好农村基层党组织战斗堡垒作用。对标乡村振兴战略要求，要正确定位村干部的职能角色，并以此为抓手提升村干部"关键少数"的关键能力。因此，可以用乡镇各村村干部职责划分图表上墙率（％）来衡量村干部职责分工情况。

（2）村规民约束力。村规民约是在村民广泛参与下作出的公共决策，是村民群众结合本村实际，为维护本村的社会秩序、社会公共道德、村风民俗等制定的约束规范村民行为的一种规章制度。村规民约作为共居一村村民自我管理、自我教育、自我约束的行为规范，是村民自身的创造物，是村民共同利益的表达机制，对维护基层社会秩序、教化村民、淳厚民风、移风易俗具有一定作用。可以用乡镇各村村规民约覆盖率（%）来衡量民主管理建设情况。

27. 民主监督

（1）"三务"公开情况。在乡村治理中运用清单制，是在党组织领导下，将基层管理服务事项以及农民群众关心关注的事务细化为清单，编制操作流程，明确办理要求，建立监督评价机制，形成制度化、规范化的乡村治理方式。清单制在各地广泛运用，对加强和改进乡村治理、促进农村和谐稳定发挥了积极作用。各地通过设立小微权力清单、"三务"公开目录等，明确权力行使规范，加强对基层小微权力的监督管理，切实保障农民群众的知情权、决策权、参与权和监督权；通过设立公共服务事项清单、政务服务事项清单等，推动便民服务，提升农民群众的获得感和满意度。因此，可以用乡镇各村平均年度"三务"公开次数（次）来衡量乡域"三务"公开情况。

28. 民主协商

（1）协商平台建设。议事协商组织是承接议事协商具体活动的平台，乡域议事协商组织建设是乡域治理中开展议事协商的基础性环节。因此可以用乡镇是否有议事协商平台（是为1，否为0）来衡量乡域协商平台建设情况

（2）协商机制建设。议事协商组织相当于议事协商体系中的一个个"器官"，如何让这些"器官"发挥作用并在整个体系中相互配合，充分吸收人民群众参与，调动人民群众议事协商的积极性，提升乡域议事协商的效能，还有赖于合适的议事协商机制的形成。因此，可以用乡镇是否有科学的协商机制（是为1，否为0）来衡量乡域议事协商机制建设情况。

（3）协商主体培训。确定协商议题后，应根据议题内容确定协商实施主体及参与主体。涉及社区公共事务和居民切身利益的事项，由社区党组织和居（村）委会牵头组织利益相关方协商。涉及两个以上社区的事项，原则上由街道（乡镇）牵头组织协商。协商实施主体应及时制定方案，明确参与主体，并提前做好通知与沟通、资料提供、调研支持等准备工作。可以

用乡镇年度群众协商能力培训活动开展次数（次）来衡量乡域协商主体培训情况。

29. 垃圾处理

（1）垃圾分类开展情况。在农村实施垃圾分类，要从乡村生活的实际出发，从传统生活方式当中汲取智慧。不能简单地把乡村变成城市，甚至简单地用城市的理念去建设乡村，这样只会使乡村垃圾分类处理越来越麻烦。农村垃圾分类不应该主张简单地分几个桶，然后把垃圾拉走，要充分利用农民的智慧，依靠老百姓天然地利用垃圾、处理垃圾的意识和能力，比如除了把垃圾集中运走处理外，可以在农村超市、便利店等就地设立便民回收点，鼓励采用押金、以旧换新、设置自动回收机、网购送货回收包装物等方式回收再生资源，实现回收途径多元化。可以用乡镇是否开展垃圾分类活动（是为1，否为0）来衡量乡域垃圾分类开展情况。

（2）垃圾清运及时性。对生活垃圾收运处置体系尚未覆盖的农村地区，要按照自然村（村民小组）全覆盖的要求，配置生活垃圾收运处置设施设备，实现自然村（村民小组）有收集点（站）、乡镇有转运能力、县城有无害化处理能力。已经实现全覆盖的地区，要结合当地经济水平，推动生活垃圾收运处置设施设备升级换代。逐步取缔露天垃圾收集池，建设或配置密闭式垃圾收集点（站）、压缩式垃圾中转站和密闭式垃圾运输车辆。因地制宜建设一批小型化、分散化、无害化的生活垃圾处理设施。可以用乡镇每周垃圾清理频次（次）来衡量乡域垃圾及时清运能力。

30. 污水处理

生活污水处理无害化。统筹推进农村生活污水治理和农村生态环境改善，因地制宜选择治理模式，以污水减量化、分散就地处理、循环利用为导向，优先采取资源化利用治理模式，推动城镇污水处理设施和服务向城镇周边农村延伸。将农村生活污水治理等重点任务纳入乡村振兴战略、农村人居环境整治和美丽乡村建设一体推进实施，加强改厕与农村生活污水治理有效衔接。可以用乡镇是否进行生活污水处理无害化处理（是为1，否为0）来衡量乡域生活污水无害化处理能力。

31. 厕所革命

（1）卫生厕所普及率。农村改厕点多面广，涉及千家万户，是一个长期复杂的系统工程。在看到取得的成绩的同时，也要清醒地看到，还存在一些不容忽视的问题。一是从区域差异看，各地农村千差万别、发展水平高低不同，改厕不可能一刀切、齐步走。东部地区基础条件好、群众卫生意识强，厕所革命进展较快；中西部尤其是干旱、寒冷等特殊条件地区适宜技术产品较缺乏，改厕先要研究好技术模式，至少经过一个周期的试点试验，技术成熟、群众认可后再逐步推开。因此，可以用农村卫生厕所普及率（%）来衡量乡域卫生厕所普及情况。

（2）农村公厕管护情况。要明确农村公共厕所管护标准，确保专人管、有经费、定时清、无异味，乡村景区公共厕所要符合景区管理标准。要加快构建市县责任主体、镇村管护主体、农民受益主体的"三位一体"农村公共厕所管护责任体系。市县要健全工作举措，制订运行管理办法，加强督促落实。镇村要落实具体管护责任，明确管理措施，加强日常检查、管护、维护。要充分发挥农村基层党组织领导作用和党员先锋模范作用，进一步发挥共青团、妇联等群团组织作用，组织动员村民自觉参与公共厕所建设和管理。利用好公益性岗位，将公共厕所管护与垃圾收运、绿化养护、设施维护等多岗位有机融合。地方各级政府要多方筹措建设与管理资金，鼓励实力较强的村级组织自主投入，鼓励企业、社会团体、个人等参与农村公共厕所的建设和管理。可以用管护良好的农村公厕占比（%）来衡量乡域农村公厕管护情况。

32. 土地污染

（1）秸秆等农业废弃物综合再利用。当前，以秸秆为原料的成型燃料、沼气工程、热解气化等生物质能行业有序发展。全国秸秆综合利用成为我国农业生态环境保护和农业绿色发展的突出亮点。为推动秸秆高效高值利用，下一步还要完善收储体系、延伸产业链条，探索可复制、可推广、可持续的秸秆全产业链高值化利用路径。因此，可以用乡镇是否对秸秆等农业废弃物进行综合再利用（是为1，否为0）来衡量乡域秸秆等农业废弃物综合再利用情况。

（2）土地休耕轮耕制度落实情况。耕地轮作休耕是指为提高耕种效益和实现耕地可持续利用，在一定时期内采取的以保护、养育、恢复地力为目的的更换作物（轮作）或不耕种（休耕）措施。通俗地说，耕地休耕就是不在耕地上种植农作物，给它放假，让它休息，相当于人在星期六、星期天放假休息。人休息后工作更有精神。而耕地休耕以后地也"精神"多了，可以产出更多的粮食。例如，种植几年玉米后，换种花生或其他品种的农作物就是一种轮作方式。可以用乡镇休耕轮耕土地占比（%）来衡量乡域土地休耕轮耕制度落实情况。

33. 水污染

养殖尾水/工业废水处理。开展企业用水审计、水效对标和节水改造，推进企业内部工业用水循环利用，提高重复利用率。推进园区内企业间用水系统集成优化，实现串联用水、分质用水、一水多用和梯级利用。完善工业企业、园区污水处理设施建设，提高运营管理水平，确保工业废水达标排放。开展工业废水再生利用水质监测评价和用水管理，推动地方和重点用水企业搭建工业废水循环利用智慧管理平台。因此，可以用乡镇是否对养殖尾水/工业废水进行处理（是为1，否为0）来衡量乡域养殖尾水/工业废水处理情况。

34. 山水林田湖草沙保护修复

X长制落实情况。各地要加强制度建设，通过专项制度明确相关管护责任，将河长、湖长、路长、林长、田长职责、部门履职、日常监督、考核问责等工作制度化，完善X长制督查督办制度建设，通过采用督导、群众举报等方式，对X长实施、履职情况进行督查，健全考核评估和问责激励机制。根据X长制涉及领域管护实际情况，细化考核评价指标，尝试采用第三方参与巡查管理评估的模式，提高考核结果的客观、公正性。对管护中不作为、慢作为地区，通过提醒、约谈、通报等方式追责，对工作推进效果显著的地区予以政策和资金激励。由此，通过健全完善长效工作机制，用制度推进各项工作规范化、标准化、科学化，确保X长制变为X长治。因此，可以用乡镇是否严格落实X长制（是为1，否为0）来衡量乡域X长制落实情况。

专题篇 ⟫

第二章　乡域党的建设

基层党建是国家治理的基础和重点，同时也是服务于广大人民群众的最前沿。习近平总书记强调，"要把加强基层党的建设、巩固党的执政基础作为贯穿社会治理和基层建设的一条红线"。① "基层党组织是我们党执政的最大组织优势和宝贵资源，党的工作最坚实的力量支撑在基层，经济社会发展和民生最突出的矛盾和问题也在基层，必须把抓基层打基础作为长远之计和固本之策，丝毫不能放松。"② 党的二十大报告进一步强调，"坚持大抓基层的鲜明导向，……把基层党组织建设成为有效实现党的领导的坚强战斗堡垒。……激励党员发挥先锋模范作用。……保持党员队伍先进性和纯洁性"。③ 这一重要要求，突出强调基层党组织宣传党的主张、贯彻党的决定、领导基层治理、团结动员群众、推动改革发展的功能定位，为坚持党的领

① 《习近平关于社会主义社会建设论述摘编》，中央文献出版社，2017，第 129 页。
② 刘宝东：《树高千尺唯根深》，中国共产党新闻网，http://dangjian.people.com.cn/n1/2022/0630/c117092-32461296.html。
③ 《习近平著作选读》（第一卷），人民出版社，2023，第 55~56 页。

导、加强基层党组织建设指明了方向、提供了遵循。

乡域治理是基层治理的基础部分，是夯实国家治理根基的基础内容，而乡域党的建设作为全面建设社会主义现代化国家的重要一环，又是抓好乡域治理各项工作的根本。党建工作抓好了，党的理论和路线方针政策才能有效贯彻落实，才能真正提高党的凝聚力和战斗力，才能真正推进基层治理体系和治理能力现代化。2022年以来，结合党中央关于基层社会治理的最新要求以及地区实际，不少地区在党的政治领导、思想领导、组织领导等方面进行了改革创新，取得了不少成效，同时仍面临不少挑战。本章在呈现当前乡域党的建设进展的基础上，将针对乡域党的建设面临的挑战，思考站在新的历史方位上如何加快优化党的建设路径。如何坚定不移地把党的领导落实到乡域基层党组织，进而凝聚人民群众的强大力量、推动基层治理体系和治理能力现代化，是本章的核心意义所在。

一　乡域党的建设：进展情况

"实现党在新时代新征程的使命任务，党的建设和组织工作要有新担当新作为。"[①] 这是习近平总书记对党的建设和组织工作作出的重要指示。2022年以来，乡域党的建设取得积极成效，统战宣传、群团工作取得系列新成果，党风廉政建设、理论学习力度持续加大，组织建设与队伍建设日益完善，党的政治领导更加坚强有力、思想引领更加旗帜鲜明、组织引领更加扎实稳定，推动了基层党建与基层治理有机衔接。

（一）政治领导

1. 宣传统战工作

基层宣传统战工作是党的宣传思想工作的重要组成部分，对于巩固党的

---

① 《党的建设和组织工作要有新担当新作为——认真学习贯彻习主席对党的建设和组织工作作出的重要指示》，中国共产党新闻网，http://dangjian.people.com.cn/n1/2023/0710/c117092-40031941.html。

执政地位，维护社会稳定，推动经济社会发展具有重要意义。《中国共产党统一战线工作条例》和2022年召开的中央统战工作会议，都对做好新时代统战宣传工作提出了明确的要求。各地以办好民生实事为出发点，创新工作模式，发挥统战优势，推动各界统战人士关注民生、参与民生，提升基层治理水平。2022年是党的统一战线政策提出100周年，2022年初，全国各个乡镇都积极召开2022年度基层统战工作部署会，总结和部署乡（镇）组织、宣传、统战工作，营造了全党重视、大家共同来做统战工作的社会氛围。一是以思想引领夯实统战工作基础。有的乡镇将统一战线理论政策及《中国共产党统一战线工作条例》纳入党委理论学习中心组学习及基层党组织学习内容。还有乡镇开展"纪念党的统一战线政策提出100周年——统战知识进校园"系列活动，为推进新时代统战工作发展培育文化土壤。二是以深化交流联谊筑牢统一战线。党员领导干部采取工作看望、约见等形式，每年通过各种形式与党外朋友见面或交流，同时经常保持书信或电话等形式的联系，了解他们的学习、工作、生活情况。例如，内蒙古突泉县水泉镇制定《水泉镇党员领导干部与党外代表人士联谊交友联系实施方案》，通过与党外人士的交友联系，进一步增进非公经济、少数民族同胞、海外侨胞、宗教界等各界人士情感交流，把党外朋友对工作中的意见与建议，作为经济发展的"加速器"、创新机制深化改革的"助推器"、民族宗教界和睦和社会政治大局安定的"稳压器"。三是以基本制度完善统战工作体系。如上海市四团镇认真执行统战工作例会、走访慰问、联谊交友、信息报送等制度，按照"季季有主题、月月有活动"的要求，开展联情联谊活动，2022年镇、村居开展统战联情联谊、宣传大类活动总计25次；完善12家"统战微家"与31个统战微阵地建设，打造集学习、活动、服务、议事等功能为一体的有形阵地；对全镇统战人士的基本信息进行分类采集、登记造册；组织村级统战工作联络员开展统战业务培训6次①，为统战工作基层建设提供

---

① 《同心同向、奋楫笃行，为绿野乡美新四团贡献统战力量》，"遇见四团"微信公众号，https://mp.weixin.qq.com/s/joVfE6j5-e1CmkuIlAtGXQ。

了更为广泛的力量支持。

2. 党领群团工作

《中共中央关于加强和改进党的群团工作的意见》指出，党的领导是做好群团工作的根本保证。各级党组织必须负起政治责任，加强对群团组织的政治领导、思想领导、组织领导，把党的理论和路线方针政策贯彻落实到群团工作各方面、全过程。党建带团建工作，根本在"建"，关键在"带"。2022 年以来，党带群团工作积极探索新模式、新方法，取得了新的成效，实现了高质量发展。一方面，乡镇基层坚持党建统领，深化群团改革。党的二十大明确指出，要深化工会、共青团、妇联等群团组织改革和建设。[①] 自2015 年中央党的群团工作会议召开以来，中国工会按照强"三性"、去"四化"的改革要求，自上而下全面展开改革实践，并将改革的重点放在基层，突出"减上补下"，重点解决脱离群众的问题。2022 年 5 月，全总深化工会改革创新领导小组全体会议召开，此轮工会改革进入总结与深化阶段，取得了新的成效。如贵州施秉县马号镇自群团改革以来，妇联将妇女之家作为联系基层、服务基层、扎根基层的重要平台，通过"党建带妇建，妇建服务党建"，围绕基层治理的核心工作，积极发挥妇联的群团工作优势，精心打造"1+4+11"妇女之家模式，即 1 个乡镇级妇女之家，4 个睦邻中心妇女之家，11 个农户妇女之家。乡镇妇联执委从原先的 9 名充实到 33 名，分别对接 17个村民小组，各司其职，保证组织坚强有力。[②] 另一方面，群团组织立足自身优势，积极开展服务。乡镇基层群团组织整合乡党政办、总工会、团委等各方资源，积极开展服务。例如，2022 年浙江桐乡市大麻镇按照"群团携手，暖心扶企"专项行动的有关要求，成立"工惠"志愿服务队，依托"园区微网格"，开展全域秀美，平安宣传及和谐企业、和谐园区建设等活动 32 次，提供职工工资报酬、劳动保护、社会保障等政策咨询 28次，协助解决职工维权问题 5 个，成立 15 支"青麻团团"志愿服务队，

---

① 《习近平著作选读》（第一卷），人民出版社，2023，第 31 页。
② 黔东南州妇联：《施秉县马号镇：党建带妇建打造"妇女之家"显成效》，贵州妇女网，ht-tp://www.gzswomen.org.cn/bmxx/zzb/xwzx/202312/t20231225_83395300.html。

开展志愿服务活动共计 465 次；建立"1+1+1"结对帮教机制，走访帮扶特殊青少年 47 人次，帮助解决困难 11 起，群团组织在服务群众方面发挥了巨大的优势。①

（二）思想引领

1. 党风廉政建设

党的二十大报告指出，"加强新时代廉洁文化建设，教育引导广大党员、干部增强不想腐的自觉，清清白白做人、干干净净做事"。② 自成立之日起，中国共产党就旗帜鲜明反对腐败，始终把党风廉政建设和反腐败斗争放在突出位置。中共中央连续发文进一步规范相关工作，颁布《事业单位领导人员管理规定》《中国共产党纪律检查委员会工作条例》《信访工作条例》等文件条例。2022 年以来，乡镇基层按照中央要求，积极推动党风廉政建设走深走实，共产党廉政思想深入人心。一方面，严格整顿"四风"问题。一是加强宣传引导，大力营造廉政氛围。通过镇政府微信群，定期发送廉政图文；召开警示教育大会，组织党员干部观看警示教育片，学习《中国共产党廉洁自律准则》《中国共产党纪律处分条例》等党纪法规；充分挖掘正反两方面典型，加强政策解读和舆论引导，不断推动作风建设取得扎实成效。二是加强监管，加大惩处力度。乡镇纪检监察机关紧盯重要时间节点，常态化开展监督检查，联合税务、市场监管等部门，对商场、高档礼品店、加油站、机关食堂、农家乐等地开展明察暗访，严查违规吃喝、以电子红包和快递物流方式"隔空送礼"、违规操办婚丧喜庆、公车私用等节假日易发多发的"四风"问题。同时，不断完善"12380"举报信访网站建设，进一步拓宽群众监督渠道，以此加强对问题线索的收集，严防不良作风反弹回潮。另一方面，严肃整顿违反中央八项规定精神问题。乡镇基层围绕中央部署，签订党风廉政责任状，把管人与管事、抓业务工作与抓思想政治工作有机结

---

① 《改革创新立品牌——大麻镇高质量推进群团改革工作》，"桐乡组工"微信公众号，https://mp.weixin.qq.com/s/cmtRCicQ1dbfqiTNH7JMyA。

② 《习近平著作选读》（第一卷），人民出版社，2023，第 57 页。

合起来，形成了齐抓共管的良好格局。如甘肃省定西市石泉乡研究制定了《石泉乡纪委围绕追赶发展强化监督检查的实施方案》等重点工作实施方案 22 个，召开全乡党风廉政建设工作安排会议 12 场次，运用监督对象、权力、任务、风险、方法、整改"六张清单"和运行流程图，让村级党组织和村干部"照单办事、按图操作"，全乡 16 个行政村实现了村级小微权力全要素规范、全流程管理、全方位监督。① 2022 年以来，对于违反中央八项规定精神的惩处力度不断加大，较 2021 年问题数量呈下降趋势。中央纪委国家监委网站数据显示，2022 年全国共查处违反中央八项规定精神问题 95376 起，同比下降 8.5%。其中，乡科级及以下干部违反中央八项规定精神问题共计 88014 起，对比 2021 年下降 8147 起，党风廉政建设取得较大进步。②

2. 理论学习情况

党员理论学习是提高党员政治判断力、扩大党组织政治感召力、深化党组织的政治执行力的重要途径。习近平总书记在党的二十大报告中指出："全面加强党的思想建设，坚持用新时代中国特色社会主义思想统一思想、统一意志、统一行动，组织实施党的创新理论学习教育计划，建设马克思主义学习型政党。"③ 近年来，乡镇基层围绕中央部署，坚持把习近平新时代中国特色社会主义思想作为理论武装的中心内容，通过党委（党组）理论学习中心组学习、集中轮训、理论研修、专题研讨等方式，认真学习《习近平谈治国理政》第四卷和党的十九届六中全会精神，巩固拓展党史学习教育成果。党的二十大闭幕后，分期分批组织党员干部培训，学习贯彻党的二十大精神，切实把学习成果转化为推动发展的实际成效。全党在思想上更加统

---

① 《石泉乡 2022 年党风廉政建设工作总结》，"石泉微政务"微信公众号，https://mp. weixin. qq. com/s？_biz=Mzl1ODA1Njc4OA==&mid=2247554294&idx=2&sn=5e02f59f47c82455aa9541bbab954abf&chksm=ea0fa3cddd782adbf085cb2187df9aec246bc4e02247a54310567f843e143fcac03d8a7e3390&scene=27。

② 《2022 年全国查处违反中央八项规定精神问题 95376 起》，中央纪委国家监委网站，https://www. ccdi. gov. cn/toutiaon/202301/t20230116_242165. html。

③ 《习近平著作选读》（第一卷），人民出版社，2023，第 53 页。

一、在政治上更加团结、在作风上更加务实、在行动上更加一致。一方面学习型党组织建设取得新成效。党员学习内容不断深入,党员学习形式不断创新。乡、镇、村各级党组织借助微信公众号、短视频、在线课程等新媒体平台,推动党员理论学习更加便捷和多样化。通过组织广大党员干部开展纪念征文、知识竞赛、演讲比赛、歌咏会、图片展、报告会、座谈会、红色旅游、主题实践活动等喜闻乐见的形式,加深党员对党的历史、党的知识、党的理论和路线方针政策的认识。如安徽省旌德县版书镇制定《版书镇村"两委"干部大学习大培训计划》,为村"两委"干部量身开设党建业务、村级财务知识培训等18门课程,开展"书记每月谈"主题活动8期,组织党委理论学习中心组集中学习4次,组织12人次开展研讨,推出领导干部辅导课4期。① 推动各村党组织扬优势、补短板、强弱项,在学习和交流中不断加强基层党建工作。另一方面扎实推进党史学习教育基地建设。乡镇基层完善设施,规范管理,认真抓好党史学习教育基地的陈列与展览工作,不断丰富展出内容,努力改善陈列设施。用生动、翔实的文字、图片和历史文物来增强党史教育的真实感、现场感,不断增强教育的吸引力和感染力,提高宣传教育效果。有的乡镇还制定有关党史学习教育基地建设等的条例,进一步加强对党史学习教育基地的建设和管理,使党史学习教育基地建设制度化、规范化。同时,各地还利用各学校教育基地的特色与优势,开展各类主题日、主题周、夏令营等内容丰富的活动,党史学习教育基地的影响力进一步提升。例如甘肃渭阳乡积极利用党史学习教育基地,在重要节日、纪念日,集中组织开展党史学习教育活动。此外,党史学习教育基地的形式由"线下"转变为"线下+线上"双模式,教育渠道得到拓展。例如,湖南省浏阳市永安镇积极探索建设党史党性教育基地网上展馆,通过微信公众号开设专栏,以图文、视频、3D展馆等方式展示馆内全貌,更好地为群众提供党史教育、红色文化传承学习服务。

---

① 《版书镇:"点线面体"同发力推进学习型党组织建设》,旌德县委组织部"旌旗飘扬"微信公众号,https://mp.weixin.qq.com/s/1Mm_04AUr-dolRj9ohkpUQ。

（三）组织引领

1. 组织运转情况

组织建设是党的建设的重要基础，基层党组织是党的肌体的"神经末梢"，是党执政大厦的地基。近年来，乡镇基层党组织紧扣中央、省、市、县要求，对标基层党组织建设目标任务，抓队伍建设、抓工作机制、抓党建资源，乡镇基层党组织建设水平不断提高。一是加强监督确保组织建设科学化。2022 年换届工作后，全国村党组织书记、村主任"一肩挑"比例达到95.6%。[①] 为保证换届后村级运转更加顺畅高效，乡镇基层落实中央纪委机关、中央组织部等部门联合印发的《关于加强对村干部特别是"一肩挑"人员管理监督的通知》，规范细化乡镇"三重一大"事项流程，全面落实村级重大事项"四议两公开"，不断加强科学决策和民主监督。例如，天津市推行村"一肩挑"家访制，进一步提升"一肩挑"后村（社区）党组织书记监管质效，严防"一肩挑"变为"一言堂"。二是以激励考评机制建设推动党组织高效运转。不少地方开展村级班子测评及党员群众座谈工作，测评会上，村党支部书记带头述职，围绕党建引领、产业发展、环境整治、社会治理等方面，晒工作、亮业绩、找短板。通过测评及座谈，镇党委及时掌握村级发展和队伍建设情况，推动各村常态化工作紧密有序开展。截至 2022年，全国已连续 8 年开展党委（党组）书记抓基层党建述职评议考核工作，党组织建设取得新进步。例如，福建积极探索制定分级管理考评细则，实行村干部差异化绩效奖励机制。再如，新疆巴音郭楞蒙古自治州、四川广元市推行"基本报酬+绩效考核+集体经济发展创收奖励"的薪酬激励制度，山西阳高县建立"四分法"村党组织书记考核体系，激发其干事创业积极性。

2. 队伍建设情况

全国组织工作会议对从严从实抓好党员队伍建设作出重要部署，凸显了党中央对保持党员队伍先进性和纯洁性的高度重视，凸显了党员队伍建设在

---

① 方玉瑶、李新瑞：《党建引领乡村振兴奏响新乐章》，《中国组织人事报》2023 年 1 月 17 日。

组织工作全局中的重要地位。基层党建工作的深入开展，对乡镇党员干部队伍提出了更高的要求。2022年以来，乡镇基层坚持党建引领，以抓学习培训、抓过程管理、抓工作实绩、抓考核机制等方式，强化村干部队伍建设，着力培养出一支素质过硬、作风优良、能力突出的高素质村干部队伍。一是抓领头雁带动作用，党支部书记选优配强。在打赢脱贫攻坚战中，全国累计选派驻村第一书记51.8万人、工作队员249.2万人。[①] 2021年，中央办公厅印发《关于向重点乡村持续选派驻村第一书记和工作队的意见》，各地根据意见进一步完善持续选派驻村第一书记和工作队制度。此外，镇党委面向党员干部队伍积极开展教育，始终把抓好党性教育作为村"两委"干部教育培训的首要任务和重要内容。积极运用"三会一课"、主题党日等形式，教育引导乡镇机关、农村及非公党组织书记旗帜鲜明讲政治、坚定不移跟党走，整体提升村党组织书记、村委会主任"一肩挑"的综合素养和业务能力。如河南省卫辉市李源屯镇，根据卫辉市委组织部统一安排，分批次选派村党组织书记、村委会主任等村干部到河南省团校培训学习。二是坚持树立正确选人用人导向，加强党员队伍建设。2022年，首次统一举办全国新录用公务员初任培训班，采取线上与线下相结合的方式培训约19.5万人，[②]尤其注重对乡镇基层公务员的培训。相较去年，党员的培训学习逐步实现"清单化"。如甘肃省临泽县新华镇严格落实"周一例会""月考核"等制度，先后举办镇村干部能力素质提升培训班2期，党务工作者培训班3期，网络培训2期，新发展党员暨入党积极分子培训2期，促使村干部综合素质明显增强；扎实开展村"两委"换届"回头看"工作；加大村级后备干部队伍培养力度，截至2022年11月储备村级后备干部67名；持续做好党员信教、涉黑涉恶问题摸排和农村发展党员违规违纪问题排查"回头看"工作。[③] 依托

---

① 《建强战斗堡垒 夯实执政之基——党的十九大以来党的基层组织建设工作综述》，《光明日报》2022年10月10日，第1版。
② 范思翔、王鹏：《在新时代新征程上彰显组织担当》，《新华每日电讯》2023年6月29日。
③ 《初心正炽党旗红 奋楫笃行促振兴——新华镇2022年全面加强基层党建工作综述》，"微观新华镇"微信公众号，https://mp.weixin.qq.com/s/6kL1g8oW1itva9tg7SiFRg。

党群活动中心等阵地，以"实用"为导向，量身定制培训"菜单"，采取"线上+线下""远程+现场""1+N"方式进行培训，推动优质资源直达基层，着力培养一专多能、多岗历练的复合型人才。

二 乡域党的建设：当前挑战

当前，乡域党的领导向纵深推进，但在政治领导建设、思想领导建设、组织领导建设方面也面临着挑战，这在一定程度上阻碍了乡域党的建设与基层治理现代化进程的推进。

（一）党的政治领导功能不够突出

1. 党的政治功能发挥不足

随着全面从严治党深入推进，基层党组织得以普遍建立和完善，党组织领导班子也配备齐整。然而部分乡镇党组织建而不强，党组织的政治功能不突出，由于对党的政治建设重视不够，部分乡镇基层党组织弱化、虚化、边缘化的问题仍然存在，致使乡镇基层党组织政治功能发挥不足。一方面，长期以来，部分乡村基层党组织受到偏重经济建设轻视党的政治建设的影响，导致政治领导力不强。一些乡镇党员干部由于文化水平较低、对政治理论学习的重视不够、思想政治觉悟不高等自身原因，在领导乡村振兴中出现政治信仰不坚定、政治纪律不严明、"四个意识"不强、政治本领不高等政治领导力较弱的问题。有些乡镇基层党组织没有落实"三会一课"或"三会一课"的开展基本是以会议的形式进行，以党支部书记读文件的方式机械地传达上级精神和任务，大大降低了部分党员参与党组织生活的积极性。另一方面，家族、宗族观念也在挑战农村基层党组织的政治领导功能。一些农村基层党组织在实际运行中甚至出现家族化或黑恶势力化现象，党的政治领导被异化为某些宗族势力甚至黑恶势力的暗箱操作。

2. 党建责任主体认识不到位

乡镇基层党组织是乡镇党建工作的主体，是党建工作开展的核心组织，承担党建主体责任，但是在现实工作中部分乡镇基层党组织对于主体责任的认识不到位。一方面，部分乡镇基层党组织对于自身责任认识不清，认为自己的党建工作责任仅限于政治上的引领作用，只要保证党支部建设方向不偏离，就完成了自身在党建工作中的任务。但是，乡镇基层党组织在支部党建中还要对党支部的组织生活进行指导并提出严格要求；在发展党员过程中，要及时开展对入党积极分子的教育和培训工作，做好党员的发展工作；此外，还要做好发展规划工作。另一方面，部分乡镇党委成员责任意识淡薄。部分乡镇党委成员注重自身的权益，却忽视自身所承担的责任。在乡镇党支部建设过程中，部分党委班子不想作为、不敢作为的思想仍然存在，致使党建工作粗糙、落实不到位的情况时有发生。此外，检查责任制落实不到位，检查党风廉政建设责任制较少，使"一岗双责"形同虚设，削弱了党组织的政治领导力。

3. 党组织监督机制不健全

一方面，部分基层党组织职权分工不明确，监督制约机制不健全，集体决策机制不完善。部分基层党组织在党的组织建设方面适应新形势的能力不强，对基层党建领域的拓展有限，处理党组织运行中的个人权威与民主决策关系的能力不强，地方监督机制不够健全。党执政的根基在基层，力量源泉也在基层，基层党组织运行机制不畅，必然会影响领导力的发挥。另一方面，由于民主监督不到位和自身腐化蜕变，一些政治信仰动摇的乡镇党员干部禁不住利益诱惑，在关乎人民群众切身利益的民生领域出现以权谋私、作风不正、生活腐化、贪污腐败等作风问题。"作风问题，很多是因公私关系没有摆正产生的。"[①] 以公谋私导致"小官巨贪"式腐败在惠农补贴、精准扶贫、房屋改造和拆迁、土地征用等与民生问题密切相关的领域多发频发。

---

① 《习近平关于党的群众路线教育实践活动论述摘编》，党建读物出版社、中央文献出版社，2014，第39页。

一些基层干部作风不正，削弱了乡镇基层党组织在农民群众中的政治公信力，导致部分乡镇基层党组织在乡村振兴中政治引领力不强，政治功能发挥不足。

（二）党的思想领导建设仍需加强

1. 部分党组织思想理念滞后

全面推进乡村振兴，要求乡镇基层党组织在思想上高度重视学习党的指导思想、基本理论、基本路线、基本方略，及时向农民群众传达习近平总书记关于乡村振兴的重要论述和重要指示精神，引领农民群众积极投身到乡村振兴的宏伟工程中去。当前部分乡镇基层党组织思想理念滞后，理论学习能力不强，出现思想引领作用弱化的问题。一是部分乡镇基层党组织把进行党的思想政治宣传教育、乡村文化建设看作"虚工作"而对其加以忽视，存在着讲起来重要、做起来次要、忙起来不要的情况。二是部分乡镇基层党组织学习理解和接受能力不强，学习不深入、不系统，对党的创新理论成果、各类涉农政策方针解读不透彻，宣传不到位。一些地方村干部年龄结构老化、文化素质低，在引领农民群众推进乡村振兴中思想观念陈旧、缺乏进取意识和创新精神、跟不上现代化农业乡镇发展的步伐。在一些乡镇，一部分村干部还不会使用电脑，不善于利用网络媒体做宣传引导工作，在宣传党的路线、方针、政策时，渠道单一、方法老旧，这在一定程度上阻碍了党组织思想文化的传播。

2. 群众思想政治工作重视不够

部分基层党组织对农民思想政治教育工作的紧迫性认识不足，思想政治教育工作经常让位于经济工作和扶贫工作。部分基层党组织没有意识到加强群众的思想道德教育与加强群众的科学文化基础教育、民主法治教育相结合的重要性，做思想政治工作只是为了解决短期问题，而不是着眼于群众能力素质的系统化提升。此外，部分基层党组织教育群众的方式方法较为落后，缺乏生动性，创新性不足，表现为以讲授式的理论教育为主，组织文体活动比较少。有些基层党组织虽然能够做到积极下村宣传政策，但只是按照上级的文件精神和会议精神进行简单的宣讲，不注重与农村发展的实际情况和群众的自身情况相结合，也并未耐心细致地对群众进行说服教育。

3. 农民群众思想价值观念更加多元化

随着市场经济和乡镇信息化的不断发展，农民群众对公共利益的需求、对城乡差距缩减的期望以及对美好生活的向往都在不断发生变化。部分乡镇基层党组织仍按照传统思维进行基层治理，引发了农民群众对乡镇基层组织能力的质疑，主要表现在以下两个方面。一方面，少数乡镇党员干部党性意识弱化。部分基层党员干部对于集体资产和专项资金的使用与管理不够规范，存在包包账、个人账、糊涂账等多方面问题，这不仅使农民不能充分享受到国家政策带来的好处，而且滋生了农村基层地区的腐败问题。此外，部分地区的农村基层党组织对于财政资金的使用和管理不够规范，人民群众对政府资金和集体资产的使用缺乏有效的监管手段和投诉渠道，不利于营造风清气正的社会氛围。另一方面，部分党员干部在执行党的政策决定时出现部署与落实脱节的情况，主要表现为：其一，政策的利己式执行，即在执行政策决定时首先考虑自身的利益，由此制造出形象工程、虚假政绩，忽视农民群众的切身利益；其二，政策的选择式执行，即重部署、轻落实，政策执行过程中朝令夕改、反复无常，政策落实效果大打折扣；其三，政策的机械式执行，部分党员干部在缺少实际调研的情况下，机械地照抄照搬，而忽略地域特征和现实处境。

（三）党的组织领导建设仍有不足

1. 乡镇组织基础相对薄弱

在基层党组织建设的过程中，组织架构的合理性及各要素的完整性是形成组织力量的关键所在。当前，部分乡镇党组织的组织基础相对薄弱，从人员的结构分布层面分析，主要包括了以下几点困境。一是乡镇地区人口空心化。党组织的坚强有力是乡镇社会有序运转和健康发展的重要保障。但是，随着乡镇剩余劳动力大量向城市转移，部分乡镇出现空心化，部分乡镇基层党组织也出现一定的"空壳化"态势。二是乡镇党员干部老龄化。当前乡镇干部的年龄分布呈现出老龄化态势，对基层党组织的建设发展以及乡村振兴战略的实施造成了一定影响。究其原因，从客观层面考量主要是由于乡镇工作待遇相对低、难度大，无法有效吸引年轻干部；而主观原因也是不可忽视的，那就是部分乡镇基层党组织中存在着重资历轻能力的思维理念以及传统保守的思想认识，加之忽视后备干部及年轻干部的培养，致使新老干部的更替出现脱节现象。三是乡镇人才资源流失。人才是推动乡村振兴的主力军，但是在乡村振兴中如果缺乏足够的人才支持，外来人才无法留住，本土培养的人才亦不愿返乡创业，乡村的教育、医疗、农业、科技、文化等都会因人才短缺而无法适应市场的需要，更无法有效助推乡村振兴。

2. 党员队伍结构不尽合理

合理的党员队伍结构有利于农村基层党组织的正常运转和持久发展，为乡村振兴提供内生动力。近年来，我国农村党员数量稳步增长，党员队伍结构不断改善，积极吸纳年轻人、知识分子入党，但与党中央的要求仍然存在不小的差距。一是党员年龄整体偏大。我国一些农村地区经济发展较落后，产业结构单一，就业渠道狭窄，农村青壮年劳动力大多选择外出务工，影响了农村基层党组织党员队伍结构，党员年龄偏大现象普遍存在。从未来发展趋势看，我国农村外流人员增速将略有下降，但整体规模仍会持续扩大，农村基层党组织党员老龄化现象还将长期存在。年龄较大的农村党员长期扎根农村，基层工作经验丰富，但相对缺乏与时俱进的创新能力和攻坚克难的魄力韧劲。二是部分党员干部的文化素质不高。文化振兴是乡村振兴的重要内容，乡村文化繁荣有赖于一支高学历高素质的干部队伍来引领。近几年，政府高度重视人才引进，招聘大学生村官、"三支一扶"人员，选派第一书记充实农村基层党组织，调整改善党员队伍的文化结构，但仍没有彻底改变部分农村地区党支部书记学历层次较低、高学历人才留不住的现状。一些党员干部由于文化水平较低，不能深刻理解国家的大政方针，难以用先进的理论引导群众实践，不利于农村社会的长远发展。

3. 党员教育管理与监督不严

部分基层党组织对党员的学习教育和纪律管理要求低。部分农村基层党组织基础设施条件落后，党员数量多，但党组织用于开展学习教育活动的场地有限，在无法容纳全部党员的情况下，党组织对党员的参会情况不做强制要求，党员甚至可以不按流程要求执行请假手续。即使有的党组织会努力克服客观因素，例如组织线上学习方便无法到达现场的党员，但仍缺少对党员学习情况的考察和后续的跟进。此外，部分基层党组织对党员的考察和培养不全面。随着党中央对基层党组织建设的重视程度不断提高和乡村振兴战略的深入推进实施，农村基层党组织任务加重，因此党组织也会相应对党员的技能学习和实践能力等提高要求，党组织对党员的标准逐渐变成了行动上帮得上忙，有能力为党组织贡献力量即可，但对党员进行理想信念教育在一定程度上被忽视了。党员对中国共产党和共产主义的信仰是否坚定，决定了他们为党组织作贡献的意愿是否强烈，因此对党员思想表现的考察也是不可忽视的重要部分，但当前部分基层党组织对优秀党员过多关注党员的实践能力而相对忽略了党员的思想悟性，更多关注党员在党组织中的表现却相对忽略了群众对其的评价。党长期执政的最大危险是脱离群众，党组织对党员的最基本要求就是要端正作风，密切与群众的联系。但部分农村基层党组织对党员的考察只限在党组织内，只关注到在开展学习教育活动时或日常例会上党员的表现或书面作的汇报，不了解自己支部的党员与群众之间的关系如何。除了完成党组织分配任务的情况外，党员与群众的相处方式如何、是否主动了解群众需求并帮助群众解决困难、是否具备一定的群众基础，党员在群众中的名声和人气等也应是党组织考察党员的重要标准。

三　乡域党的建设：典型案例

为贯彻落实新时代党的建设总要求，全国各地立足实际开展了系列富有成效的乡域党的建设的实践探索，涌现了大批的党建创新基层治理模式，而这些典型案例对其他地方的乡域党的建设具有积极的启示意义和实践价值，本章选取两个案例作为参考。

（一）湖北宜昌市许家冲村：坚持筑堡强基以"三约四治五共"缔造美丽乡村①

许家冲村党支部以"党员公约"引领党员担当作为，以"村规民约"引导村民崇法向善，以"共富合约"引联各类组织兴业富民，推进协同治理、目标治理、全程治理、智慧治理，探索实践决策共谋、发展共建、建设共管、效果共评、成果共享，以"三约四治五共"，发动群众一起干，共同缔造美丽乡村。

1. "党员公约"引领党员担当有为，领跑"火车头"

许家冲村党支部坚持用好最简单、最朴实的"治村法宝"，把党员、群众组织起来、凝聚起来，强核心、筑堡垒，让党员带头干、走在前，群众对照学、跟着做、主动议，变"冷眼看"为"热心干"。

一是开门定约亮身份。坚持取智于民、问计于民，引导党员群众围绕建强支部、村级发展、群众需求等大事要事，通过支部主题党日、屋场会、党员群众大会、网络交流平台等途径，积极参与公约制定，广泛征集公约形式、讨论公约内容。村党员们在党员大会上公开承诺、立约上墙，全过程接受群众监督。"党员公约"使用的三峡渔鼓调，曲调朗朗上口、内容易懂易记，"连小娃娃都能流利唱出"。全村62个党员户门口插上党旗、晒出公约，一些常年"隐身"党员的身份意识被唤醒，他们的一言一行都受到群众的关注，切实引导党员将百姓小事当作自身大事。

二是带头践约做表率。围绕公约设岗定责，让党员带头在承诺践诺中履职担当，发挥先锋模范作用。组建许家冲"大党委"，公开选拔优秀年轻后备干部，引进年富力强、视野开阔、锐意进取、勇于创新的新鲜血液充实许家冲"两委"班子，40多名党员骨干发挥党员先锋的头雁引领与模范带动作用，引领许家冲村在基层治理、产业发展、乡村建设、生态文旅等乡村各

---

① 本小节引自中共宜昌市夷陵区委组织部《湖北宜昌市夷陵区许家冲村：坚持筑堡强基以"三约四治五共"缔造美丽乡村》，中国共产党新闻网，http://dangjian.people.com.cn/n1/2022/0726/c441888-32486098.html。

项事业上争当先锋。组建党员先锋队、志愿服务队、民兵应急队、人大活动队、建设村级应急中心，开展互助养老试点，自发组建家政便民、巾帼卫生、和谐调解、清河护江、治安联防5支服务队，为村集体的利益贡献力量。

三是民主评议明奖惩。根据农村熟人社会特点，结合党员五星创评，实行党员履约践诺情况月督促、季考核、年评议制度，评议结果定期公布。建立每月"集中议事日"制度，采取党员履约陈述、群众提议评议、集体讨论决议的方式，把"群众想要的"和"村里要做的"有机结合起来。支部主题党日活动和党员群众大会上轮流安排党员就履约情况发言，年终民主评议党员更是将评议情况作为评选先进的主要依据，有效监督党员践行公约，提升党建活动质感和温度。对严格履约、表现突出的党员予以表彰嘉奖，并在集镇挂牌展示，激发党员荣辱感，营造出创先争优的良好氛围。

2. "村规民约"引导村民崇法向善，点亮"满天星"

放大"党员公约"带动效应，让影响力由党内扩散到普通群众，改歪风、树新风、聚民心，用大家公认的规矩营造好家家共享的环境，引导村民自觉守约、积极督约、主动护约，提升自治能力。

一是民事民议当好"主人翁"。实行"四议两公开"，以议事恳谈形式达成共识，重要工作、重大项目、重大事项均在村党支部领导下，由集体商讨决定，让群众"决定自家的事"；创新公开形式，村民在家通过数字电视、"夷陵一家亲"等平台就能查看村务公开事项，做到一目了然、心知肚明；建立完善家庭文明诚信档案相关制度，调动村民参与乡村治理的积极性；充分发挥文明爱心积分超市功能，将群众参与厕所革命、垃圾分类、污水治理等工作纳入积分制管理，逐步改善群众生活习惯；建立健全村民自治、群众参与、共同缔造的长效机制，激发群众的自主能动意识，发挥集体智慧；在村级发展规划上，广泛征求群众意见，提出接地气、贴民心的意见建议80余条，带动200余户群众参与，将许家冲发展目标定位为"美丽乡村示范村、产业兴旺标杆村、带动致富核心村、基层善治幸福村"，通过打造"一心一馆四街四园"，谋划发展民宿、旅游、文化等生态产业，全村有78户村民直接乘上集体发展的"东风"。

二是民事民管当好"持家婆"。紧紧围绕村级治理的重点难点问题，更新细化看得懂、易操作、能遵守的"村规民约"，创新以村民为主体的运行机制，让群众的事群众管，小事不出村，诉求有回应；在基层治理方面，根据近年村内征地拆迁、公路硬化等项目建设多的特点，及时将"不无故阻挠施工，不漫天要价"等条目写入"村规民约"，引导群众讲大局、知奉献、利长远，让上墙文字内化为自觉言行；在美丽乡村建设上，大力倡导房前屋后"扫干净、码整齐、收通豁、种花草"。

三是民事民办当好"支客佬"。充分发挥退休老党员、老干部和产业带头人作用，以自监自管的"接地气"形式实现与村民的"零距离"；成立红白理事会、道德理事会、和事厅，召集村民就喜事规模、烟酒桌席、人情往来等统一制定标准，引导群众红事少办、白事简办、事事文明办，村民人情往来的担子轻了，摆宴铺张的风气刹住了。现如今，村民"办席"均在村委会举行，负担轻、不攀比，回归了"办席"的初心；村和事厅每年化解矛盾几十件，邻里怨气更少了，生活更加和谐了。

3. "共富合约"引联组织兴业富民，提升"竞争力"

坚定走产业兴旺之路，借外力、生内力，充分发挥各类经济组织、社会组织的聚能作用和产业能人的带动作用，走向共同富裕，缔造美丽乡村。

一是"支部办社"强化示范引领。村党支部发挥引领带动作用，带好头、指好路。抢抓党员教育基地、三峡旅游度假区服务中心建设、G348旅游路线开发等机遇，领办旅游专业合作社，实行"党支部+合作社+社员"运行模式，支持在外乡贤回乡创建精品民宿，激活社会资本等多元力量参与经营发展，分档定级、统一定价、统一管理；扶持民宿产业发展，构建村集体、产业协会利益共享、风险共担的共同体，以许家冲为核心，成立"G348乡村振兴党建联盟"，带动G348沿路8个村抱团发展，共建生态产业发展业态，共享游客资源。

二是"能人创业"注重持续造血。共建党员能人创业平台，主动为村内企业谋思路、送政策，推动3家本土企业做大做强，让移民在家门口就业增收。扶持移民望运平自主创业成立双狮岭茶业专业合作社，带动300余名移民就业，年加工茶叶 150 万斤，获评"全国基层标杆社"；鼓励"全国三八红旗手"谢蓉传承发展"牵花绣"产业，培训周边合格绣娘近 800 人，培养非遗传承人 6 名，带动 70 余名"50 后""60 后"移民妇女灵活就业，人均年增收近万元。以非遗手工基地为依托，积极申报以手工为核心特色的许家冲研学基地，获评"宜昌市中小学生研学旅行基地"称号；帮助楚旺农业机械公司精准对接市区专家，开展技术改造，年销售额达 3000 万元，安置村民就业 100 余人。

三是"筑巢引凤"带活移民新村。突出外引外联、借力发力。引进全国农业产业化龙头企业萧氏集团，建成穴盘育苗基地和木本油料加工厂，吸纳移民就业 50 余人；联合龙峡茶业集团建设茶博园和游客购物服务中心，为推动坝区库区移民新村发展注能；引进三峡卷烟厂雪茄手工包装项目，带动 50 名移民妇女就业；成立村办全资公司——湖北新移家劳务有限公司，积极争取雪茄烟加工车间二、三期项目。鼓励发展采摘农旅经济、民俗特色旅游经济，改造古建筑、古民居，讲好移民文化、三峡文化、土家文化等文化故事；引入国有投资平台，打造三峡许家冲干部培训中心，每年接待几百批次数万名党员干部考察培训；新建移民创新创业中心，为创客提供创业孵化平台；沉浸式打造移民陈列馆，全方位立体展示许家冲作为移民大村的精神特质；联合旅行社推出的大国重器游、高峡平湖游、三峡茶谷游等三条精品旅游线路，涵盖三峡大坝等核心标志物，辐射至库区秭归县屈原故里等地，带动周边地区共奔致富路。

（二）福建南屿镇："屿邻同心"党建联盟，推进基层治理全面发展①

为全面提升基层党建工作水平，南屿镇积极探索实践近邻党建工作，联结辖区各领域党组织，组建"屿邻同心"党建联盟，打造基层党建特色品

---

① 本小节引自中共福州市高新区南屿镇委员会《福建福州市高新区南屿镇："屿邻同心"党建联盟 推进基层治理全面发展》，中国共产党新闻网，http://dangjian.people.com.cn/n1/2022/0902/c441888-32518284.html。

牌。以党建引领促基层治理、促乡村振兴发展，为全方位推动南屿镇高质量发展注入新活力新动力，以实际行动助推中国东南（福建）科学城建设。

1. 党建+队伍，激活动力源泉

坚持创新引领，建立"乡村振兴+服务近邻"的区域化党建联盟体系，本着"服务基层、服务群众、服务发展"的宗旨，以"组织共建、资源共享、活动共办、事务共商、区域共治、红利共享"为着力点，组建"屿邻同心"党建联盟，按照"一"个统一架构、"两"大联盟体系、"三"项机制保障，推动辖区各领域党组织相邻共融。

（1）"一"个统一架构。"屿邻同心"党建联盟由区域内机关、企业、学校、社区等内的36个党支部组成，联盟大会为联盟的最高决策机构，下设党建联盟秘书处和党建联盟办公室，负责制定年度工作计划、执行联盟大会决议及审议、批准和修改联盟的基本管理制度以及组织、管理、协调联盟的日常事务等。

（2）"两"大联盟体系。以乡村振兴为着力点，构建涵盖村居、企业等多元主体的"南屿同兴"子联盟，通过共驻共建、互联互动，加强人才、土地、资金等资源要素的流动与合作，探索形成一批具有南屿特色的乡村振兴模式和经验，加快推进乡村治理体系和治理能力现代化。成立"南屿亲邻"子联盟，由镇党建办牵头，建立"镇—村（社区）—小区"三级党组织上下联动机制，鼓励机关、企事业单位在职党员带头到小区报到服务，推动党建资源向基层倾斜，以资源共享、活动联办为着力点，组织各成员党组织入小区开展政策宣讲、养老助残、结对帮扶等志愿服务活动，有效贯通服务群众的"最后一米"，切实提升居民群众的幸福指数。

（3）"三"项机制保障。以供需对接机制、议事协商机制及活动共办机制三项机制为抓手，构建责任清晰、衔接配套、务实管用的工作机制，按照轮值主席每月轮流办活动的制度，长效推进党建联盟工作向纵深开展，确保"屿邻同心"党建联盟有序运转，解决了辖区内居民和企业的实际困难。

2. 党建+发展，齐奏振兴之歌

围绕教育、金融、政法、文旅等多种元素，围绕"产业兴旺、生态宜居、乡风文明、治理有效、生活富裕"的乡村振兴总要求，通过共驻共建、互联互动，加强人才、土地、资金等资源要素的流动，激发农村发展、农业升级、农民致富的内生动力。一是创新入村，提升乡村颜值。依托"高校+党员+群众"共建模式，强化校地合作，通过与高校签署校地战略合作协议，对乡村人文、自然资源进行发掘，举办微景观大赛，吸引来自福建农林大学、闽江学院等高校的 20 多支学生团队参与，"量身定制"村居改造提升计划，打造"网红"打卡点，进一步推进生态宜居乡村建设；发挥大数据优势，打造智慧管理平台，推行上门收运垃圾，强化垃圾分类治理，引导村民做好垃圾分类，探索打造农村人居环境整治创新模式。二是产业入村，打破发展瓶颈。结合各村乡村旅游特点和资源，打造集观光、娱乐、休闲、餐饮、住宿于一体的特色生态乡村。五都村探索出一条"文化+"的道路，推行"文化+产业""文化+旅游""文化+研学"模式，先后引进旗云谷、侠客谷等项目，提高旅游核心竞争力；双龙村在保护生态的前提下，因地制宜打好"温矿双泉"牌，吸引了两家矿泉水企业前来投资生产，发挥泉水资源的经济效益。建设集山溪温泉、休闲农业、村落文化、居家养老功能于一体的温泉旅游综合体，实现一、二、三产业融合发展，先后获得 2018 年度福州市先进基层党组织、2018 年福州市美丽乡村建设示范村、2019 年福州市乡村振兴试点村、2021 年度福建省先进基层党组织等称号。三是智囊入村，强化发展保障。拓展思路，将金融机构、社会团体和单位"联"进党建联盟。与中国银行闽侯南屿支行党支部签约，银行相关方针对各村实际需求，提供个性化金融服务，支持乡村振兴；发挥高校"智囊团"优势，吸引人才到乡村实地调研，引进更先进的理念、标准、方法，有效解决乡村发展过程中的科学难题和产业问题。五都村通过与福建师范大学生命科学学院合作，邀请实验团队不定期在村里对金鱼养殖基地进行采样分析、病害调查、养殖指导，为产业发展提供智力支持，提升经济发展动力。

3. 党建+治理，释放强大效能

强化党建引领下的乡村治理，由村党总支书记牵头，整合村党总支成员、队组党员、志愿者、城管、社区民警等各方力量，领办村民"关键小事"，不断提升村民的获得感、幸福感和满意度。一是创新服务理念。通过统一管理、帮带结对、压担锻炼的方式，直面队组治理的痛点和难点问题，共同开展走村入户行动，听取村民呼声，既破解乡村治理难题，又促进联盟"红利"全覆盖，推动南屿镇均衡发展、各方面协调联动、各领域融合推进，实现组织与组织、组织与居民、居民与居民的良性互动，凝心聚力促进南屿基层党建心连心。二是谋划服务活动。以党建为引领，开展联盟活动促进资源的流动与合作。旗山文城社区依托党建联盟，定期发布需求清单，组织联盟单位开展义诊、六一汇演、招生咨询、党史讲座等内容丰富、形式多样的活动，让社区党建由"单打独斗"走向"抱团发展"；南屿法庭党支部主动认领南屿社区法制宣传教育任务，开展志愿者活动；旗山森林人家党支部深化党史学习教育，组织联盟成员单位共同参观福州国家森林公园中国人民解放军长江支队纪念园，坚定理想信念；高考期间，联盟单位在闽侯农信联社第九党支部的牵头下，设立"高考加油站"，为考生和家长提供暖心志愿服务。三是搭建服务平台。依托"屿邻同心"党建联盟的利好优势，积极与高校、企业等多方合作，实现就地就近的联合共建、联合共治、资源共享，为乡村创业者提供咨询、在线服务，促进产业孵化和创业交流；依托镇党校开展线下教学，灵活运用"党性+技能""讲授+互动"培训模式，定期对农村党支部书记、驻村第一书记、村"两委"干部、"一懂两爱"村务专职工作者、"一懂两会"基层党建工作者等人员进行全覆盖培训，提高专业素质。

乡镇基层党建联盟的探索，在福州属于首创。党建联盟的作用，不仅是对成员单位党建工作进行规范化指导，更重要的是结合成员单位人才队伍、业务发展等现状，帮助解决实际困难，汇聚力量更好地融入中心、服务大局，让党组织建设成为促发展的重要动力。一要充分盘活联盟资源。各级党组织要积极发挥"领头羊"的作用，多渠道宣传组建党建联盟的重要意义，引导支持各类组织融入党建联盟，精准对接党组织、联盟单位、广大群众之间的利益契合点，整合各方优势资源，最终开创互利共赢局面，以党建引领各类事业发展，助力乡村振兴。二要提升联盟社会影响力。成员单位的自身发展，要与广大群众的所求、所忧、所盼紧密结合，党建力量、管理服务力量、"智囊团"等充分凝聚到联盟中。要以联盟活动载体为引线，搭建平台、营造氛围、结对服务，既为联盟单位提供更精准有效的管理和服务，又做到服务群众、凝聚群众，提升人民群众的获得感和满意度。

四　乡域党的建设：完善路径

基层党组织领导力的建设与提升直接关系到党的执政地位的巩固，乡域党的建设是抓好乡域治理各项工作的根本。针对乡域党的建设面临的挑战，要从体制机制方面强化党的领导、从宣传教育方面加强党的思想领导、从技术人才方面夯实党在基层的组织领导，推动乡域党的建设。

（一）以体制机制强化党的政治领导

1. 完善组织生活制度，突出政治功能

党的组织生活是党内政治生活的重要内容和载体，是党组织对党员进行教育管理监督的重要形式，推进农村基层党组织建设离不开组织生活制度的优化。一是改进开展组织生活方式方法。针对一些农村基层党组织开展组织生活流于形式、质量不高的状况，要紧跟党和国家发展形势，及时传达学习党的路线、方针、政策和上级党组织的决议、指示，还要立足党支部实际，聚焦时代发展热点、乡村发展难点、支部建设重点、脱贫项目亮点，科学制定理论与实践有效结合的学习内容。同时，要创新支部工作方式方法。当前，媒体融合优势凸显，年轻党员更容易接受短视频、音乐、动漫等大众喜闻乐见的学习形式，应当在保持党员学习活动政治严肃性的前提下，因时因势丰富学习载体，从单调传统的"一讲到底"向互动探索转变。二是健全"三会一课"考核机制。适当严格的考核制度，能够有效避免支部学习陷入形式主义。要严肃党支部学习活动的日常纪律，严查代签到、乱签到行为，将考勤结果与党员量化积分考核制度结合起来，将积分汇总纳入年底党员评

优工作的重要标准，对于积分过低的党员要及时进行批评教育，确保支部工作规范化、有效化。三是严肃组织生活会制度。组织生活会是党支部或党小组成员交流思想、总结交流经验、开展批评与自我批评为中心的组织活动，是支部组织生活的重要形式之一。然而，部分农村基层党组织只是将组织生活会作为必须完成的既定任务，在开展批评与自我批评时，往往碍于情面，隔靴搔痒，起不到修身正己的作用。农村基层党组织要用好组织生活会制度，一方面，要端正党员态度，强调批评与自我批评的重要性与必要性，打消党员不敢批评、不愿批评的顾虑。另一方面，批评与自我批评必须有理有据、实事求是，对于真实合理的批评要主动接受，对于偏离事实的批评要及时指正，确保组织生活会严肃有效。

2. 改进领导方式，持续强化政治权威

《中共中央关于加强党的政治建设的意见》中明确指出，"加强党的政治建设，必须坚持和加强党的全面领导，完善党的领导体制，改进党的领导方式，承担起执政兴国的政治责任"。① 针对当前部分农村基层党组织在政治建设中存在的领导力不足、公信力不强、创新力不够等困境，建议转变因循守旧、上纲上线、生搬硬套等粗放的领导方式，结合乡村振兴的具体要求，通过推进农村基层党组织负责人"一肩挑"制度来整合政治资源，通过健全农村民主协商制度聚合人民力量来促进和谐的党群关系，采取"以合促和"的领导方式树立政治权威，从而破解基层党建的"内卷化"难题。第一，全面推进农村基层党组织负责人"一肩挑"制度，巩固农村基层党组织的领导地位。通过调研发现，村"两委"班子的团结程度严重影响到农村基层党组织领导作用的发挥，并且自村民自治实行以来，农村由党组织"一元化领导"的权力结构转变为村"两委"协同治理的二元化权力结构，部分农村地区的基层党组织的政治地位有所动摇、政治威望有所降低，甚至面临被架空的危险。因此，只有全面推进"一肩挑"制度，让村党支部书记和村主任"合二为一"，将党的领导权和民意代表权集于一身，才能从根

---

① 《十九大以来重要文献选编》（上），中央文献出版社，2019，第798页。

本上解决村"两委"互相推诿、权力争斗、相互避责的不团结局面，巩固农村基层党组织的领导地位，从而提升政治威望。第二，完善农村民主协商制度，夯实农村基层党组织的民意基础。农村基层党组织可以到协商民主开展效果较好的村庄进行观摩学习，借鉴"一事一议""民主恳谈会""村民议事""村民论坛"等相关经验，针对本村实际进行制度设计和工作实践，调动村"两委"、党员、村民等多方主体参与民主协商治理，重视正式协商制度与非正式协商制度的衔接与互动，创新民主协商形式，帮助农村基层党组织摆脱对现有领导方式的路径依赖。

3. 创新党建机制，提升服务领导水平

农村基层党建工作形成长效机制既是坚持和完善党的领导制度体系的客观要求，也是提升基层党组织服务水平的重要途径。厘清农村组织机制、管理机制和服务机制现存难题是创新农村党建工作形式的必然之路。强化农村党建组织体制考核工作能够让党员干部保持脚踏实地的扎实作风，这就要求农村基层党组织干部队伍选优配强，建立起常态化交流平台，通过开展定期考核，以强带弱的方式实现协同发展，形成"头雁"先飞、"雁阵"齐飞的队伍。同时需要积极推进基层党组织党内监督常态化，通过强化党内党员监督意识来提升党员的自觉性，形成敢于互相监督、相互提醒的良好氛围。在党外监督方面需要充分发挥媒体和群众的力量，建立新媒体反馈建议机制和基层群众考评机制，提供科学合理、指标明确的评价清单给媒体和基层群众作为考评的参考标准。基层管理成效与责任存在一定关系，只有落实党员干部和群众的主体责任，才能更好推动二者高效联动。一是必须明确所有党员干部的目标，"责任到人"和"分管到户"相结合。农村基层党组织要认真贯彻执行上级下达的目标任务，将方向性任务转变成具体的目标，予以任务承担者一定的奖励和动力。二是聚焦重点问题，敢于深入群众中了解问题缘由。不断发现管理上的问题，提升管理效率，敢于主动询问群众对目前管理机制所存在的问题，耐心地、"由果溯因"地解决群众聚焦重点问题。定期巡查网格化管理体系中存在的问题，不断挖掘管理机制当中的重点矛盾。

（二）以宣传教育加强党的思想领导

1. 提高宣传能力，加强思想引领

习近平总书记指出："坚持政府主导、社会参与、重心下移、共建共享，……完善公共文化服务体系，提高基本公共文化服务的覆盖面和适用性。"① 农村基层党组织的宣传思想工作是党的思想意识向基层的下沉，直接关系到党和国家方针政策的全局部署。其一，加强宣传主体建设，打造专业的宣传队伍。首先，乡域基层党组织要配备一支专业的宣传队伍。在这一过程中，农村基层党组织要加强对宣传工作人员的培训，通过系统专业的培训帮助其提高理论水平，使基层宣传人员对乡村振兴相关政策有更为深入的认识和理解。其次，乡域基层党组织要运用有效贴近群众的宣传方法。"要加强传播手段和话语方式创新，让党的创新理论'飞入寻常百姓家'"，② 形成"线上+线下"全方位的宣传体系。就"线上"而言，乡域基层党组织应建设"互联网+宣传"的新模式，将宣传思想工作与互联网技术有效结合起来，引导群众在线了解政策、方针和举措。就"线下"而言，党组织同时也要兼顾日常生活中的口耳相传。宣传人员可利用入户的方式将党的思想宣传入户，在与群众面对面沟通的过程中，注意沟通的技巧，用群众易于接受和理解的方式进行宣传。其二，增进宣传客体的认知，引导人民群众主动关注政策。首先，乡域基层党组织要重视在基层群众中普及政策知识。基层宣传人员要针对不同年龄、不同职业、不同学历的人制定相应的宣传方法和宣传目标。党组织在达到既定宣传目标之后，可以适当地开展各类竞赛活动，调动群众学习政策的积极性。例如，乡镇党委、村级党组织带头组织政策知识竞赛，鼓励农民群众积极参加，并以适当的奖品作为奖励提高参与率。其次，乡域基层党组织应以老百姓喜闻乐见的方式进行宣传，提高群众对国家政策的关注度。比如可以利用农民群众喜欢观看短视频这一喜好进行

---

① 《习近平谈治国理政》（第三卷），外文出版社，2020，第314页。
② 《让党的创新理论"飞入寻常百姓家"——江苏卫视〈时代问答〉在电视理论宣传上的探索与实践》，共产党员网，https://www.12371.cn/2019/07/16/ARTI1563260424177116.shtml。

宣传，将政策思想通过短视频的方式呈现出来，用通俗易懂的方言、白话进行解说，以寓教于乐的方式让大众接受和认同。

2. 更新教育理念，创新教育设计

在党的二十大召开以及乡村振兴战略全面实施的大背景下，面向基层、面向农村的思想政治教育需要突出时代性，能够真正回应农村建设关切的话题和内容。首先，农村党员干部需要形成将思想政治教育与时代发展相结合的基本理念，能够将这种与时俱进的理念融入基层党建的工作中。其次，乡镇政府开展思想政治教育需要理解乡村振兴战略的实施与乡镇党员干部参与党建工作的正确关系，从党员干部应当发挥的职能履行、模范带头作用出发进行顶层设计。思想政治教育的顶层设计需要兼顾宏观导向和微观执行，确保理念的科学性和执行的有效性。最后，党员需要从自身做起，充分认识新时代背景下的党建要求，理解乡村振兴战略中自身的定位。传统的农村发展理念注重农业生产和农村经济建设，而在乡村全面振兴背景下，乡村发展需要更加注重人的发展和幸福感。乡镇、农村党员干部需要更加注重人民群众的需求和利益，以人为本，推动乡村振兴。

3. 优化教育模式，开展精准教育

党的思想建设作为党的自身建设的基础和中心环节，在社会主义现代化进程中始终发挥着凝聚群众和团结党员的重要作用，有利于保持党的先进性和战斗力，提升党的执政水平和领导能力。在开展党员思想教育工作时，应追求精准化，克服党员"早出晚归"谋生方式影响正常组织生活的难题，创新党员活动日等教育形式，以提高农村党员干部思想高度和执行力为目标。在开展农村党建思想教育工作时，应做好如下几方面工作。一是依靠村集体经济的壮大、村容村貌的提升和法治氛围的培育提升农村生活水平，尤其是党和国家在卫生、教育等民生方面的投入持续增大，让农村群众真正感受到了党和国家各项方针政策对人民的关怀，提升群众对农村基层党组织的价值认同感。这种认同感的培育除了需要国家的方针政策作为指引，还需借助一定的载体方能使得农村群众真真切切地感受到农村党建的实效性。各村可以结合本村实际情况打造具有自身特色的党建主题公园，以满足人民群众

休闲需求的方式去开展农村党建思想宣传。二是创新党建工作方式，激活党员干部的责任感。湛江市麻章区的"平安夜访"要求党员干部每周二晚深入驻点村中去了解群众诉求。这种创新式的党建工作方式能够有效提升党员干部责任感和使命感，使其在为人民服务的过程中收获群众的信任和认同，彰显国家政策方针和法律法规的人民性。三是创新农村党建思想传播途径。以游园会、党建知识积分商店等新方式弥补传统讲授方式的不足，通过开展各式各样的党建思想教育活动来提升党建工作的互动性，让党员干部和人民群众能够在实践中领悟到党建思想的精髓。精炼化、灵活化的党建思想宣传方式能够在短时间内迅速提升党员干部和人民群众对农村党建的价值认同，这种以物质奖励和精神鼓励相结合的党建工作形式能够极大地拉近党群关系，让农村党建思想教育成为农村地区的重要活动。

（三）以技术人才夯实党的组织领导

1. 依托现代信息技术，提升党组织的组织力

"互联网+党建"模式已经在我国基层党建中得到广泛应用和推广。农村基层党组织要充分运用"互联网+党建"模式，完善党建信息化系统的共享共用机制，为农村基层党组织创造内部信息化沟通渠道，提升农村基层党建信息化系统的专业化、智能化和实用化水平。

大数据的大规模应用对我国社会发展和农村基层党组织建设带来了重大影响。正确利用好大数据，促进农村经济发展，需要农村基层党员干部与时俱进、转变观念、提高认识、努力学习业务知识和积极提高业务能力水平，为信息化在农村党建的广泛推广和应用做好充分准备。此外，要提升大网络培育大党建的能力，充分利用大数据分析和数据收集等强大功能和预知作用，在日常党务活动中提高对信息化系统的使用效率，不断增强网络党务工作的吸引力和执行力。注重大数据的多向整合和联通，要将上下级党组织间的纵向信息系统和横向信息系统进行有序整合，在农村基层党组织之间实现实时数据共享，提升党建活动的知晓率和影响力。这些举措将有助于打破农村基层党组织的自身限制、提升农村基层党建信息化水平。最后要依托数字

技术创新流动党员管理。农村基层党组织的信息化创新了党员管理模式、拓宽了党员管理路径，有助于加强对流动党员的及时跟进管理。受到交通便利与经济的快速发展的影响，农村党员的流动非常频繁，如何有效地加强对流动党员的及时跟进管理已经成为农村基层党建的一项重要工作。农村党员的频繁流动表明，农村基层党组织的管理、教育和监督党员工作，不能再停留在传统的管理方式和联系方式上。面对新出现的情况和问题，农村基层党组织要多方面运用信息化技术加强对流动党员的管理和教育，促使流动党员与党组织之间保持密切的联系。

2. 坚持正确的用人导向，优化党员队伍结构

建强农村基层党组织，必须建立一支数量多质量优的党员队伍，优化党员队伍结构。一是眼光向内，打造新时代乡贤队伍。"生于其地，而有德业学行著于世者"，称为乡贤。乡贤作为新时代实现乡村振兴的人才保障，具有独特的优势。一方面，乡贤志士有着深厚的爱乡情怀，愿意为家乡建设发展出力。另一方面，乡贤多是商界、学界等各界的优秀代表，阅历丰富，眼界开阔，资源集聚，能为振兴乡村建言献策，提供资金、技术、人才支持。因此，在农村基层党组织建设过程中，要广泛吸收优秀乡贤，构建"党员带头、乡贤推动"工作格局，借助乡贤力量优化党员队伍结构，提升党员队伍质量，增强组织引领能力。二是留住人才，培养扎根乡村的业务能手。组织振兴作为乡村全面振兴的重要组成部分和实现乡村全面振兴的重要保证，必须扎实推进、全面进步、全面过硬。我国部分农村地区在实现全面脱贫后，依然面临着人才流失的现象。对此，要多措并举建立人才激励保障机制。例如，对于重点领域和急需紧缺专业技术岗位，可以通过放宽年龄学历要求、降低开考比例或不限制开考比例等方式，加快畅通人才引进渠道，让优秀人才能够"走进来"。要加大人才培养力度，完善人才激励机制，在人才补贴、住房安置、专项培育、职业前景等方面给予支持，让人才看得到未来，愿意"留下来"。要积极鼓励外出能人返乡创业，做好大学生及外出务工青年人员回流，为其营造良好的干事创业环境。这样既能给当地村民提供更多的就业岗位，带动本土经济繁荣，又能将返乡创业的年轻党员充实到基

层党组织中，延缓党员老龄化趋势，均衡男女党员比例，进一步优化党员队伍结构。

3. 强化党员教育、监督和管理，提高党员素质

党组织需及时为党员更新理论学习内容，提高党员政治理论水平。为党员提供丰富的学习和教育资源是党组织对党员开展学习教育培训的前提条件。党组织应全方位、多渠道地为党员提供理论学习内容，保证党员学习内容的多样化和先进性。党员可以利用互联网平台拓展学习渠道、分享学习资源、了解学习中央最新会议和文件，通过下载阅读电子书籍学习党员业务专业知识，通过"学习强国"App、青年大学习、正规学习网站等平台引进和共享学习资源等，以文字阅读、视频讲解、说书听书等方式争取最大限度地满足党员的学习和工作需要。监督党员切实履行义务，强化党员服务意识。加强党组织内部监督和群众外部监督。此外，群众需要对党员的权利和义务有一定的了解才能充分发挥群众对党员的监督权，在与党员相处和交流的过程中监督和了解党员的言行举止和行事作风，在求助党员和反映需求的过程中了解党员为群众服务的能力和心态变化等。将党组织内部监督和群众外部监督相结合，形成一股强大的力量，推动党员自觉践行党的宗旨，始终牢记初心和使命，时刻铭记自己的身份。党组织加强党员技能培训。一是提高党员了解和发现党组织工作需求的能力。党员在处理党务工作的过程中应善于观察和发现党组织的需求，对于党组织的基础设施条件、工作环境、经济和技术需求等有具体的了解。二是提升党员服务群众的能力。自觉提高观察力，善于发现群众的需求和困难，在群众未能及时反映需求和意见之前发现和解决问题，从群众的日常出发，在群众遇到困难之前未雨绸缪。三是提高党员的执行力和时间管理能力。在收集和了解到群众的需求时，党员应尽力做到时时刻刻将群众需求放在心中并立即执行解决，平衡好个人、党组织和群众三者的关系，培养高度的时间观念，杜绝拖延习气。

第三章 乡域政权建设

　　基层政权处于国家权力的末梢，是国家与社会关系的交叉点，在国家治理现代化进程中占据基础性地位。2021 年 4 月通过的《中共中央 国务院关于加强基层治理体系和治理能力现代化建设的意见》明确提出，要增强乡镇（街道）行政执行能力、为民服务能力、议事协商能力、应急管理能力、平安建设能力，以加强基层政权治理能力建设。党的二十大为全党全国指明了中国的未来发展方向，也为加强基层政权建设提供了指导。党的二十大报告提出："在社会基层坚持和发展新时代'枫桥经验'，完善正确处理新形势下人民内部矛盾机制，加强和改进人民信访工作，畅通和规范群众诉求表达、利益协调、权益保障通道，完善网格化管理、精细化服务、信息化支撑的基层治理平台，健全城乡社区治理体系，及时把矛盾纠纷化解在基层、化解在萌芽状态。"①

　　乡域治理是基层治理的基础部分，是夯实国家治理根基的基础内容。作为治理接点所在，乡域基层政权面临着较为复杂的治理情境，如何处理好国家与社会、城市与农村、工业与农业、农民与土地等多重关系，是现实的焦点，也是现实的难点。然而，现在的基层治理格局，却普遍面临着行政体制不合理、权责不对等、资源保障不到位、服务供给零散化、矛盾诉求集中化等困境，制约着推进乡镇治理体系和治理能力现代化的进程。党的二十大以来，结合党中央关于基层社会治理的最新要求以及地区实际，不少地区在行政执行能力、为民服务能力、议事协商能力、应急管理能力、平安建设能力等方面进行了改革创新，取得了不少成效，同时也面临不少挑战。本章对2022 年全国乡域政权建设的开展情况进行梳理，归纳各地政权建设的进展、

---

　　① 《习近平著作选读》（第一卷），人民出版社，2023，第 44~45 页。

总结各地面临的挑战，深入探讨乡域政权建设的发展路径。

一 乡域政权建设：进展情况

2022 年，全国乡域政权建设稳步推进，具体表现为乡域行政执行能力不断增强、为民服务能力显著提升、议事协商模式逐渐形成、应急管理能力建设成效初显、平安建设能力日益增强。

（一）行政执行能力

1. 乡域职能转变情况

职能设置是政府运行与治理的最基础内容。转变政府职能是深化行政体制改革、提升基层政府行政执行能力的核心。党的二十大报告指出，"转变政府职能，优化政府职责体系和组织结构，推进机构、职能、权限、程序、责任法定化，提高行政效率和公信力"。[①] 2022 年，乡域职能转变持续推进。其一，乡域行政机构持续精简。截至 2022 年底，乡域基层基本完成了机构改革，实现了对乡镇职能机构与"七站八所"等业务机构的统合精简，乡域职能机构简化为党政办公室、经济发展办公室、社会事务办公室等综合性办公室，业务机构则统合至政务服务、农业服务等中心。其二，乡镇权责清单化、法定化工作持续推进。在原先"放管服"改革形成省—市—县三级权责清单的基础上，不少省份进一步明晰了乡镇基层政府权责，建立了省—市—县—乡四级权责清单，厘清县乡职权关系，明确乡镇职能边界。以山西省为例，山西省在 2022 年印发了《山西省乡镇（街道）权责清单参考目录》，该目录涵盖了 9 个重点领域 104 项职权事项。[②]

2. 综合执法改革

基层行政执法水平直接关系着基层群众的生产生活，决定着党执政

---

① 《习近平著作选读》（第一卷），人民出版社，2023，第 34 页。
② 《固本强基 提质增效 探索山西特色的基层善治之路》，中国机构编制网，http://www.scopsr.gov.cn/shgg/jcgl/202302/t20230220_386016.html。

的社会基础。近年来，国家多次作出部署，推进基层综合执法改革。党的二十大报告指出，"深化行政执法体制改革，全面推进严格规范公正文明执法，加大关系群众切身利益的重点领域执法力度，完善行政执法程序，健全行政裁量基准"。① 围绕中央部署，全国各地陆续推进乡镇执法改革，如成立街镇综合执法局、下放街镇执法权力、颁布街镇综合执法条例等。当前，全国 31 个省（自治区、直辖市）均开启了乡镇综合执法改革，其中，吉林、福建等地超过 90%的乡镇（街道）完成了综合执法改革。在推进乡镇综合执法改革的同时，各地也涌现出了一大批具有先进典型性的探索实践，如浙江的"大综合一体化"行政执法模式、天津等地的"一支队伍管执法"模式、北京等地的"街乡吹哨，部门报到"综合执法模式。

3. 乡域执法韧性

乡域韧性执法是乡域治理韧性的重要体现，是乡镇政府回应一线复杂治理情境、应对基层治理风险、满足群众多样化需求的重要策略。长期以来，受制于人财物不足及放权赋能不到位等客观因素，乡域执法始终是刚性有余而韧性不足。2022 年，各地大力推动乡镇职能转变与放权赋能，增强了乡镇的行政执行能力，提升了乡域的执法韧性。其一，乡域执法对体制的适应性不断增强。虽然作为我国最基层的一级地方政府，乡镇政府在人事、财政、管理等各方面会受到一定的制约，一定程度上不利于乡域提高综合执法能力。但是在放权赋能与综合执法改革的大背景下，乡镇政府依托具有一定韧性的党政体制，不少地区通过党的统一领导调动乡镇站所工作人员参与综合执法，壮大乡域执法力量。此外，在行政执法的过程中，乡域通过动员社会力量参与执法，充实执法资源。其二，乡域执法的回应性不断增强。乡域政府是我国最贴近群众的一级地方政府，乡域行政执法体现了作为执法主体的乡镇执法人员与作为执法客体的乡域群众之间的互动，乡镇执法人员不仅要执行上级的政策命令，更要带有一定的民意关怀。长期以来，乡域执法

---

① 《习近平著作选读》（第一卷），人民出版社，2023，第 34 页。

面临"看得见，管不着""管得着，看不见"的窘境，无法有效回应民众需求，解决群众面临的问题。乡域执法改革后，乡镇政府拥有一定的执法权限与能力，可以在执法中更好地回应民意，打通为人民服务的"最后一公里"。

（二）为民服务能力

1. 乡域基本公共服务

加快补齐农村基本公共服务短板，推动基本公共服务均等化是实施乡村振兴战略、实现农村共同富裕的重要举措。党的二十大报告指出，统筹乡村基础设施和公共服务布局，建设宜居宜业和美乡村。[①] 2022 年中央一号文件提出，加强基础性、普惠性、兜底性民生建设。2022 年，各地和有关部门大力推进农村水电路网等基础设施建设，着力提高农村养老、医疗、教育水平，乡域基本公共服务明显强化。第一，农村道路、水电、网络、公共卫生等公共基础设施持续完善。2022 年，我国农村公路硬化率达 90.2%，95% 以上的农村公路达到四级及以上标准。电力方面，农村电网供电可靠率达 99.8%，农业农村电气化率达 35.2%。网络基础设施方面，农村宽带接入用户 1.76 亿户，农村地区互联网普及率为 61.9%。[②] 人居环境方面，农村生活垃圾进行收运处理的自然村比例超过 90%，生活污水治理水平提升。95% 以上的村庄开展了清洁行动，村容村貌明显改善，卫生厕所普及率超 73%。[③] 第二，医疗卫生服务、师资教育等软公共服务也随着乡村振兴的深入实施而不断发展。在医疗卫生服务方面，截至 2021 年底我国有乡镇卫生院 3.5 万个，村卫生室 59.9 万个，实现了乡村医疗卫生机构全覆盖。[④] 在乡村教育方面，截至 2022 年我国农村义务教育阶段本科以上学历专任教师占比达 76.01%，比

---

① 《习近平著作选读》（第一卷），人民出版社，2023，第 26 页。
② 《绘就和美乡村新画卷》，《经济日报》2023 年 7 月 17 日，第 11 版。
③ 《我国农村人居环境整治提升取得新成效》，农业农村部网站，https://www.moa.gov.cn/zt-zl/ymksn/xhsbd/202402/t20240229_6449322.htm。
④ 《我国医疗卫生机构实现县乡村全覆盖》，中国政府网站，https://www.gov.cn/xinwen/2022-05/24/content_5692117.htm。

2012 年增长 35.29 个百分点。① 在公共文化建设方面，数字广播电视已经实现了进村入户，农家书屋、公共体育设施基本实现了镇村两级的全覆盖。

2. 乡域为民服务方式

乡域为民服务方式是乡域为民服务能力的重要体现，直接影响着乡镇政府的服务质量。长期以来，我国乡镇政府提供公共服务的方式较为单一，制约了乡域公共服务水平的提升。2022 年，各地不断创新公共服务方式，提升乡域公共服务精细化、信息化、便捷化水平。首先，乡域为民服务的方式日益精准化。当前，借助大数据与数据治理，乡村干部实现了对乡域群众服务需求的精细分类与精准把控，为群众提供个性化公共服务能力不断提升。此外，随着"纵向到底"乡村治理体系的建构，乡镇政府可以通过包组干部、网格员、党员中心户等主体了解群众需求，为乡域群众提供精准化服务。其次，乡域为民服务的集成化水平不断提高。针对农民服务需求多样化、分散化，且农民文化素质相对较低的特点，为更好服务农民，不少地区将资源、服务、平台下沉，在乡镇或村一级建立一站式审批便民服务中心、全流程农业服务中心与综合性社会服务中心，农民可根据自身需求一次性完成相关业务的办理。例如，重庆市已经实现了综合服务中心在村一级的全覆盖，群众不出村即可办理审批事项。最后，数字化服务兴起。网络购物、线上教育、远程医疗在乡域社会得到了广泛运用。各种智慧农业终端、一站式审批服务线上平台、一站式农业信息终端等也已深入乡域基层，便利着群众生活。

3. 乡域政府服务内容

丰富乡域政府服务内容是顺应我国社会主要矛盾变化，满足乡域民众日益多元化、精细化需求的重要举措。围绕党的二十大报告提出的"发展新型农业经营主体和社会化服务"及 2022 年中央一号文件提出的"加强乡镇便民服务和社会工作服务，实施村级综合服务设施提升工程"的要求，乡镇基层政府深入对接农民需求，扩充服务内容、开拓服务领域，取得了良好

---

① 《农村义务教育本科以上学历专任教师达 76.01%》，教育部网站，http://www.moe.gov.cn/jyb_xwfb/s5147/202304/t20230410_1055013.html。

成效。一方面，乡域农业社会化服务不断发展。2022 年以来，不少地区结合地区实际，丰富乡域政府服务内容，在农业信息、智慧化生产、金融信贷、农产品产销方面为民众提供社会化服务。农业农村部的数据显示，2022年，全国农业社会化服务组织有 104.1 万个，服务带动小农户超过 8900 万户，① 帮助小农户实现增收。例如，山东省文登区整合行政、生产、营销、金融等各类涉农资源，在每个乡镇建设农业综合服务中心，实现了对农业的全流程社会化服务。另一方面，乡镇政府的政务服务项目日益丰富。随着简政放权、扩权强镇以及"放管服"改革的实施，由乡镇管理更为有效的各类事项逐步下放乡镇，乡镇政府的服务和管理权限不断扩大。截至 2022 年 7 月，四川省累计下放乡镇审批事项 115 项、进驻乡镇便民服务中心事项 140 项、村级代办事项 40 余项。②

（三）议事协商模式

1. 议事协商形式

基层议事协商落地运行的关键在于找到有效的协商形式，因地制宜的形式创新可以提高乡域议事协商的效能。我国农村基层协商治理起源于 20 世纪末浙江温岭的民主恳谈会模式。20 多年来，议事协商模式已经在不少地区落地生根，扩展了基层民主的有效形式。近年来，以习近平同志为核心的党中央高度重视协商民主建设，将协商民主视作全过程人民民主的重要一环，并提出"有事好商量，众人的事情由众人商量，是人民民主的真谛"③，这进一步促进了基层议事协商的发展，各地议事协商模式不断涌现。一年来，各地积极创新议事协商形式，总体来看，根据不同的划分标准，乡域基层的议事协商模式也有所不同，主要可分为以下三类。一是以"两代表一

① 《农业农村现代化阔步前行》，农业农村部网站，http://www.kjs.moa.gov.cn/tgjy/202304/t20230403_6424459.htm。
② 《"三化"建设构筑政务服务新格局》，四川省人民政府网站，https://www.sc.gov.cn/10462/c100366/2021/11/3/12c7d8f295cc4dbca287cdb7ca83c609.shtml。
③ 《习近平著作选读》（第二卷），人民出版社，2023，第 31 页。

委员"协商带动乡域议事协商。如浙江、上海、湖北等地发挥党代表、人大代表、政协委员的作用，在乡镇一级建立"两代表一委员议事室""一线协商工作站"，开展基层协商。二是"坚持村民会议、村民代表会议制度"，推进议事协商规则流程完善，推进民主协商与民主决策融合发展。如广东清远、云浮，安徽全椒、金寨等地在自然村、村民小组层级组建村民理事会，代表村民协商公共事务；四川成都等地则在村民小组一级建立村民议事会，开展民主协商与民主监督；湖北省在"美好环境与幸福生活共同缔造"活动中利用"户院会""院坝会""湾组会"等形式进行民主协商。三是拓展议事协商在民主协商、纠纷调解方面的新功能。不少地方创立了村民监事会、"民评官"以及民主评议日等议事协商形式，利用协商评议深化民主监督的体制机制建设。有些地区开展"乡贤协商"，将农村教师、党员、退休干部等具有一定威望的"明白人"吸纳进协商流程，通过乡贤议事协商发挥他们在化解基层矛盾纠纷、树立文明风尚方面的作用。

2. 议事协商机制

清晰、规范、透明的议事协商机制是乡域议事协商流畅运行的重要基础，是议事协商成效充分落地的重要保障。2022 年，各地在推行议事协商的过程中，注重支持和帮助居民群众养成协商意识、掌握协商方法、提高协商能力，推动形成既有民主又有集中、既尊重多数人意愿又保护少数人合法权益的农村社区协商机制。中央及民政部的相关政策也在原则上对基层协商的运行、组织实施、协商主体和协商形式提供了指导与规范，推动基层议事协商机制的规范化运行。在此基础上，各地结合地区实际，对议事协商的主体流程、内容、形式进行了规范，健全了群众参与、议题采集、协商程序、成果落实反馈等机制。如安徽全椒通过村（社区）协商委员会和村民理事会复合自治的方式，建立"点事、定事、议事、决事、办事、评事"六事工作机制以及"说事、办事"两步走协商流程；广西来宾形成了"五清单六步骤"协商机制。

3. 议事协商内容

丰富议事协商内容是深化全过程人民民主、扩大群众参与的有效途径。

我国基层议事协商是顺应群众需要而产生的地方治理创新，凡是涉及乡域民众共同利益、有利于增进乡域福祉、推动乡域发展的事项均可成为乡域议事协商的内容。一年来，伴随乡域基层议事协商的不断推进，各地以"有事好商量、众人的事情由众人商量"为基本遵循，根据当地经济社会发展实际，坚持广泛协商，针对不同渠道、不同层次、不同地域特点，合理确定协商内容，主要包括：涉及当地群众切身利益的公共事务、公益事业；当地居民反映强烈、迫切要求解决的实际困难问题和矛盾纠纷；党和政府的方针政策、重点工作部署在城乡社区的落实。如安徽天长以乡村振兴二十字方针为指导，将产业发展、乡风文明、乡村治理、生态保护、村民增收五个方面纳入协商议题采集库，定期收集协商议题。有些地区则根据协商事项与内容的不同，设立相应的议事协商机构，如安徽南陵因项目建设而设的项目理事会，还有各地较为普遍设立的乡贤理事会、红白理事会。

（四）应急管理能力建设

1. 应急管理制度

应急管理制度的覆盖度和完善度是衡量乡域应急管理能力和水平的重要指标。一年来，各地不断强化制度建设，实现了乡域应急管理制度从无到有、从有到优的转变。一方面，多数地区在国家和省级有关基层治理体系和治理能力现代化的文件指导下，制定了适合本地区的基层应急能力建设实施意见，为推进基层应急能力建设提供了坚强有力的政策支持。如浙江绍兴、河南开封等地实现了应急管理制度在县区一级的全覆盖。另一方面，从已经制定应急管理制度的地区来看，各地的制度较为全面，通常对应急预案制定和实施、应急资源配置和管理、应急队伍的建设和管理、风险评估和隐患排查、应急演练和培训、应急信息发布与报告作出了具体规定，实现了对应急管理全过程、多领域的全覆盖。

2. 应急管理队伍

应急管理队伍是乡域应急体系的重要组成部分，是防范和应对突发事件的重要力量。统筹推进基层应急队伍建设是加强乡域应急管理能力的必然要求。近年来，我国不断加强乡镇应急管理队伍建设，取得了一定成效。一是乡域综合应急救援队逐步覆盖。不少乡镇以原先乡镇消防队伍为基础，整合村民志愿者、乡村干部、退役军人、综合行政执法人员及民间救援组织，组建人数在 10 人以上的乡镇综合应急救援队，乡域应急救援力量大为充实。例如，2022 年，四川省 516 个中心乡镇消防救援站完成整合重组和新建补建，3101 个乡镇（街道）组建 3.4 万余支村（社区）应急分队，已形成了县域"1 小时"和乡镇"半小时"应急救援响应圈。[①] 二是县级应急执法力量不断下沉。针对乡域基层应急管理点多面广，管理机构人少事多矛盾突出，安全生产管理难度大，基层应急监管及执法任务繁重等突出问题，江苏、浙江、四川等地以《中共中央办公厅 国务院办公厅印发〈关于深化应急管理综合行政执法改革的意见〉的通知》为依据，建立行政执法人员联络员制度，推进行政执法力量下沉乡镇，一定程度解决了基层执法能力不足、执法力量薄弱等问题。

3. 乡域智慧应急

信息化、智慧化是我国应急管理的发展方向，也是乡域应急管理现代化的应有之义。"十四五"规划提出：强化数字技术在公共卫生、自然灾害、事故灾难、社会安全等突发公共事件应对中的运用，全面提升预警和应急处置能力。伴随着数字乡村建设的持续推进，乡域应急管理的智慧化水平也不断提升。一是智慧风险监测系统普遍运用。不少地区将地理信息系统、应急无人机航拍、温度湿度等传感系统进行集成整合，开发出功能多样的风险监测预警系统，实现了对火灾、滑坡等风险的不间断性监测与准确预警。二是一体化应急平台逐渐推广。一体化应急平台是集通信、监控、预警、决策支持等功能于一体的信息化平台，通过推广这一平台，乡域应急管理既能为突发事件的实时监控与分析提供决策支持，又能实现信息资源的共享和协同响应，从而有效提升应急效率。三是信息化应急参与平台开始出现。乡域群众

---

① 《3000 多乡镇加入 四川建成"半小时"应急响应圈》，四川省应急管理厅网站，https://yjt. sc.gov.cn/scyjt/shengtingdongtai/2022/2/16/f295a8ad59fc44f4ab188db8f9573ecb.shtml。

往往是风险隐患的最先发现者。针对以往风险处理过程中信息传递层级过多，延误应急救援时间的问题，不少地区开发了信息化应急参与平台，乡域群众在发现风险隐患后可直接将相关信息上传至平台，由县区或乡镇直接回应与处理，从而缩短应急信息的传递时间。

（五）平安建设能力

1. 平安建设专项行动

平安建设专项行动是保卫人民利益，提升人民安全感，维护社会和谐稳定的有力举措。2022 年中央一号文件提出：开展农村交通、消防、安全生产、自然灾害、食品药品安全等领域风险隐患排查和专项治理，依法严厉打击农村制售假冒伪劣农资、非法集资、电信诈骗等违法犯罪行为。一年来，全国范围内开展了多项专项行动。一是扫黑除恶专项工作成效显著。农村黑恶势力是影响乡域社会和谐稳定的顽疾沉疴。2018 年开启的为期三年的扫黑除恶专项斗争共打掉农村涉黑组织 1289 个，打掉农村涉恶犯罪集团 4095个，依法严惩"村霸"3727 名，有力保障了群众的合法权益，维护了农村的社会秩序。2021 年，党中央作出常态化开展扫黑除恶斗争的决策部署，近两年来，聚焦健全完善防范整治"村霸"制度机制，全国组织系统会同有关部门排查整顿软弱涣散村党组织 5.47 万个。[①] 二是打击电信网络诈骗行动深入推进。一年来，各地采用诈骗电话通报阻断，涉案银行账户在线紧急止付和快速冻结等新技术手段，持续开展"长城""云剑""断卡""断流"等一系列专项行动，有效地遏制了电信网络新型犯罪持续快速增长势头，保卫了乡域群众的财产安全。三是农资打假、打击黄赌毒、住房安全整治等专项行动常态化开展。2022 年，公安部共破获重大农资犯罪案件 900余起，[②] 在全国范围内部署开展"清风"专项行动，依法从严打击农村赌博

---

① 《雷霆亮剑——全国扫黑除恶专项斗争纪实》，中国政府网，https://www.gov.cn/xinwen/2021-03/28/content_5596414.htm。

② 《公安机关 2022 年共破获重大农资犯罪案件 900 余起》，人民网，http://society.people.com.cn/n1/2023/0316/c1008-32645669.html。

违法犯罪，全面整治农村地下赌场乱象。在住房安全方面，2022年，农业农村部、住建部等部门完成了对全国范围内农村自建房安全等级评估工作，降低了乡域群众住房风险隐患。

2. 矛盾纠纷化解

有效的矛盾纠纷化解模式是提高矛盾纠纷化解率，建设和谐稳定社会的关键。党的二十大报告指出，要在社会基层坚持和发展新时代"枫桥经验"，完善正确处理新形势下人民内部矛盾机制，加强和改进人民信访工作，畅通和规范群众诉求表达、利益协调、权益保障通道。① 一年来，各地以"小事不出村，大事不出镇，矛盾不上交"为目标，积极创新基层矛盾纠纷化解模式，取得了很大成效。一方面，乡域矛盾纠纷调解更加积极主动，逐渐从事发后调解向事前预防为主，例如，各地建立的乡贤理事会、道德评议会、红白理事会在促进乡风文明的同时，在潜移默化中化解了许多可能出现的矛盾纠纷，促进了乡域社会和谐稳定。另一方面，在矛盾纠纷化解载体和形式上，各地结合地区实际，创造性地将民俗信仰、执法权威等因素融入纠纷调解过程，最为典型的有福建等地的"妈祖评理室"、浙江的"老娘舅"调解团、江西等地的"乡贤调解"以及湖北等地在镇村两级常设的"警民调解室"。

3. 平安防控体系

完善的平安治理体系是增强乡域基层治理能力、促进乡域长治久安的基础。党的二十大报告指出，完善网格化管理、精细化服务、信息化支撑的基层治理平台，健全城乡社区治理体系。② 一年来，各地扎实推进基层治理改革创新，其成效主要体现在以下两个方面。一是平安治理组织架构实现"纵向到底"。多地对原先乡镇—行政村两级综治组织架构进行了改革，形成了以农村基层各级党组织为引领，"乡镇—行政村—村居片区—村民小组"四级联动的网格化治理体系。有些地区，如湖北各地将村庄党员充分

---

① 《习近平著作选读》（第一卷），人民出版社，2023，第44页。
② 《习近平著作选读》（第一卷），人民出版社，2023，第44~45页。

发动起来，形成了以党员中心户为最基层治理主体的五级联动治理架构，真正使平安建设深入基层农户。二是平安治理涵盖内容实现"横向到边"。以人民安全为核心，服务人民幸福生活是乡域平安建设的根本宗旨，因此，便民性是乡域平安建设应重点考量的指标。一年来，集成原有社会矛盾纠纷调处服务中心、人民来信来访接待中心、诉讼与非诉讼对接中心、公共法律服务中心等平台，整合公检法司、教育、人社、住建等多个条线力量，建立一站式综治中心成为乡域平安建设的新趋势，广受群众好评。

4. 平安建设智慧水平

以数字建设赋能平安管理是提高平安建设效率的有效路径。党的二十大报告提出，要完善网格化管理、精细化服务、信息化支撑的基层治理平台。[①] 当前，在智慧治理上，各地以共建共治为导向，统筹政府、市场、社会力量，推动"数智赋能"社会治理，取得了一定成效。例如，不少地区搭建综治工作、市场监管、综合执法、便民服务四大平台，打造"信访超市""无差别受理窗口"，创新政务服务形式，推行"最多跑一次""最多跑一地"改革。也有地区构建在线矛盾纠纷多元化解平台，如"枫桥经验"发源地浙江依托"浙江解纷码"创新调解方式，打造网上"枫桥经验"。还有不少地区开发"平安指数"衡量各地社会治理水平，推进"数字法治、智慧司法"，探索"自治、法治、德治、数治"的"四治"融合新模式。

二 乡域政权建设：当前挑战

从目前乡域政权建设的实践来看，一年来，乡域政权建设虽然卓有成效，但仍然面临治理机制不完善、资源保障不充分、群众参与度低等普遍性挑战。具体来看，乡域行政执行能力、为民服务能力、议事协商能力、应急管理能力和平安建设能力在不同程度地面临着上述挑战，同时也因自身特点和实践内容的不同面临着其他不同困境。

---

① 《习近平著作选读》（第一卷），人民出版社，2023，第44页。

（一）行政执行能力建设面临的挑战

1. "放权"不到位现象普遍存在

权责适配是政府运行的基本原则，增强乡镇执行能力的关键在于下放执法权力。目前来看，虽然各地在不断推进放权赋能改革，但乡镇"权小责大"的困境仍未被破解，主要表现在以下两方面。一是执法权限下放程度存在地区差异。目前来看，天津、上海、浙江等在综合执法改革中"先行一步"的地区实现了较为充分、规范、透明的权力下放。以天津为例，天津市在2014年就以地方立法的形式，明确将城市管理、水务管理、卫生行政管理、劳动保障等十二大类的执法权限下放给街镇，并对这些执法大类的具体内容进行了规定。相比于东部发达地区，广大中西部地区的执法权限下放相对缓慢，有些地区只是下发了下放执法权限的相关通知，并未形成明确规范的权力下放清单。有些地区虽然已经出台执法权限下放的清单，但只对大类执法权限进行了规定，没有明确大类执法权限的具体内容。二是执法资源不足制约了乡域的执法效能。从财政的角度来看，乡域执法机构的经费来源于县级政府部门的拨款，包括人员薪资待遇、部门运行经费和必要的执法经费。除了上级拨款，乡域执法机构再无其他筹资渠道。从执法人员的角度来看，乡域执法机构多为自行组建，县直部门不会直接下派人员补充乡域执法力量。乡镇编制相对有限，无论是公务员，还是事业单位人员，抑或通过合同聘用的辅助人员，都无法对行政执法力量形成有效补充。"缺钱""缺人"是乡域执法普遍存在的问题，随着基层社会的不断发展，执法任务的规模和体量也日益增加，这对乡域执法能力提出了更大的挑战。

2. 综合执法部门缺乏内部整合

乡镇行政执行能力的提升有赖于各执法力量的相互配合与有机协调。目前来看，各地在推行乡镇综合执法改革的过程中对综合执法队伍内部的整合联动关注不足。一方面，专业执法人员难以适应综合执法环境。乡镇综合执法部门的人员大都由原乡镇"七站八所"抽调而来，他们在工商、质监、畜牧等专业领域接受了系统的技能培训，有了长期的经验积累，不仅熟悉自身的业务技能，而且还对执法对象有深入的认识。综合执法体制改革改变了原有部门的人员配置，具备专业技能的执法人员需要进入陌生领域开展工作，如果他们不更新知识技能、不重新积累经验，那"专业化"将成为执法的障碍。另一方面，旧有组织架构难以充分融合。乡域综合执法打破了各专业部门之间的壁垒，虽然在组织上实现了重构，但也带来了不同组织间磨合的问题。旧部门的人事格局、工作思路延续到新组建的部门中，增加了新部门的管理难度。从实际来看，目前我国大部分乡镇虽然成立了综合执法队伍，但部分乡镇政府为了便于开展工作，仍然按照先前的"七站八所"分工模式运转，这使得现行的综合执法机构在运行中成了一种摆设。

3. 对乡域执法的监管有待提升

监督考核有利于提升乡域执法规范性、回应性。党的二十大报告指出：强化行政执法监督机制和能力建设，严格落实行政执法责任制和责任追究制度。[①] 当前，我国乡域行政执法实践中存在着"重队伍建设，轻监督考核"的弊端。一是监督管理缺位。从全国众多综合行政执法改革实践来看，各地在出台乡域综合执法的相关文件时，虽然都会提到"加强对乡域执法的监督"，却很少对监督乡域行政执法做出明确规定，乡域行政执法普遍存在"一无监督主体，二无有效监督方式，三无明晰的监督内容"等问题。二是考核问责缺失。乡域行政执法机构是科层制政府中的组成部门，应当受到相应的考核与问责。目前，我国对乡域政府的整体考核日趋完善，各地对乡镇政府的考核主体、考核内容、考核方式、考核奖惩均有相应的制度安排。然而，作为乡镇"最重要的腿"的执法部门，却几乎没有被纳入考核问责环节，这一方面不利于乡域行政执法的规范化、法治化，另一方面也不能通过考核激发乡域执法人员的积极性，提高行政执法的质量与效率。

（二）为民服务能力建设面临的挑战

1. 为民服务主体单一

乡域服务供给主体是乡域服务体系的重要组成部分，是乡域为民服务的

---

① 《习近平著作选读》（第一卷），人民出版社，2023，第34页。

重要依托。目前，我国乡域公共服务的主体较为单一，主要依赖政府力量，缺乏合力支撑。政府主导为农村基本公共服务供给提供了强大支撑，但单一的主体力量无法满足纷繁复杂的系统需求，在供给过程中难免存在"缺位""错位"等问题，在财政资源有限、城乡不平衡、区域不协调等矛盾张力下，造成供需滞后、供给错位，供给水平无法更好满足高速发展的现实需要。除政府这一主体外，乡域市场主体与农村自治组织也承担了一定的服务功能，能够提供一定的公共服务，但市场主体更多关注投资成本收益，以利润最大化为目标，更多地以有偿计费的方式提供服务，容易使公共服务供给变为一项以赢利为目的的投资，影响服务的质量水平。农村自治组织受资源、农民自身能力等条件的限制，难以发挥出自我解决公共问题、满足公共利益的作用。另外，其他非营利性组织成长缓慢，独立性不强，在公共服务供给中整体占比过小，难以有效补充政府和市场的服务不足。

2. 服务资源总量不足

乡域服务的可利用的资源总量决定了服务的数量与质量。一年来，我国财政对农村基本公共服务的投入不断增加，有力地支持了服务体系的完善，但我国农村地区的公共服务供给仍相对不足。一方面，受历史、城乡区位等因素的影响，农村地区的公共服务基础本就较为薄弱，在国家注入大量资金后，乡域的水、电、路、网络等基础性公共服务虽然得到了较大的改善，但农村教育、医疗、养老等公共服务的供给仍相对不足。另一方面，捉襟见肘的乡镇政府财政资金限制了公共服务供给总量和规模的扩大。乡镇政府公共服务能力建设的基本保障是充裕的财政资金，只有充裕的财政资金才能保障大规模公共服务有效供给。但在取消农业税以后，财政转移支付力度不足、保障机制不健全等因素直接导致乡镇政府财政收入锐减，资金压力增加。乡镇政府财政资金缺乏极大地限制了乡镇政府公共服务能力的提升，在经济发展缓慢、自然资源匮乏的农村地区表现得尤为明显。

3. 服务供给结构失调

公共服务的分配事关社会的公平正义与人民群众的获得感、幸福感。党的二十大报告强调，健全基本公共服务体系，提高公共服务水平，增强均衡性和可及性，扎实推进共同富裕。① 近年来，我国公共服务总体水平不断提升，但仍存在供需错位、供给失衡等问题。一是农村公共服务的供需结构失衡。政府是农村公共服务供给的主体，乡域公共服务最终要由代表公共利益的政府来提供。然而，在压力型体制等多重因素的影响下，政府的偏好可能会与大众的诉求存在偏差。对于乡域民众而言，医疗、养老、就业、教育等满足基本生存需要的服务是民众最关心，也是最迫切需要的，但政府往往更注重那些周期短、见效快的公共服务的投入，如道路、楼馆的修建，由此导致了公共服务供给与需求之间的错位。二是农村公共服务的区域供给失衡。一方面，东中西部地区的公共服务水平差距较大。东部地区经济发展较快，受关注度高，获得服务政策和优质资源的机会较多，公共基础设施建设和城乡一体的社会保障制度体系相对完善，农民满意度较高。中西部特别是偏远地区和山区公共服务供给相对不足，区域间失衡现象明显。另一方面，同一区域的不同农村公共服务供给也存在差距。靠近城市，地理位置好，产业较为发达的农村，其公共服务水平往往较高；位置偏远，经济基础薄弱地区的公共服务供给水平则相对较低。

（三）议事协商能力建设面临的挑战

1. 议事协商制度化水平低

制度化是组织和程序获得价值认同与实践规范的一个过程，政治现代化取得进展的关键取决于政治的制度化。摆脱基层民主协商发展困境，关键要从制度上加以保障，确保基层民主协商的制度化、规范化、程序化。党的二十大报告指出，健全各种制度化协商平台，推进协商民主广泛多层制度化发展。② 与各地不断形成各具特色的议事协商机制所不同的是，国家层面关于乡域议事协商的制度建设相对滞后。目前来看，关于基层民主协商的制度建设主要体现在《关于加强城乡社区协商的意见》这一文件之中，该文件仅

---

① 《习近平著作选读》（第一卷），人民出版社，2023，第38页。
② 《习近平著作选读》（第一卷），人民出版社，2023，第32页。

仅对城乡社区协商进行了原则性的规定。具体到各个地方，除了少数议事协商试点地区出台了规范议事协商发展的相关制度文件外，其他多数地区并未出台相关制度文件。新时代对乡域基层议事协商的发展提出了更高的要求，迫切需要在国家层面完善相关法律法规，为基层议事协商提供规范和基本遵循，以有效发挥基层民主协商制度的优势。

2. 协商主体议事能力不足

乡域议事协商是全过程人民民主的重要一环，是人民群众行使民主权利的重要途径，乡域议事协商的主体是乡（镇）村干部与农民群众。在议事协商实践中，议事主体尤其是村民存在议事能力不足的问题，主要表现在以下三方面。一是参与意识不强。部分农民对议事协商的效果或议事召集者缺乏信心，不愿意参与协商；不少农民虽然相信议事协商的效果，却存在"搭便车"心理，认为"多一事不如少一事"，议事态度冷漠。二是公共精神缺失。受小农意识影响，部分村民在议事过程中受限于个人利益和眼前利益，对己有利的议题或观点积极参与、极力赞成，对己不利的议题则不参与或表示反对，缺乏大局观念和公共意识，从而导致议事协商结果偏离发展农村公共利益的初衷，甚至导致共识难以达成。三是议事素养较低。受文化水平和教育背景限制，部分农民理性表达能力较低，在议事过程中不仅无法准确表述自己的利益诉求，行使自己的民主权利，更无法理解复杂的议事程序，因而在议事过程中部分村民通常习惯于依赖有能力、有声望的人为他们发声。

3. 议事协商决议执行不力

制度的生命力在于执行。议事协商不是花架子，其最终目的是要解决治理过程中的实际问题。当前，"议而不决"是多地推进议事协商的过程中面临的困境之一。一方面，乡域基层缺乏履行议事决议的物质资源。除家庭矛盾、邻里纠纷等少数议题外，议事协商大多围绕乡村公共事务展开，如修建道路水渠、管护公共设施、改善乡村环境等。上述议事决议一经确定，就需要筹集一定的人财物资源，并将相关资源付诸项目的实施。但从目前的实践来看，乡域的项目资源相对较少，且国家对项目资金的用途限制较为严格。村民投资投劳往往受各种因素的影响而不具有现实性，由此导致乡域基层受经费等资源的掣肘，无法执行议事决议。另一方面，对执行议事决议的监督不足。严格监督是确保制度有效执行的关键。从村级层面看，由于民众监督与同级监委会监督相对乏力，要确保村级协商结果的有效执行，只能依靠来自上级的监督。然而，由于乡域议事协商制度并不完善，许多地区只是将议事协商视作村民自治的一种形式，未将其纳入上级监督的范畴，这使得具有一定威慑力的上级监督难以确保议事结果的执行成效。

（四）应急管理能力建设面临的挑战

1. 应急管理基础保障薄弱

良好的应急管理保障是提升基层应急管理响应速度与专业水平的基础，也是在灾害来临时保障乡域群众生命财产安全的重要依托。党的二十大报告强调，提高防灾减灾救灾和重大突发公共事件处置保障能力。[①] 2022 年中央一号文件也提出"加强防汛抗旱应急物资储备"，"统筹推进应急管理与乡村治理资源整合，加快推进农村应急广播主动发布终端建设"。目前来看，乡域基层应急管理的保障能力仍存在短板。首先，乡域应急管理资金保障不足。一年来，各地虽然设置了应急管理专项资金，用于改善乡域应急管理条件。但从实践来看，应急管理专项资金相比于其他资金而言数额较少，难以支撑面积广阔、自然灾害频发的农村地区的应急管理工作。其次，乡域应急基础设施不足。相比于城市社区，乡域基础设施建设水平总体不高。具体到应急基础设施建设上，这种差距愈加明显。乡域道路、通信、供水供电设施相对薄弱，在风险发生时容易阻滞应急信息、人员、物资的流动。大部分农村地区缺乏专业性的应急避难与防灾减灾场所。最后，乡域应急资源不足。乡村医疗机构较少，缺乏专业医护人员，无法满足突发公共卫生事件和其他紧急医疗需求。多数农村地区没有建立起合理的物资储备体系，或者储备物资数量有限，品种不全，无法在紧急状况下提供足够的支持。

2. 应急人员专业水平不高

应急人员的专业性在一定程度上决定了乡域应急管理的水平和成效。但

---

① 《习近平著作选读》（第一卷），人民出版社，2023，第 44 页。

从基层实际来看，目前乡域应急管理专业化水平不高，主要体现在以下方面。一是专技人员有缺口。应急管理机构改革后，一些地方防汛救灾指挥部从水务部门转到应急管理部门，但是相应的水利工程师、森林草原防灾救灾专业人才等没有划转过来，从事应急管理工作的人员多数是以前从事安全生产监管工作的人员，缺少应急救援专业理论知识和实践操作能力，应急抢险队伍还不够专业，难以满足高强度应急抢险需要。二是应急力量较薄弱。目前虽然各地已成立森林扑火队和专职消防队，应急救援力量得到初步完善，但这些队伍人员组成较杂，专业技能、战斗力仍有待提高。比如，有的专职消防队员由当地派出所协警组成，有的依托临聘城管队员组建，老龄化现象严重，导致基层应急救援"力不从心"。三是基层救灾队伍缺乏相关培训。基层防灾救灾人员以基层党员干部、民兵和农民为主，大部分没有参加或只参加过很少的相关知识技能培训，一旦出现极端天气情况，极易出现人员安全等问题。

3. 应急管理机制运行不畅

清晰顺畅的应急管理机制是明确各方职责、凝聚多方合力，提升应急管理响应能力的重要前提。"十四五"规划提出：构建统一指挥、专常兼备、反应灵敏、上下联动的应急管理体制，优化国家应急管理能力体系建设，提高防灾减灾抗灾救灾能力。尽管各个乡镇普遍建立了从风险预警监测到事中风险处置再到善后保障的一整套机制，但在实践过程中，这套机制的运行却并不流畅。一方面，纵向上的分级处理机制不清晰。农村基层组织在应对突发事件时，缺乏清晰的、统一的处理机制。每个村和各个乡镇都有发生突发事件的可能，突发事件在类型、程度上有明显差异，在当前的处置机制中，对哪种程度、哪种类型的突发事件可以由哪层组织自行处理或者上报缺乏明确规定。另一方面，横向上的职责划分不清晰。乡域应急工作具有系统性、复杂性特点，需要各乡镇各部门、社会团体和公众的广泛参与，特别是要加强公安、林业、水利、自然资源等部门的紧密联系。但目前来看，乡域应急管理工作部门之间防范突发事件的衔接不够紧密，监测预警与部际联动研判能力有待提升，没有形成迅速及时的反应机制和统一指挥的工作机制。

4. 乡域应急防范意识不足

复杂性、突发性是乡域应急管理的突出特点。因此，树立风险防范意识对于乡域应急而言至关重要。然而，目前乡域干群对风险防范的重视程度不足。一是应急管理责任不实。不少地方对农业生产、村庄建设过程中的安全隐患缺乏监管，对可能发生的灾害风险缺乏系统性评估，对事故的发生抱有侥幸心理，主动谋划作为少，存在"头痛医头、脚痛医脚""花钱买平安"等行为，"重处置、轻预防"现象依然存在，导致风险防范流于形式，安全隐患长期存在，增加了发生事故的风险。二是乡域群众应急意识不足，难以动员。在基层农村，应急资源设备匮乏，村委会成员一般年龄较大，动员能力较弱。加之农村留守老人和妇女儿童居多，应急意识不强。

（五）乡域平安建设能力面临的挑战

1. 乡域风险挑战更加复杂

外部多元风险及其带来的溢出效应是乡域平安建设面临的重要挑战。一年来，在外部经济形势及乡村社会内在诸多因素的双重冲击下，一些新的社会矛盾在乡村社会凸显出来，我国乡域平安建设面临更加复杂严峻的挑战。一是村庄老龄化、空心化诱发诸多次生安全风险。村庄青壮年外流使乡村平安建设的队伍缺乏人员支撑。另外，青壮年大量流出也是农村离婚率偏高、问题儿童现象多发的重要原因，为乡域平安建设埋下了隐患。二是由土地引发的矛盾纠纷。土地是农民的根本，土地纠纷也是引发农民矛盾的主要因素。一年来，我国大力推动土地流转，促进土地规模化、集约化经营。土地经营流转虽然增加了农民收入，但也衍生了一系列矛盾纠纷。三是农村网络安全风险提高。虽然互联网的出现丰富了乡域群众的文化生活，但也带来了网络诈骗、网络赌博等风险隐患。特别是网络诈骗在乡域基层的发生频率较高，严重损害了乡域群众的财产安全，破坏了乡域社会的和谐稳定。

2. 民众参与积极性较低

人民群众的支持参与是乡域平安建设的力量源泉。但从实际情况来看，部分地区平安建设的群众参与度较低。一方面，群众的平安法治意识不强。

在我国部分农村地区，基础教育普及率不高，农民总体素质相对偏低，法治安全教育滞后，农民的安全意识仍然相当淡薄，不懂得用法律来维护自身的合法权益。还有部分农民不知法、不懂法、不用法，农民权益被侵害、农民违法等现象时有出现。此外，部分农民也不能充分认识到食品药品安全监管、环境保护、安全整治等平安建设行动对自身的价值。另一方面，群众参与能力较低。平安建设对参与的公众有一定的要求，他们不仅要具备专业的文化素养和知识能力，掌握安全生产、矛盾化解等诸多方面的知识，而且要在群众中有一定的声望，具备社会矛盾和纠纷排查、解决的能力。然而，就当前的情况看，部分公众并不具备专业文化素养、相关知识技能，也没有较强的纠纷和矛盾化解能力。尽管部分行政村建立了平安建设志愿者队伍，但志愿者中还存在一些与平安建设公众参与标准和要求不符的情况。

3. 平安建设基础保障不足

充足的人财物等基础保障是开展基层平安建设的重要条件。目前来看，乡域平安建设基础保障相对薄弱。一是平安乡村建设力量不足。目前，乡镇派出所、司法所、基层法庭是乡域平安建设的主要力量。然而，乡镇派出所一般只有 10~20 名民警，司法所、基层法庭的工作人员更少，通常只有 2~3 人。也就是说，乡镇相对专业的综合治安人员至多不过 30 人，可见，乡域平安治理人员严重短缺。此外，虽然我国行政村大多成立了社会治安管理队伍，但村庄层面的综合治安管理人员往往身兼数职，专业化水平低、物资装备不足，无法满足当前社会治安综合治理的需求。二是平安建设专项资金短缺。财政入不敷出仍是我国县乡两级政府尤其是中西部地区县乡两级政府面临的突出问题，这制约了县乡政府在乡域平安建设上的资金投入，导致农村调解委员会的设立不规范、村组干部交叉任职、纠纷调解以无偿为主等问题。

三　乡域政权建设：典型案例

伴随着乡域政权建设的整体推进，全国各地涌现了一批在提升乡域政权治理能力、促进乡域长治久安方面的典型案例。这些典型案例特点鲜明、成效显著，具有一定的可复制性、可推广性。

（一）北京平谷："街乡吹哨，部门报到"综合执法机制①

"街乡吹哨、部门报到"模式（简称北京执法模式、"吹哨报到"模式）发源于北京市平谷区，是对治理金矿盗采案的有益尝试。2018年，该模式在北京169个街乡进行了试点推广，占北京街乡总数的51%。时至今日，不少地区仍以"吹哨报到"模式为蓝本，推进乡镇综合执法改革。"街乡吹哨"是指街道、乡镇在发现问题、抓住线索、摸查清楚后，联系具有执法权的相关职能部门，向它们发出信号，进行"吹哨"，并协调和约定执法的时间与地点。"部门报到"是指相关部门在听到街道、乡镇"吹哨"后，按照约定的时间、地点前去"报到"并行使各部门职权，进行协同执法。对于不及时"报到"、执法不力或协同不到位的职能部门，街乡层级政府可以通过反向考核权对其加以约束，以确保"报到"效果。"街乡吹哨"与"部门报到"共同形成一个职能补位、执法力量下沉、上下联动的跨部门协同执法模式。

一是改革机构设置，赋予街乡政府"吹哨"力量。在党委领导下，北京市政府赋予街道、乡镇若干重要权限，包括对辖区内需多部门协调解决的综合性事项的统筹协调和督办权，对相关重大事项处理方案的建议权，以及对政府职能部门派出机构工作情况的考核评价权，等等。由此，街乡有了"吹哨权"以及使"吹哨"变得有效的系列职权，它们共同组成"执法召集权"并成为执法召集制的关键内容。为保证街乡有能力"吹哨"，北京市按照扁平化管理的工作要求，在街乡综合设置党政内设机构，加强直接面对群众的服务与管理机构建设，促使街乡政府更迅速、有效地发现基层的违法问题，从而更有利于执法召集权的行使。

二是下沉执法力量，形成跨部门协同执法合力。北京市按照"区属、

---

① 本小节参考吕普生、张梦慧《执法召集制："吹哨报到"机制如何使综合执法运转起来》，《河南社会科学》2021年第2期。

街管、街用"的原则，在全市 290 个街乡设立综合执法中心，采用"1+5+N"的管理模式，即 1 支城管执法队伍为主体，公安、消防、交通、工商、食药 5 个部门常驻 1~2 人，房管、规划、国土、园林、文化等部门明确专人随叫随到。此外，北京市还推行"街巷长"制，在全市近 5000 条大街、1.4 万条小巷，设立了 1.49 万名"街巷长"。"街巷长"由各街道处级、科级干部担任，促使街乡力量能够切实深入一线，全面打开了区县职能部门向街乡下沉的通道，在不增加机构和人员的情况下解决了街乡缺乏执法主体资格和执法力量的问题，使部门"报到"有平台、有机制、有资源。

三是完善保障机制，赋能联合执法。北京市沿用并完善了平谷区开创的七大协同执法机制，建立了完备的支撑体系和保障制度，在信息体系、队伍建设和资金保障等方面亦做出了探索，建立了与"街乡吹哨、部门报到"相配套的执法平台，并推进城市管理网、社会服务网、社会治安网、城管综合执法网等"多网"融合发展，让区（县）、街道（乡镇）、社区（村）三级在信息、数据等方面一体化运行。这种多网交互、信息共享的立体化平台成为"街乡吹哨、部门报到"模式的重要保障。此外，北京市在区县层面要求设立"街道自主经费"，用于发展各项公共事业，并且探索推动各类支持政策捆绑打包下放到社区，强化资金统筹使用效能，这给"街乡吹哨、部门报到"机制的顺利运行提供了资金支持。

（二）浙江诸暨：运用新时代"枫桥经验"提升乡域政权治理能力[①]

作为"枫桥经验"发源地，诸暨立足实际改革创新，发挥"务实、应时、灵活"三大优势，因地制宜提出了"大治理"的概念，按照"党的领导是本质特征，群众路线是基本立场，解决问题是最终任务，全面从严治党是根本保证"这一思路，把"枫桥经验"融入经济社会发展全过程，走出了一条党委领导、社会协同、群众参与深化运用新时代"枫桥经验"的新

---

① 本小节参考李海裕《务实拓展新时代"枫桥经验"理论视域的实践与思考》，中国社会科学网，https://www.cssn.cn/skgz/bwyc/202305/t20230512_5637753.shtml。

路子，为推进中国式乡域社会治理现代化提供了实践经验。

一是强化党建引领，提升基层治理领导力。把党的领导贯穿始终、落到基层是坚持和发展新时代"枫桥经验"的最大优势。诸暨在"枫桥经验"实践中，始终旗帜鲜明地加强党对基层治理的领导，把基层党建贯穿于基层治理的全过程各方面。2022年以来，诸暨加快探索构建自我革命的内部监督体系，持续推动监督机制、效能、力量迭代升级。诸暨加强党的基层组织建设，创新支部建在村落上、监督落到最小权力单元上等机制，全市设置支部监督信息员3127人，将党内监督延伸到支部一级，有效增强基层社会管控力。

二是坚持人民主体根本立场，激发基层治理内生动力。新时代"枫桥经验"的灵魂在于以人民为中心，其本质在于人民主体性。诸暨积极构建以群众、企业和各类社会组织为主体的外部监督体系，探索走出新时代群众路线的新途径。为支持群众表达诉求，诸暨在镇村组建"清廉建设顾问团"，聚集党员干部、群众代表、企业家、乡贤等各方力量，充分保障基层监督的人民性、多元性。制定《纪检监察机关加强与浣江亲清企业联盟促进会沟通协调暂行办法》，建立"月度信息收集、季度座谈、半年评议、联系协作、协调解决"五项沟通协调机制，推动基层监督与社会监督有效衔接，助力企业家放心投资、安心经营、专心创业。

三是运用法治思维和法治方式，增强基层治理硬实力。法治是社会治理的最优解，在保障权益、化解矛盾、维护稳定上具有稳定预期、不留隐患的优点。2022年以来，诸暨着力推动公权力运行制度化程序化规范化。截至2023年2月，全市编制权责清单5104项，绘制权力运行流程图4817份，实现23个乡镇（街道）全覆盖。[1] 同步健全基层"小微权力"规范运行机制，编制基层重点事项治理"微九条"，推动村级事务阳光运行，切实从源头上斩断利益链，最大限度支持保障群众在法治框架下开展自治。

---

[1]　《诸暨：履职尽责显担当 踔厉奋发正当时》，诸暨市政府门户网站，https://www.zhuji.gov.cn/art/2023/1/24/art_1378566_59095653.html。

四是开发数字化监督应用场景，注入基层治理变革力。诸暨积极运用大数据等技术打破基层治理条线工作中的数据壁垒，对工作机制进行系统性重塑，创建各类数字化应用场景。如打造新时代"枫桥经验"清廉建设综合监督平台，连接 30 个部门业务平台，贯通省市县三级数据，归集相关数据 100 余万条，实现基层公权力行使全周期在线运行、留痕追溯、监督预警，深挖细查背后党性作风问题，监督推动乡镇、村社、基层站所及其党员干部、公职人员履职尽责，提升公共服务均等化、普惠化、便捷化和透明化水平。

（三）湖北麻城龟山镇：以资源下沉、条块统合赋能乡域政权建设①

麻城市龟山镇在湖北省开展的"美好环境与幸福生活共同缔造"活动中，通过条块协同共治、推进事项集成联办、下沉资源力量、优化平台建设，建设镇级 2000 余平方米"一中心四平台"——社会治理服务中心，便民服务、综合治理、综合执法、应急救援四平台，健全群众"点单"—平台"派单"—党员"接单"包联服务机制。通过事权下放、人员下沉，让"条"上的资源沉下去，"块"上的力量统起来，大幅减少行政成本，精准高效提供公共服务，有效满足群众需求，有效化解矛盾纠纷。

一是搭建综合执法、应急救援平台。从派出所、市场监管所、林业站等部门抽调 10 人成立镇综合执法队伍，购买综合执法车一台，有效整合部门资源处理美丽城乡建设、生态环境保护、乱占耕地乱建私房、秸秆禁烧、应急救援等综合执法和应急管理事务；整合多个重点区域近 300 个摄像头组成"小天网"，实行"线上线下结合、人防物防技防协同"的智能监控、精准推送、高效处置的工作新模式，实现"一屏观全域、一网治龟山"。

二是搭建便民服务信息化平台。镇村干部通过智慧龟山平台诉求办理功能与村民双向互动，让村民在家里指尖触屏就能远程办事，孤寡、留守老人等特殊群体由包保党员联户办理，打通便民服务"最后一公里"。自平台运

---

① 本小节参考华中师范大学乡域治理研究团队在麻城市龟山镇的调研资料而写成。

行以来办结民生实事 3800 余项，办结率达 95%，确保群众少跑腿办好事；推动派出所、人社、医保、民政等部门设置 8 个独立服务窗口和其他 15 项服务综合窗口，确保部门服务事项全部进驻。[①] 对镇本级无法直接办理的，经镇级汇总后，由"红色代办"统一到市级窗口办理。

三是搭建村塆协商议事平台。一方面，为了激发农民群众参与治理的热情并保障参与的制度化，龟山镇以村、塆为基础形成了两级协商议事机制。在村一级设立村民理事会，由村民代表参与决议村庄规划建设、项目实施等重要民生事项。在塆落设立塆组会，塆落村民共同参与讨论塆落发展、环境整治等事项。另一方面，建立"两代表一委员"下沉制度，推进上下沟通互动。在行政村建立"两代表一委员"联络站，在塆落建立"两代表一委员"联络点，全镇 145 名代表、委员定期下沉塆落，通过访农户、开塆组会的形式为民服务，同时将不能就地解决的民意民需上传到乡镇党委政府，通过代表列席党委会的形式，督促和推进政府出台治理方案。

四是搭建矛盾多元化解平台。整合法庭、司法、综治信访等部门资源，优化民意的收集—分办—处置—反馈的闭环处置机制，实现群众信访事件和矛盾纠纷"一个门申诉、一站式办理"。龟山镇级"一中心四平台"以居民的"一件事、一个窗口、跑一次"为切口，以扁平高效管理为落脚点，推进基层组织架构重塑，确保职能理顺、边界厘清、关系理畅，构建乡村治理共同体，全面激发乡村治理新活力，实现"网格化管理、精细化服务、信息化赋能"。

四　乡域政权建设：完善路径

乡域基层政权是国家治理的重要环节，起着沟通信息、传达政策、匹配资源和组织群众的重要作用。针对乡域政权建设面临的挑战，要在完善治理机制、充实要素保障、激发群众参与的基础上分类施策，推动乡域基层政权

———————————

[①]　本小节参考华中师范大学乡域治理研究团队在麻城市龟山镇的调研资料而写成。

建设走深走实。

（一）以放权监管并重提升行政执行能力

一是下放乡域执法权力。执法权限不足是乡镇政府行政执法面临的主要问题之一。乡镇政府在执法过程中并无处罚权，因而其执法的有效性和威慑力也就受到了极大的影响。一方面，要进一步下放执法权限。执法权属于一种行政权，可以通过行政授权或者行政委托的方式，将其赋予乡镇政府。此外，根据《立法法》第八十条，省、自治区、直辖市的人民代表大会及其常务委员会根据本行政区域的具体情况和实际需要，在不同宪法、法律、行政法规相抵触的前提下，可以制定地方性法规。因此，当前在乡镇行政执法权配置方面还是有着一定的立法空间。另一方面，要充实乡域执法资源。应继续配齐配强基层执法力量，切实加强各领域执法业务指导培训，进一步提高乡域执法人员业务素养。在下放执法权限的同时，还应加强经费支持，确保乡镇执法力量、执法装备和各项保障措施与正常开展综合行政执法工作相适应。

二是强化执法组织管理。只有理顺内部关系，强化制度联结，乡域执法队伍才能形成一个整体。为此，首先要明确执法人员的职责。出台具体的制度规定与职责清单，将执法职责进行划分，落实到每位执法人员。其次应当明确不同专业执法领域之间的合作模式，何时应当专业执法，何时应当综合执法；如果要综合执法，在某一领域应当由哪几个部门配合，如何配合。只有这样，相关部门才能在面对复杂棘手问题时，迅速做出反应，形成综合性执法力量来进行高效执法。最后应当磨合工作方式与流程，形成一个执法人员与执法事项能够互相适应的工作模式，使执法人员更容易进行工作流程上的对接，使执法工作的配合更加顺畅。

三是落实执法监管责任。为建立权责一致的行政执法体制，在扩大乡镇政府执法权的同时，应同时令其承担相应责任。一方面，要强化行政执法责任制。应当严格实行执法评议考核、案卷评查和执法过错责任追究制度，促进乡镇综合执法机构依法行政、规范执法。此外，还要公开乡镇政府执法部门的职责、执法依据、处罚标准、运行流程和监督途径。应结合实际，促进乡镇政府采用科学化、人性化的行政执法方式，建立有效的执法评价机制、执法权力滥用的纠正机制和救济机制。另一方面，加强对乡镇执法部门、上级行政机关派驻机构和人员的日常管理。除技能培训、定期考核外，要建立科学的激励机制，以充分调动其积极性。为防止权力异化，应实现执法人员利益与执法权正常行使相挂钩，用补助奖励代替寻租利益。

（二）以完善服务供给提升为民服务能力

一是构建多元化的服务供给主体。乡村经济社会的持续发展使得农民对于公共服务的需求呈现多样化与复杂化的特征，单纯依靠政府自上而下为乡域提供公共服务已经难以完全契合乡域群众的服务需求。鉴于此，探索新的乡镇政府服务方式以及构建多元化的服务供给主体便成为推动乡村社会公共服务供给模式优化升级的重要驱动力。乡域政府要用好用实上级拨派的公共服务专项资金，创新公共服务方式，提升公共服务供给能力。此外，要吸纳多元社会主体参与乡域公共服务的供给。乡镇政府要加强引导，鼓励和动员各种社会力量参与乡村公共服务供给。对于政府难以提供或由政府提供事倍功半的公共服务，通过政府购买的方式向农民群体提供。同时通过相关的优惠政策的激励，将社会资本吸纳进农村公共服务领域。

二是强化农村公共服务要素保障。乡域公共服务的数量与质量受乡域财政、人才保障、服务提供方式等多方面因素的影响。首先，要加强对农村公共服务的资金支持，扩增乡域服务的体量。具体而言，中央要加大对地方公共服务建设方面的专项转移支付力度，保证资金及时下达和拨付。地方要持续发展壮大乡域产业与农村集体经济，增强乡域自主提供公共服务的能力。其次，要加强人才队伍建设。一方面，要强化基层干部的服务理念，增强基层干部服务能力，以更好服务群众需求，提升乡域公共服务效能。另一方面，要培养、引进复合型人才，鼓励引导公益岗人员、社会救助协理员、志愿服务者等充实农村公共服务供给队伍。最后，要创新乡域服务方式，通过"互联网+服务"等方式赋能服务供给，建立线上一站式公共服务平台，打通服务供给与需求之间的梗阻。

三是优化农村公共服务供给结构。公共服务均等化是共同富裕的应有之义，也是实现农业农村现代化的必然要求。实现公共服务均等化，缩小区域、城乡公共服务的差距需要优化农村公共服务的供给结构。一方面，乡域在提供公共服务时，要坚持农民群众的主体地位，吸纳农民群众参与乡镇政府服务资源的分配，赋予乡村自治组织一定的资源。具体而言，要完善公共事务重大事项的听证制度，建立健全乡镇政府公共服务决策公开和公示制度，建立以农民需求为导向的公共服务供给模式。另一方面，各级政府要加大对农村地区公共服务建设的支持力度，通过加大乡域公共服务专项转移支付力度，建立东西部省份、城市公共服务结对帮扶制度，出台城乡公共服务一体化政策，为农村公共服务提供充足的资金、人才、技术等要素保障，缩小区域、城乡公共服务差距，努力实现公共服务均等化。

（三）以强化要素保障提升议事协商能力

一是加强制度建设，规范基层议事协商发展。加强制度建设是推进乡域议事协商规范化发展的前提和关键。一方面，要制定统一规范的议事协商法律规范。要在实地调研的基础上充分了解各地在乡（镇）村两级议事协商实践中形成的先进经验，对其进行总结提升，将具有可复制、可推广的经验吸纳进议事协商制度。同时，也要总结基层议事协商的不足，通过制度建设对这些不足进行规约改进。在总结经验和不足的基础上，制定关于协商议题、协商机构、协商流程、协商结果执行的制度。另一方面，要加强对基层民主协商制度执行的监督。严格监督是确保制度有效执行的关键。要构建制度执行绩效考核机制，明确各项基层民主协商制度执行的主体责任、监督责任和领导责任，把制度执行绩效的考核结果与奖惩措施结合起来，做到有责必问、问责必严。坚决纠正议事协商过程中有令不行、有禁不止的现象，确保制度执行的严肃性和权威性。

二是汇聚多方人才，提升协商主体议事能力。人才是驱动乡域有效治理的有力引擎和关键要素，基层民主协商制度优势转化为治理效能同样需要人才支撑。首先，要加强基层议事协商干部队伍建设。具体而言，要加强思想政治教育，使广大基层干部明确议事协商的重要性，自觉参与基层民主协商制度的建设和执行；要注重对基层协商干部的专业能力进行培养，增强他们适应新时代基层民主协商发展所要求的本领；要将其在基层民主协商制度建设和制度执行中的表现作为选拔任用和考核评价的重要依据。其次，要加强乡域议事协商骨干队伍建设。"三老"人员、返乡大学生、退役军人、回乡创业能人是参与乡域议事协商的骨干力量。要将上述人员吸纳进议事协商队伍，加强对上述人员的培训，增进其公共精神，提高其协商能力，使其成为乡域议事协商的宣讲者与推进者。最后，要充分引入协商人才。协商民主是我国全过程人民民主的重要一环，要充分发挥各级政协、人大的作用，深入推进"代表委员下基层"，壮大基层协商力量，提升乡域议事协商的专业化水平。

三是落实物质保障，助推议事决议落地见效。作为一种乡域治理行为，议事协商的有效推行离不开一定的物质基础。首先，要加强乡域协商阵地建设。加强"线下+线上"议事协商阵地建设，以村委会、乡镇政府为主阵地，以"一室多用、方便协商"为原则，成立议事协商会，建好村镇两级议事协商室。将议事协商规则、内容及制度等上墙，严格规范议事协商程序。此外，充分利用村、组微信联络群组建线上议事协商群，组织群众文明、有序开展网络协商，为议事协商提供坚实基础。其次，要保障乡域议事协商经费。要将乡镇村组各级议事协商经费纳入乡镇或县财政预算，确保议事协商正常开展。鼓励各地灵活运用农村"一事一议"项目经费、集体经济收益、企业捐资等渠道的资金，保障议事协商决议的执行。此外，要对议事协商流程规范、成效显著的乡镇和行政村进行物质激励。

（四）提升乡域应急管理能力的若干建议

一是聚合资源要素，强化乡域应急保障。一方面，加强资金投入与协调调度。在财政允许的条件下，加强应急管理资金储备，设立应急管理专项财政资金，专款专用。此外，积极探索多元的应急资金筹资渠道，可以通过慈善机构、福利组织等吸纳捐助资金，分担政府财政压力。同时，加强上下级和基层组织间应急预备基金的调度，完善资金协调制度，解决地区间因财政不平衡产生的应急管理能力不平衡等问题。另一方面，提升物资配置效率。根据当地实际情况安排物资储备，确保储备物资能够应对突发事件的需要。建立有效的管理制度，加强对储备物资的管理，使物资的管理和使用规范化。及时登记并补充物资的消耗，提升应急救援物资的运输能力和通达能力。

二是加强队伍建设，提高乡域应急水平。人是应急管理的主要力量。日常减灾、备灾、紧急情况的处理，归根结底还是要靠人。首先，抓好基层干部队伍建设。抓紧基层干部的政治理论学习，使其深刻领会化解风险矛盾的重要性，加强对基层干部矛盾纠纷调处与自然灾害处置工作能力的锻炼，提高基层干部应急管理能力。其次，加强专职应急队伍建设。加强政府专职消防队伍和专业应急救援队伍建设，提升专业救援队伍的应急救援能力。积极发挥各行业部门在各自领域的专业优势，对分管领域行业内企事业单位的应急人力资源进行有效整合，作为后备力量有效补充专职救援队伍。出台基层应急救援队伍准入标准，为农村基层应急管理队伍建设提供参考，促进农村基层应急救援队伍标准化、规范化发展。最后，加强社会非专业应急队伍建设。非专业应急队伍具有较强的实用性和灵活性，应在专职应急队伍建设的同时，积极引导社会团体、企事业单位自建非专业应急队伍。加强对社会非专业救援队伍的引导和帮助，通过应急业务指导和沟通等方式，提升社会非专业应急队伍的专业性。

三是深化机制建设，提升乡域应急效率。建立一套完善的应急管理机制是及时有效处理灾害危机的前提。其一，加强应急预案建设。预案编制时充分综合多方面的意见，开展多主体协作编制，综合参考相关部门的调研报告，在听取专家意见的同时积极听取和采纳群众的意见建议，并结合不同村庄多发频发的灾害和突发事件特点，因村施策，提高预案的针对性和有效性。其二，明确应急处置机制。对不同级别应急管理部门的权责范围进行明确区分和划定，对各种程度、各种类型的突发事件分别可以由哪层基层组织自行处理或者需要协助上一级政府处理进行明确规定。其三，完善监测预警机制。充分发挥相关部门预警职能，明确相关部门的职责分工，通过部门联动系统提升预警的有效性。结合灾害或突发事件发生的实际情况，综合利用各种渠道，如广播、电视、手机短信、微信等实现预警。

（五）加强乡域平安建设能力的若干建议

一是以文化建设培育文明乡风，净化农村社会环境。维护农村社会稳定和治理农村社会治安问题的关键在农民。加快农村文化建设，推动农村乡风文明对于阻遏歪风邪气、实现农村和谐稳定有着正本清源的作用。其一，发展农村教育，促进教育公平。加大农村教育财政、设施和人才资源的投入力度，扩大高中办学规模，提高农村初中毕业生的升学率，保证更多的农村学生能够接受更好的文化科学教育，提高农村新生劳动力素质。提高农民科学文化素质，培育有文化、懂技术、会经营的新型农民。其二，加大农村民主与法治宣传教育的力度。开展广泛的、有针对性的法律法规宣传教育活动，引导农民知法、懂法、守法、用法、护法，重点做好《义务教育法》、《治安管理处罚法》和《信访工作条例》等法律法规的宣传教育工作，确保每一个村民都知晓相关的法律法规。增强村民对违法现象的防范意识，震慑农村不法分子。其三，丰富农村文化活动。要充分利用广播、电视、互联网、报刊、宣传栏和墙报，采用具有地方特色的、农民群众喜闻乐见的各种形式，积极开展移风易俗活动。通过开展丰富多彩、健康向上的文化娱乐与体育活动，丰富农民的业余生活，活跃农村社会气氛，增强社会亲和力。

二是以宣传引导促进公众参与，共建平安和谐乡村。首先，加强舆论宣传，提升活动知晓度。充分借助门户网站、公众号、微信群、广播等媒体平台，向社会公众推送平安建设相关信息，让社会公众通过多元媒体平台了解平安建设活动。此外，还可发动基层民警、村组干部、综治队员在日常入户工作时宣传乡村平安建设活动，以提高村民的知晓度。其次，丰富活动形式，降低群众参与门槛。可将平安建设活动与传统民俗融合起来，引导农民在了解文化习俗的过程中学习安全知识，增强风险防范能力，也可充分利用直播、小视频等展示形式，宣传乡镇平安建设。最后，建立激励机制，激发群众参与积极性。采取"积分制"等形式，对参与乡域隐患排查、风险处置等活动的群众进行积分奖励。定期核算积分，召开专门的表彰大会，对积极参与乡域平安建设，积分靠前的群众进行物质奖励。同时，充分利用微信公众号、宣传栏等平台，对群众参与平安建设的事迹进行宣传。

三是以现代科技赋能综治管理，减轻基础保障压力。事务繁多、突发性强、基础保障不到位是当前乡域平安建设的普遍特征。对此，可以加大科技投入，以数字治理赋能平安建设，减轻基层综合治理的人财物压力。第一，要打造综合化管理平台。推动区域基础人员信息、自然隐患监测信息、食品药品经营主体信息、工厂经营管理情况等信息数据化，将上述信息接入综合管理平台，增强对重点领域、重点群体的监控能力。第二，加大信息管理资源整合运用力度。按照乡村信息化发展现状，将村、社区和政府的信息化资源有机整合在一起，在各类信息资源的基础上，实现区域有机统一，政府和村社之间信息高度共享，以共同应对各种风险。第三，不断提高对信息化管理资源有效利用率。在归纳、整合各类信息资源的基础上，做好精准预测、科学分析，增强信息的时效性和适用性，切实提高信息的服务能力。

第四章　乡域群众自治

　　基层治理是国家治理的基石，统筹推进乡镇和城乡社区治理，是实现国家治理体系和治理能力现代化的基础工程。基层群众自治制度是社会主义民主政治建设的重要组成部分，是党领导人民群众推动基层直接民主的新创造、新实践。① 党的十八大以来，习近平总书记多次对基层群众自治作出重要指示，强调"要完善基层群众自治机制，调动城乡群众、企事业单位、社会组织自主自治的积极性，打造人人有责、人人尽责的社会治理共同体"。②《中共中央 国务院关于加强基层治理体系和治理能力现代化建设的意见》强调，要加强村（居）民委员会规范化建设、健全村（居）民自治机制、增强村（社区）组织动员能力、优化村（社区）服务格局，以健全基层群众自治制度。党的二十大报告进一步强调，要"健全基层党组织领导的基层群众自治机制，加强基层组织建设，完善基层直接民主制度体系和工作体系，增强城乡社区群众自我管理、自我服务、自我教育、自我监督的实效"。③

　　乡域基层群众自治作为乡域治理的重点工作之一，也是乡村振兴的重要纽带。近年来，我国乡域群众自治在民主选举、民主协商、民主决策、民主管理、民主监督等方面进行不断的改革创新，取得了良好成效，但同时又面临不小挑战。本章在呈现 2022 年乡域群众自治进展的基础上，分析了乡域群众自治面临的挑战，通过选取部分典型案例，探讨乡域群众自治的发展路径，以期对我国的乡域群众自治建设有所借鉴和启示。

---

① 中共民政部党组：《党的十八大以来中国特色基层民主建设的显著成就》，中国共产党新闻网，http://theory.people.com.cn/n1/2017/0601/c40531-29310853.html。

② 《习近平著作选读》（第二卷），人民出版社，2023，第 242 页。

③ 《习近平著作选读》（第一卷），人民出版社，2023，第 32 页。

一 乡域群众自治：进展情况

2022 年以来，在以习近平同志为核心的党中央坚强领导下，乡域群众自治取得良好成效，聚焦解决人民群众的急难愁盼，积极完善村居换届选举程序，持续加强议事协商，深入推进信息公开，不断扩大有序参与，使得民主选举环境持续优化、民主协商共治格局逐步形成、民主决策体系日益完善、民主管理效能持续提升、民主监督建设取得成效，切实推动基层民主建设行稳致远。

（一）民主选举情况

1. 选举理念

理念是行动的先导，只有在思想上凝聚起共识，步调上才能一致。2022 年以来，村民委员会的民主选举理念更加被广大群众所了解和信服。一方面，我国农村地区的民主化进程稳步推进，民主选举理念日益内化在村民们的思想和行动中，并且在广大农村中民主选举制度不断完善，村民在历届选举活动中逐渐增强自己是选举主体的意识，选举积极性得到了较大提高，选举的形式也朝着多样化、透明化发展。另一方面，体现在加强村民的民主意识和参与选举的能力上。更多的群众知悉村民自治的内容、掌握相关知识，更加清晰地知晓自己应该履行的义务和民主权利，利用自己手中的政治权利，参与村里的民主选举活动，选举理念逐渐深入人心。例如，在福建省晋江市金井镇围头村的民主选举中，"发出选票 3428 张，收回选票 3408 张，其中，有效票 3357 张，无效票 51 张，主任候选人洪水平得票 3246 张，当选为村民委员会主任"。①

2. 选举制度

我国是讲法治、讲道德的文明大国，法律体系的健全直接关系到社会的

---

① 范佳富：《基层群众自治之路越走越宽广》，《中国民政》2022 年第 10 期。

稳定和国家的富强，法律为村民的日常行为提供了最低的道德标准。不仅仅是社会的发展离不开法律的制约，村委会选举活动的公开、公正、民主也离不开法律的保障。我国在1982年《宪法》中首次将"村民委员会"归至"基层群众性自治组织"当中，农村中的村民自治制度在我国的法律体系中得到了一席之地，村民在自主管理村中事务时真正有法可依。《宪法》将村委会确认为基层群众性自治组织之后的第五年，我国出台了《村民委员会组织法（试行）》，之后各个地区农村所属的基层政府分别根据自己的实际情况相继制定了相关的具体落实政策以及选举办法，极大地拓展了"四个民主"的内容。2018年新修订的《村民委员会组织法》根据近年来村民委员会选举实践经验，对村民委员会选举中的选举委员会的职责、成员组成、推选程序、缺额和免职办法、选民登记、罢免程序等方面进一步作了明确和完善。截至2022年底，全国95.6%的村和93.9%的社区实现了党组织书记和村（居）委会主任"一肩挑"，我国的基层民主选举制度逐渐法治化。[1]例如，天津市指导各区分别制定了换届工作流程图和民主推荐、选民登记等20余种规范性配套指南，提供行为规范和基本遵循。再如，上海市下发指导手册，修订换届选举须知和工作规程，分层分类组织业务培训，累计组织培训5877次，覆盖28万人次。[2]

3. 选举程序

选举制度的实施，在很大程度上取决于选举程序的设计，选举是否公平公正，程序很重要。2022年以来，我国的选举规章制度日益完善，选举程序更加规范。从地方一级来看，我国绝大部分省、市、县、乡依照当地的实际情况施行了村委会选举的地方法律法规。大到中央小到地方，各层各级的法制建设日益完备，为村委会选举提供了法律保障，使得选举程序更加科学化、规范化。从我国基层民主选举的实践活动来看，2022年以来，我国的绝大多数农村能够按照自己地区的实际情况制定相应的村规民约，在村委会

---

① 《筑牢城乡社区基础》，《民生周刊》2022年10月10日，第3版。
② 范佳富：《基层群众自治之路越走越宽广》，《中国民政》2022年第10期。

选举的实践中，大部分环节基本符合选举制度要求，投票选举、名单公示等各环节组织安排到位，村民不同程度介入每一环节。

（二）民主协商情况

1. 协商平台

协商平台是基层民主协商的阵地、联系群众的纽带、凝聚共识的渠道，积极搭建多层次多样化的民主协商平台是推进民主协商共治格局形成的重要基础。一方面，新的协商民主参与方式不断涌现，随着互联网技术的发展与普及，"网络市民社会"中出现了许多新的协商民主参与方式，包括网络调查问卷、网络听证、网络投票等，这些参与方式不仅为公民积极参与基层公共决策提供了极大便利，而且还帮助解决了现实生活中公民参与基层公共决策可能存在的一些困难。另一方面，线上线下议事渠道逐渐拓宽，现场会议、网络平台、走访、面谈等多样化立体式沟通形式，增强了信息交流的畅通性、透明性，使协商主体真正实现平等协商。例如，浙江省丽水市莲都区依托各村便民服务中心，围绕村级事务管理，专门设置议事箱（意见箱）、议事窗（公开栏）等，及时收集村民代表、普通村民的意见建议；同时在村"两委"办公大楼，设立阳光票决议事大厅，进一步拓宽群众参与村级事务决策前的议事渠道。再如，甘肃省兰州市探索"'小马扎'议事会""老马会客角""小院议事会"等社区民主协商议事新平台，有效回应居民需求。

2. 协商主体

传统的协商话语权主要掌握在少数人的手中，而新时代的协商向大众化转变，协商主体逐渐多元化。2022年以来，各地广泛吸纳老干部、老党员、党代表、人大代表、政协委员、村民代表、乡贤、群团组织负责人、社会工作者、驻村法律顾问、退役军人、大学生等人员参与协商。如陕西西咸新区底张街道孙家村成立由村党支部副书记为召集人，由党支部第一书记、村委会、监委会、村民代表组成的村议事协商委员会，"两委"成员分别担任议事协商会的会长、副会长，同时将群众中威信高的老党员、老干部、致富能人列入议事协商成员名单，实现了协商人员的多元化。又如陕西省正阳街道白庙村以村党组织为领导核心，以村"两委"、村务监督委员会、村民小组、妇联、红白理事会等11个组织作为补充，健全完善议事协商工作主体；通过各类工作载体，广泛吸纳老干部、老党员、党代表、村民代表、大学生等人员参与，组成多元化协商主体，推动各类问题得到有效解决，乡村议事协商基础得到全面加强和夯实，实现了"有人理事"。

3. 协商内容

协商内容关系到协商的成效，而精细化的协商更能激发协商的效能。截至2022年底，全国72.8%的县（市、区、旗）全面制定村（社区）议事协商目录，围绕公共服务、基础设施建设、环境卫生整治、住房改造等群众关心的事项开展灵活多样的协商活动。[①] 从民主协商实践来看，一年来，我国各地开展了丰富多样的协商实践，协商内容不断精细化，凡是涉及乡村设施、公共服务、社会秩序、土地征用、财务收支等与村民公共利益有关的事务均通过充分协商讨论作出决策。如浙江省发布了村级议事协商规范指引，对议事协商内容进行了细致划分，从六个方面反映群众的需求。再如，云南省腾冲市腾越街道广调研，定主题，解决"协商什么"的问题。坚持"大视野、小切口"，围绕小区安装门禁系统、排污管道堵塞、不文明养宠物等群众关心关注的问题，组织政协委员等深入一线、深入群众进行调研了解，了解小区精细化治理存在问题，倾听业主、物业等各方意见建议，广摸实情、广纳群言、广集群智，听民声、民意，并主动向街道办事处报告，确定"协商在基层"的议题。

（三）民主决策情况

1. 民主决策模式

民主决策是村民自治的关键环节，而决策模式是决策体制、决策程序和决策方法在决策实践中的一种综合反映。2022年以来，各地在民主决策制

---

① 范佳富：《基层群众自治之路越走越宽广》，《中国民政》2022年第10期。

度和形式方面进行了不断探索，取得了丰富的经验，新的民主决策模式不断涌现，促进了乡域群众自治的发展。如四川成都的双层（村级议事会+村民小组议事会）议事会结构、广东的村民理事会两级会议模式、安徽的村民理事会扩大会议模式等。以四川成都和广东梅州的村民议事会和协商议事会为例，两者的共同特点是根据地方特色，分层级采取有针对性的决策方式，形成"村民小组议事会—村民议事会"和"村民理事会—协商议事会"两级架构。村民议事会等专门的村级民主决策组织，起决策前协商、咨询等作用。

2. 民主决策流程

民主决策是全过程人民民主的重要体现。一个完整的决策周期应当包括议程设置—设计与制定—执行—评估—监督—调整优化等几个阶段在内的全部过程，这是民主决策全链条结构的关键要素。提高决策制定的科学性，保持政策的连续性和稳定性，实现政策目标，任何一环都不可或缺。当前，我国的民主决策呈现出一个总体趋势，即已逐渐走向开放化、科学化和民主化，社会力量和公民群体可以越来越多地通过正式或非正式的方式参与到议程设置、政策协商、政策执行和政策评估的各个环节当中，参与的广度和深度也在不断拓展。全国各地村民委员会普遍建立村民会议或村民代表会议制度、村民小组会议制度，居民委员会普遍建立居民代表会议制度，决策程序逐渐规范化。如重庆开县（现开州区）八步工作法，强调明确决策的权力主体；河南南阳的"4+2"工作法，强调决策前的协商；浙江温岭民主恳谈会，通过一事一议的办法解决筹资酬劳等村务的模式；等等。

3. 民主决策平台

决策平台是公民民主决策的载体，其关乎决策参与的广泛性和有效性。近年来，互联网信息技术的迅猛发展为政府决策部门引入公民参与提供了迅速、便捷的参与路径，而搭载着互联网兴起的以微博、微信为代表的新媒体和社交平台，正在不断地拓展民主决策过程中公民参与的空间。另外，不断普及和发展的互联网社交平台与自媒体，为公民主动"走进来"实现政策参与创造了更多的可能性。首先，其开放共享的信息传播特点，打破了政策信息的封闭格局，政策信息更容易被获取，为公民参与民主决策奠定了基础。其次，亿万的公民群体可以依托自媒体及社交平台就公共政策相关问题提出利益诉求、发表观点，并与其他网民展开讨论，就政策问题形成观点的交融与碰撞，这有助于决策部门对民意进行深入剖析，更好地吸纳民意。最后，自媒体和社交平台打破了地域、年龄、职业、受教育程度的限制，促使参与民主决策的公民阶层不断扩大，参与的广度也不断拓宽，公民可以借助网络社交平台和自媒体进行沟通联络，形成合力，进而影响政策过程。总之，民主决策平台的丰富性，促进了民主决策效能的提升。

（四）民主管理情况

1. 民主管理制度

没有规矩就不成方圆，没有制度就没有约束，制度是管长远、利根本的。目前我国农村基层民主管理建设的相关法律法规和制度逐渐完善。调查显示，各市、县都积极按照《村民委员会组织法》的精神制订了符合地区实情的规定。2022年以来，多数村建立起了村民会议、村民代表会议、村务公开、民主议政日、民主评议村干部、民主理财、村民代表联系户、"两委"干部联系村民代表、会计委托代理、村干部离任审计等十余项村务民主管理制度。如天津市宝坻区通过推进"阳光村务"工作，持续强化村务公开制度规范化建设，逐步探索形成了"区级统筹、街镇联动、村社实践、多元参与、民主监督"的村务公开新格局，推动"阳光村务"发展走上更加民主化、规范化、程序化、制度化发展的轨道，不仅融洽了干群关系，更调动了广大村民参与村级事务的积极性，涉及村级公开事务的问题显著减少，进一步强化了基层民主管理制度规范化建设。

2. 民主管理组织

在党的农村基层组织的统一领导下，健全的民主管理组织是保障和实现村民自治的基础。2022年以来，我国镇村两级大多成立了农村基层民主政治建设领导小组，具体负责农村基层民主政治建设的推进、指导、监督工作。95%以上的村庄成立了村民会议、村民代表大会、村务公开监督小组、民主理财小组等监督、决策、管理组织。镇村两级形成了较完善的农村民主管理组织体系。一年来，我国加强农村群众性自治组织建设，健全和创新村党组织领导的充满活力的村民自治机制，依托村民会议、村民代表会议、村民议事会、村民理事会、村民监事会以及村小组等各种群众组织，形成民事民议、民事民办、民事民管的多层次基层协商格局。例如，宁夏红寺堡通过"55124"村级治理模式，畅通民意诉求表达渠道，做实村民代表会议制度。

3. 民主管理水平

村民自治规范的体系化建设需要处理好国家法规、地方性规范与村规民约三者之间的关系。在法律法规的框架内，结合群众的意愿形成约束和规范全体村民的行为，充分发挥其在乡村治理中的积极作用。截至 2022 年底，所有村（社区）均制订或修订了村规民约、居民公约。在村规民约和积分制的推行下，我国的民主管理水平日益提高。例如，北京顺义通过"三下三上"的程序制定村规民约，对基层治理先"约"后"规"，有效推进了农村协同共治。例如，四川省五通桥区金山镇先家村村干部根据先家村实际情况，为村民量身定制 18 字村规民约，扫干净、码整齐、睦邻里、讲公德、守法纪、感党恩，简洁好记、朗朗上口，挂在每户墙上、记在村民心上、落在实际行动上，成为村民自我管理、自我教育、自我约束的行为规范。

（五）民主监督情况

1. 村务管理制度

村务管理制度对于维护农村社会稳定和村民权益、推动农村经济发展，促进农村社会治理具有重要作用。2017 年 12 月，中共中央办公厅、国务院办公厅印发《关于建立健全村务监督委员会的指导意见》，部署全面建立健全村务监督委员会工作。2022 年，全国村（居）务监督委员会全面建立，95%的村能够定期公开村务，91%的村建立村务公开栏。[①] 不仅如此，村务

---

① 范佳富：《基层群众自治之路越走越宽广》，《中国民政》2022 年第 10 期。

监督还日趋智慧化、信息化。结合全国多地开展的村务管理实践，村务管理制度主要涉及三类：一是公开制度，如村务公开制度、村务公开监督小组制度、民主评议村干部制度、民主听证会制度等；二是管理制度，如村民代表会议议事规矩、村民自治章程、村规民约；三是职责规范，如会计嘱托代理中心工作职责、村务公开监督小组职责、社会治安综合治理工作站制度等。部分行政村还建立了一套制度体系，所有制度都在村"两委"联席会议和党员大会讨论、修改的基础上，提交村民代表会议表决通过、张榜公布。如江苏省盐城市大丰区推动建立以村党组织为领导核心、村民会议（或村民代表会议）为决策机构、村民委员会为执行机构、村务监督委员会为监督机构的新型乡村治理体系，使村级民主监督特别是日常性监督有了具体的组织依托和承接载体。

2. 民主监督形式

民主监督形式对于监督实效具有重要影响，因此要通过多元化监督形式，不断延伸民主监督效果。随着社会经济发展水平的提升，人们的生活水平也随之提高，各种新媒体的普及速度也越来越快，民主监督形式不断创新，信访举报制度、舆论监督制度、人大代表联系群众制度、监督听证会、民主评议会、网上评议政府等民主监督形式日益多元，切合了网络化时代的需要。各地为了能够让村民及时了解国家相关政策以及村中重要事务，探索建立了微信群和党建网，以便于村民能够及时有效了解与自身利益密切相关的事情，以免自身利益受到损害。例如，湖北省大冶市半个月内已推送村务短信 160 余条，涉及项目资金、各类补贴补助 2000 余万元，5000 余名群众代表都可以收到本村（社区）的村务短信，这保障了村民的知情权，便于村民对村务开展民主监督，更加有效地维护了村民切身利益，对农村社会和谐稳定具有重要的促进作用。①

3. 民主监督体系

村级权力监督体系是在党的领导下内部监督和外部监督相互贯通的有机

---

① 《大冶：短信推送村务 群众监督"三资"》，黄石市农业农村局网站，http://nyj.huangshi.gov.cn/nyzx/mtxw/202205/t20220516_904094.html。

整体，监督体系的构建关系到监督的成效。近年来，我国乡域民主监督体系逐渐形成，在乡镇层面，下沉乡镇纪检监察监督力量，建立村级监察工作联络站与村务监督委员会合署办公的监督机制。同时，强化"第一书记"全程监督，推动其在村务决策、执行、审核等责任上的实体化运作。在村级层面，强化村务监督委员会监督职能，对工程项目、产业发展、资产管理、惠农政策落实等方面进行专项监督。畅通群众监督渠道，推行"双述双评"机制，即村干部在述职过程中，党员、村民如果对村务公开内容有疑问，可以当场提出，村务监督委员会负责人等会当场作出答复和解释。监督体系的有效融合，从体制机制上破解了村务监督委员会同级监督的困境，实现了监督功能互补，增强了监督合力。如浙江省武义县通过强化监督资源整合，构建了纪检监察监督—"第一书记"监督—村务监督委员会监督—村民群众监督的高效融合体系。

二　乡域群众自治：当前挑战

近年来，尽管乡域群众自治建设取得了不少成效，但依然面临不少挑战，总体来看，民主选举实践能力有待加强、民主协商的参与性有待提高、民主决策效能有待提升、民主管理落实仍需加强、民主监督建设有待优化。

（一）民主选举实践能力有待加强

1. 宗族文化对选举公平有一定负面影响

宗族观念、氏族思想一直在我国的乡村社会中存在。这些传统的封建思想已经内化在许多村民的思想之中，对村民的行为产生重要影响，并且难以在一朝一夕之间消除。在村民委员会选举过程中，村民们通常更愿意相信自己较为熟悉的人，而不考虑投票给陌生人，他们认为熟人在今后的工作中能更好地帮助自己处理事务，这样的心态就导致了部分村委会领导干部不是因为能力而当选，而是因村民带有目的性的选举意愿而产生。部分农村选举受到宗族文化的影响，公平性、民主性有所缺失，导致一些具有较强的参政议政能力和较高的思想觉悟、有能力担任村干部的人落选。这种以宗族共同体为本位的观念，与强调自由、平等、法治、民主和重视群众选举权的基层民主选举精神南辕北辙。

2. 部分地区选民文化素质待提高

选民的文化素质是影响选举的重要因素，总体来看，当前部分地区的选民文化素质有待提高。首先，民主观念和法治意识淡薄。部分地区村民与外界交流相对较少，文化水平较低且当地宣传民主选举的力度不够，导致民主观念和法治意识不足，政治觉悟和思想觉悟都有待提高，参政水平和政治素质也较低。其次，群众参与选举的主动性不高。部分群众选举热情较低，参与选举活动处于被动状态，采取观望的状态，他们认为村委会选举不会对自己的生活带来较大的变化，这种活动只是形式主义，村民参不参与意义不大，选谁处理村庄中的事务跟自己没有很大关系，其他村民选谁自己也跟着选谁，随大流的现象十分严重。最后，选举原则和选举流程得不到应有的重视。部分村民民主法治意识薄弱，不清楚村委会选举流程和原则，这也致使部分村选举结果不尽如人意。

3. 基层选举自主性活力不足

乡镇政府是我国政权体系最基础的单位，对政策的执行和落实起到重要的作用。依据《村民委员会组织法》，乡镇政府只能给予村委会选举活动一定的指导、支持和帮助，但是不能超过法律所赋予的权利，不能侵犯村委会的权利。在我国基层自治的进程中，即便我国的相关法律详细规定了村委会与乡镇政府之间是指导而不是领导的关系，但是在村委会选举工作的实践中，由于国家下达的政策和指令大多需要通过乡镇政府向村委会传达，并带领村委会落实，再加之村民选举的资金也需要乡镇政府提供，部分乡镇在选举活动中不能平衡好自治性和行政性的关系。不可否认，在村民自治和农村民主选举活动中，乡镇政府的指导作用不可忽视，村委会选举活动的顺利进行离不开乡镇政府的支持。然而在选举活动具体开展时，部分乡镇政府对村民选举参与过多，对选举造成了一定的干扰。

4. 人才资源短缺导致选举条件受限

人才是经济社会发展最重要的驱动力，也是影响选举的因素之一。当前，我国农村人才较为短缺。随着科技的发展，生产效率大大提高，需要脑力劳动者的数量增加，需要体力劳动者的数量减少，第三产业从业者数量增加，农村的大量劳动力转向城镇，剩余劳动者整体年龄偏大，学历偏低，知识文化水平有限，业务能力有限。人才资源的短缺，导致了基层干部的选拔范围和条件受限，部分地区选不出合适的人才来推动乡村的发展，人才断层现象严重。在上一届村委会成员退休之后，很难再选拔出有威望、有能力的人接续。出现这种情况后，往往就是靠上级政府直接委派，而委派人员对村庄的发展情况较为陌生，无法有效掌握村情，这在一定程度上削弱了村庄的发展效能。

（二）民主协商的参与性有待提高

1. 分散化参与：乡域协商民主参与主体缺失

基层群众是乡域协商民主的参与主体，也是乡村发展的力量源泉和主要推动者。当前，我国的乡域协商民主参与主体缺失。一方面，随着城市化的快速发展，乡村大量的青壮年进城务工，除了在农忙时节和春节，乡村的群体均以老年人为主，这就导致了乡村生活的"空心化"。乡村生活"空心化"所带来的结果就是乡村协商民主参与主体的缺失。青壮年劳动力没有足够的时间和精力去参与乡村生活。另一方面，部分乡村群众的政治参与意识弱。一是在农村社会，部分群众依然有着浓厚的官本位思想。他们认为政治与自己没有关系，只需要服从上层的命令就可以了，主动放弃自己的民主权利。二是部分群众侧重于追求自己的经济利益，他们不想也不愿意花费时间去关心政治。对于他们来说，只要不损害他们的利益，就可以"事不关己，高高挂起"。综合多种原因，目前乡域协商民主参与主体较为分散。

2. 低效型参与：乡域群众民主协商能力不足

在我国农村基层，存在部分群众协商知识和能力不足的困境。虽然协商民主在理论上是让各方民众有公平的机会去充分表达自己的意见，但是在实际的运行中却有时会事与愿违。相对而言，参加协商的干部，他们有更加丰富的专业知识和辩论经验，有着更加清晰的逻辑思维能力，而民众由于政治经验、专业知识相对不足，在协商的过程中居于非主导地位。除此之外，随着城镇化和经济的发展，越来越多的农村青壮年劳动力涌往城市，农村的常住人口中以老人、妇女和儿童为主，从而造成了农村基层协商主体的流失，影响了基层协商效能。虽然在一些农村基层已经建立了协商民主制度，但是由于协商主体的能力不足，协商流于形式，参与低效。

3. 形式化参与：乡域协商结果落实力度不够

中国乡村民主协商制度缺乏一个比较完善的监督系统。除了协商主体（包括基层群众和基层管理者）之外，缺乏一个中立的人员或机构来对乡村协商民主的过程和结果进行监督。在协商过程中，由于部分群众受限于知识文化水平，对决策的情况和议题的了解不够深入，最终的决策权又回到管理者手中。由于缺乏一个比较完善的监督系统，一方面部分民众对协商的过程和结果并不知情，获取的决策信息非常有限，这可能最终会导致决策执行困难；另一方面由于缺乏监督执行者，决策可能得不到真正的贯彻落实。

（三）民主决策效能有待提升

1. 决策信息不够透明

决策信息是决策系统的基本要素之一，决策信息的可靠性和透明度是保证决策系统进行正常决策活动的重要条件。目前，党务政务信息公开透明度还不高，致使党员对党内事务、群众对村级事务了解不够，党员和群众的知情权参与权监督权未能得到充分发挥。决策信息不够透明主要表现在信息公开内容不全面，避重就轻，对于村民关心的敏感性问题，如集体经济的收益、债务、投资等，往往只进行笼统的公开，甚至将其放在其他项目栏内，不便于村民知情；信息公开方式落后，不能很好地利用数字化、网络化手段推动村务信息公开；信息不对称、公开不及时，缺乏固定的信息公开机制，时效性不足且内容含糊，使村民即使有意见也因时过境迁而无从追究，这进一步加剧了村务决策信息的不透明性。

2. 决策制度不够完善

完善的决策制度可以保障决策的科学性和公正性，对于促进民主政治建设具有十分重要的作用。近年来，各级党政机关在决策方面建立了一些制度，但总体看来，这些制度的针对性还不足，缺乏具体细化规定，一些制度在执行的过程中偏离了制定的初衷。例如，听证会是实现民主决策的一项具体制度，但是，关于什么人有资格参加听证，听证的过程公开性如何，听证结果与决策有何关系等，都没有相关明确的、硬性的规定，这些都可能使得好的制度流于形式。

3. 决策权责不够明确

决策权责不明，决策权力过于集中，决策后果无人承担，就会造成制度的混乱。当前，不少地方的决策权掌握在少数人的手中，而权力的集中有好有坏，一方面，可以提高决策的效率，能很好地促进相关事务的处理；另一方面，决策权力过于集中带来的后果是民主性缺失，决策不能很好地发挥实际的效果。所以明确决策的职责权限显得尤为重要，要平衡好决策的边界，既要决策效率，但是又不能忽视公平，要充分听取群众的需求和意愿，在进行充分论证的基础上进行决策。

（四）民主管理落实仍需加强

1. 部分基层群众参与意识薄弱

随着社会经济的发展，农民受教育程度的普遍提高，社会对于民主意识宣传力度的加大，农民的民主意识逐渐被唤醒。但从整体上来看，农民的民主参与意识仍不高。一方面，随着城镇化进程的推进，人口流动速度较快，农村中知识水平较高的人不断涌向城市，农村的社会阶层分化明显，长期留在农村的主要是老人和儿童，他们文化水平较低，未接受过系统完整的教育，对于政治参与的敏感度较弱，对公共事务漠不关心。另一方面，部分老年人思维固化，容易受到宗族关系以及各种复杂的人情关系的牵绊，尤其当涉及与自己利益相关的问题时，难以做到公平公正。总的来说，部分基层群众政治参与积极性不高的根本原因是政治参与意识薄弱，没有意识到政治参与的重要性。

2. 民主管理制度实施执行力不够

制度的生命力在于执行。综合来看，当前乡域民主管理制度实施的执行力有所欠缺。一方面是部分基层工作人员执行力不够。各项工作记录规范是民主制度一直明确强调的，乡镇政府也会定期召开相关培训班。但是，从每季度的检查报告中可知，部分会议记录、走访手册仍然会出现记录不规范的情况。由于部分相关人员的执行观念和执行力不够，没有把握细节问题，在记录工作上比较马虎，出现工作失误后没有反思，没有及时跟进，导致问题积压。另外，基层工作人员流动性较大，工作交接不到位也容易使记录工作出现失误。另一方面是部分村干部团队执行力不够。村干部在基层民主管理中扮演着极其重要的角色，是党和政府与群众之间的桥梁。但是，部分村干部执行观念不够牢、执行能力不够强、执行作风不够实，在重大问题上不担当、不作为，简单重复上级文件精神，缺乏面对新情况、新问题时开拓创新的执行勇气。

3. 基层组织和基层干部职责不清

村"两委"干部职责不清，现行村民自治的相关法律和政策规定虽明确村党支部和村委会之间属于领导关系，但对村党支部领导地位的实现途径却缺乏可操作性的规定，对村"两委"干部之间的职责权限界定过于笼统和抽象，可操作性不强，造成"领导权"与"自治权"边界模糊不清，在实际管理工作中容易出现"两委"不融洽，合力不够的现象。比如在洪梅镇，村（社区）的党工委成员是镇政府任命的，村（居）委员会的成员是村（居）民选举产生的，根据法律条文的规定，村（社区）党工委和村（居）委会是两个相对独立的村级组织，它们有不同的性质和功能，各自依照自己的职责开展村级管理活动。由于换届选举过后，党工委成员和村（居）委会成员立马上任，任前没有经过长时间系统的专业培训，"两委"干部往往对自身岗位的职责认识不够，不能即时进入岗位角色。

（五）民主监督建设有待优化

1. 村民民主监督意识不强

树牢民主监督意识，才能增强民主监督的自觉性和主动性。当前我国村民民主监督意识普遍不强。一方面，村民不愿监督。当前农村是一个"熟人社会"，从村委会成员的选举到对村委会成员权力的监督，都受家族关系、熟人关系的影响，部分村民碍于人情面子，怕得罪人，不愿监督，而且部分村民对村务监督也表现得相当冷漠，平时基本上不会去村委会办公场所。村里面有事情召集大家开会都要多次催促才会出席，这部分村民民主意识和自治意识严重不足。另一方面，村民不敢监督。"原子化"的村民缺乏自组织能力，仅靠个体的力量无法与村里的贪官、恶官抗衡，甚至还可能会遭到打击报复，村民不愿招惹麻烦。

2. 村民民主监督能力不足

监督能力是民主监督的关键，能力的高低关乎民主监督的实效。当前来看，我国乡域村民民主监督能力略有不足。部分村民的文化素质和法治观念相对淡薄、民主素养不高，这限制了他们的民主监督能力。他们可能无法理解复杂的村务决策或财务报告，也难以运用法律手段来维护自己的权益。特别是随着大量青壮年劳动力进城，农村留下的基本是老人、儿童，他们既无能力也无精力监督村干部，导致了监督真空的出现。

3. 村民民主监督渠道不畅

通过各种渠道密切与人民群众的联系，为群众监督创造良好的条件，是强化人民行使好监督权的重要前提。综合来看，我国部分乡域村民民主监督渠道不畅，主要是多种因素导致的。一方面，农村村务不透明。村务公开制度作为村级民主监督制度中的一个方面，具有公开性、真实性、及时性等特点，是村民了解村内大小事务的一个渠道，也是村民进行民主监督的重要保障。但从现实来看，不少村民对村里事务不了解、不清楚。村务监督流于形式，村民不能真正当家做主，民主监督作用更加不能真正发挥。另一方面，村民们参与管理村务的渠道不通畅，信息不对称，即使有部分村民想去关心和了解村务，有意参与到对村务的管理和监督中去，由于村干部们对村务信息的垄断，村里也没有保障村民参与村务的体制机制，没有村民参与监督和管理村务的渠道，其最终也就失去了监督兴趣。

三 乡域群众自治：典型案例

随着乡域群众自治的发展，全国各地开展了丰富多彩的乡域民主政治实践探索，涌现了大批的乡域群众自治模式，而这些典型案例对其他地方的乡域群众自治建设具有积极的启示意义和实践价值，本章选取三个案例以作参考。

（一）丽水市莲都区：阳光票决制助推农村社区治理创新[①]

丽水市莲都区黄村乡黄泥墩村在"五议两公开"的基础上探索实施村级事务阳光票决制，在内容和程序上强化了党的领导和村民充分自治，将一个经济发展滞后、干群矛盾尖锐、村民常年上访的"问题村"转变成为和谐有序的生态文明村。

1. 党建引领自治　筑牢基层治理根基

一是建立党支部扩大会议制度。各村党组织在召开党支部会议与全体党员会议提议村庄经济社会发展重要议题时，召开扩大会议，邀请村民代表列席会议，充分听取村民代表意见，将基层党组织的主张更好地传递给村民代表，并通过阳光票决制变为全体村民的意志。

二是深入群众听取群众心声。打破村干部"闭门决策"模式，明确规定提出方案前村党组织委员要深入农户、广泛吸收群众意见建议，方案要经村"两委"联席会议讨论研究确定，确定的实施方案应公开公示。

三是建立党员群众常态沟通机制。建立以网格为基本单元，网格员、村民代表、党员定期交流的工作沟通制度。在参与村级事务阳光票决时，党员

---

① 本小节参考《浙江省丽水市莲都区阳光票决制助推农村社区治理创新》，《中国民政》2022年第6期。

广泛收集村民诉求，村民代表征询网格内党员意见，村民的意见建议通过村民代表、党员进入阳光票决程序。

2. 权力阳光运行　完善阳光票决规范体系

一是明确阳光票决事项内容。以《村民委员会组织法》为基础，将与村民利益密切相关的十大重要事项列入必须票决的内容，分别为：①村经济和社会发展规划及年度计划，村庄建设规划；②公益事业的兴办和筹资筹劳方案及建设承包方案；③村级享受误工补贴的人员及补贴标准；④村集体经济所得收益的使用；⑤土地承包经营方案；⑥集体经济项目的立项、承包方案；⑦宅基地的使用方案；⑧征地补偿费的使用、分配方案；⑨以借贷、租赁或者其他方式处分村集体财产；⑩涉及村集体、村民切身利益等其他事项。

二是规范阳光票决实施程序。为保证"阳光票决"的有序实施，创新票决六大程序，分别为：①党员群众建议，充分发挥村党支部党员联系服务群众作用，通过党员大会、组团下访、乡贤智囊团等形式，广泛听取党员群众的意见建议，全面收集议题；②村党支部提议，在收集群众意见、建议基础上，村党支部进行集中梳理、分析、研究，提出村里要解决的重要事项和票决方案；③村务联席会议商议，票决事项议案提出后，由村党支部书记主持召开村务联席会议，对议案进行充分讨论和论证，形成商议意见；④乡镇（街道）党（工）委审议备案，经村务联席会议商议确定票决事项后，报乡镇（街道）党（工）委进行备案并提出审议意见；⑤村民代表会议票决，在村党支部领导下，召开村民代表会议，对票决事项以无记名投票的方式进行投票表决；⑥村务监督委员会监督，票决事项通过后，实施过程由村务监督委员会全程监督，定期向群众公开进度，通报落实情况。

三是拓宽线上线下议事渠道。依托各村便民服务中心，围绕村级事务管理，专门设置议事箱（意见箱）、议事窗（公开栏）等，及时收集村民代表、普通村民的意见建议；同时在村"两委"办公大楼，设立阳光票决议事大厅，进一步拓宽群众参与村级事务决策前的议事渠道。此外，为有效破解村民代表因事外出，导致村庄集中开会议事难的问题，在每个村都建立了由村"两委"干部和村民代表参与的微信群议事大厅。通过微信群让村民代表更加及时有效地了解决策事项、反馈群众意见、监督决策实施，提升工作效率。

3. 智治转型 村务管理搭上数字化快车

一是开发阳光票决管理系统。将全区所有村阳光票决事项全过程纳入系统管理，村级网格员作为各村的后台管理员，通过手机浙政钉阳光票决端口将涉及的线下资料上传管理系统存档，村民可以通过"清廉莲都"微信公众号、"莲连看"App等，直接查看本村阳光票决事项全部流程、票决结果和实施情况。系统还对全区阳光票决事项实施情况进行预警、汇总、分析，数据报表实时更新，通过图表形式精准呈现投票率、执行率等各方面情况，让村级事务监管变得更加高效、透明和智慧。

二是开发阳光票决监督系统。通过在村民议事厅等票决场所安装摄像设备，实时监控整个票决过程，留下记录以备查询，保证阳光票决过程的透明和权威。阳光票决事项公示窗口纳入区纪委开发的"小微权力监督一点通"小程序，各级政府、村民都能够依据各自的权限查阅有关票决结果，并对票决结果的落实情况进行有效监督。

三是探索网络票决参与形式。在法律政策层面开展研究，争取下一步创新实践的政策空间；探索线上线下同步投票机制，以解决偏远山村村民代表参会率不高，外出代表无法参会等问题；依托"身份认证+音视频服务+投票"小程序，将村民代表会议开到"云上"，进行"云票决"，实现线下与线上共同参与。

（二）酒泉市金塔县金塔镇上杰村："村事民议"打造村级议事协商"新平台"①

近年来，上杰村坚持"有事多协商、遇事多协商、做事多协商"原则，积极申报全国村级议事协商创新实验试点单位，坚持精准发力，找准议事协

---

① 《"村事民议"打造村级议事协商"新平台"——酒泉市金塔县金塔镇上杰村依法推进基层民主的探索与实践》，酒泉市司法局网站，https://sfj.jiuquan.gov.cn/sfj/c105252/202302/97dbe51003bf41628d0f21d1e24773e6.shtml。

商"切入点""支撑点""落脚点"。尤其是 2021 年 12 月被民政部办公厅确认定为全国村级议事协商创新实验试点单位以来,上杰村按照"村事民议、民事民定、民主议事、服务于民"的工作思路,持续推进村级议事协商创新实验有序开展,以自治增活力、以法治强保障、以德治扬正气,健全党组织领导的自治、法治、德治相结合的乡村治理体系,建成了固定的村级议事协商室,建立完善工作制度和议事规则,有效解决了群众的急难愁盼问题,打通服务群众"最后一公里"。

一是坚持精准发力,找准议事协商"切入点"。结合村情实际,积极落实村级议事协商试点工作部署,注重边实验、边总结、边改进,确保议事协商与村情实际和群众意愿精准衔接。全面落实村级议事协商创新实践的要求,认真把握村级议事协商关键环节,充分发挥村党组织在基层议事协商的领导作用,建立党组织领导、村委会负责、各类协商主体共同参与的协商机制,成立议事协商理事会,确保议事协商方向不偏、程序规范、有序推进。按照"民主议事,服务于民"工作思路,着力加强制度建设和阵地保障,在村党群活动中心建成固定的村级议事协商室,建立完善五项制度和议事规则,明确议事协商"六步工作法"程序步骤,解决"议什么""谁来议""怎么议"的问题。按照"便于议事、利于协商"的原则,推选议事会理事9 人,深入开展公共事务、社会治理、乡村建设等议事协商活动,推动全村社会治理持续向好。

二是坚持主动出击,选准议事协商"支撑点"。始终坚持把议事协商贯穿村级决策和实施全过程,紧盯群众关切,着力解决好群众最关心、最直接、最现实的利益问题。聚焦主线方向,围绕产业发展、乡村振兴、关爱服务等事关全村发展的全局性关键性问题以及群众的急难愁盼问题,明确"十大类"议事范围,确定议事协商目录,积极探索"线上+线下""场内+场外"协商模式,广泛收集信息,确定"沟通协商、对话协商、书面协商、网络协商、会议协商"等五种议事协商形式,聚焦问题焦点,多方面、多层次、多维度收集信息,积极创造群众议事平台,努力让议事协商结果符合群众期盼,体现群众需求,打通服务群众"最后一公里"。

三是坚持务求实效，找准议事协商"落脚点"。坚持问题导向和目标导向，着重解决"协商后怎么办""做出了什么效果""群众是否满意"等问题，紧盯议事结果，坚持以高质量议事协商成果为前提、具体化落实为抓手，加强沟通联系，结合实际制定具体的办理落实方案，明确切实可行的落实措施、落实时限和责任人员等具体事项，准确把握成果转化的重点和难点，强力推进落实。跟踪落实评效，建立多方监督机制，成立由村"两委"、议事协商会成员、相关负责人组成的理事监督小组对办理情况进行跟踪落实，办理结束后将结果及时公示公开，主动向利益相关方进行通报，并召集群众进行满意度测评，切实将议事协商打造成人民群众的"连心桥"。注重成果转化，始终聚焦"民事民提、民事民议，民事民治、民事民享"的议事协商理念，进一步拓宽社情民意信息传递渠道，充分调动群众参与积极性，2022 年上杰村慰问弱势困难群体 35 户，化解矛盾纠纷 29 件，完成亮化工程 1 公里，解决群众急难愁盼问题 16 件，全村呈现出产业发展提档升级、基础设施不断完善、乡村面貌日新月异、民生保障不断加强的良好局面，群众幸福感、获得感、安全感节节攀升。

（三）北京市顺义区：村规民约"约"出文明新风①

顺义区位于北京市东北部，总面积 1021 平方公里，常住人口 132.7 万人，辖 19 个镇、6 个街道办事处，426 个行政村。随着区域经济社会快速发展，农村地区的空间结构、经济结构、社会结构、利益结构等方面都发生了深刻变化，群众精神文化需求更加丰富，利益诉求更加强烈。面对新形势新任务新挑战，顺义区积极探索，充分发挥村规民约的抓手作用，对基层治理先"约"后"规"，"约"出了文明村风、"约"出了淳朴民风、"约"出了清廉政风，有效推进了农村协同共治，提升了农村基层治理能力和水平。

---

① 本小节参考农业农村部合作经济指导司《第一批全国乡村治理典型案例丨村规民约"约"出文明新风——北京市顺义区利用"村规民约"推进乡村治理》，农民日报公众号——中国乡村治理，https://mp.weixin.qq.com/s/A1UiGDAl4ALYMXM7fVyqLA。

1. 多方参与制定，力求村规民约"规"得准、"约"得实

（1）充分征求意见。镇街党（工）委把关，村党组织全程主持，按照"三下三上"的程序制定村规民约。"一下"，围绕村规民约的内容，广泛征求村民意见，深入调查问题，整理汇总后作为修订的基础材料；"一上"，召开村"两委"联席会议，梳理意见建议，研究确定主要框架；"二下"，召开党员和村民代表大会进行讨论，充分征求党员和村民意见建议后形成初稿；"二上"，将初稿提交镇街司法、民政、土地和计生等相关部门，进行政策把关；"三下"，以"党群1+1"工作组的方式再次征求全体村民对初稿的意见建议，据此进行补充调整，形成审议稿；"三上"，将审议稿报所在镇街党（工）委审核把关后，由村民会议表决通过，印刷成册发放至村民，同时报镇政府备案（见图4-1）。

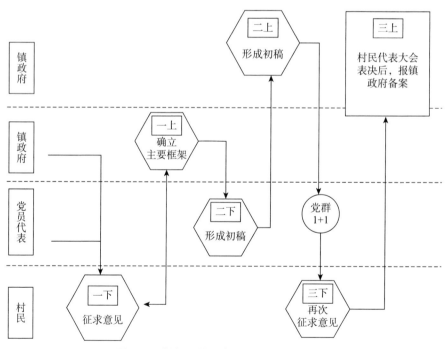

图4-1 村规民约制定"三下三上"程序

（2）多方协同配合。根据基层社会发展的实际，充分发挥村"两委"班子、党员、村民代表、村民、流动人口等群体力量，从纵向、横向以及动

态三个层面强化协同配合。纵向上，区、镇、村三级联动，区级层面发挥督导协调作用，统筹协调各职能部门协作配合；横向上，1 个党员和 1 个村民代表联系 15 户村民形成"1+1+15"协作模式，镇级领导班子驻村挂点联系，采取"领导联村、干部入户"方式，对村规民约的制订工作进行政策指导；动态上，村"两委"广泛征求村民的诉求，充分发挥党代表、村民代表等的作用，完善村规民约。

（3）突出问题导向。围绕"补短板、解难题"，深入调查研究，查找最突出、最具普遍性的问题，作为村规民约重点。着眼于推进基层治理体系和治理能力建设，将农村出租房屋租赁管理、社会秩序维护等当前基层治理中的难点问题纳入村规民约，推动村民文明素质不断提升、地区社会持续稳定和各项事业繁荣发展。马坡镇石家营村设立"婆媳澡堂"，由年轻人陪同年长者前来沐浴的一律免费，有力地弘扬了孝道文化，很多原本有隔阂的婆媳、母女、父子以及邻居，重归于好，文明村风盛行。

（4）强调分类完善。立足区域发展实际，根据村情发展不同特点、所处地理位置和治理需要等因素，将各村划分为村域环境优化型、村风民风引导型等六个类型，顺义区分别指定区直部门负责督促指导、牵头协调相关职能部门共同参与。充分尊重各村不同发展阶段需要，坚持问题导向、制度建设、文化引领，分阶段有序推进乡村治理现代化。区、镇两级层面成立专项督促指导组，对各村开展实地调研，动态掌握村规民约修订执行情况，做好指导督促，实现"规"得准、"约"得实，可落地、能执行，有响应、见效果。

2. 精准施策，做到村规民约入到"户"、见到"行"

（1）创新表现形式。综合考虑村规民约内容、村民文化水平和生活习惯，在村规民约的表现和宣传形式上，加大创新力度。注重使用对偶、押韵等形式，将其转化为群众语言，充分运用戏曲、快板、歌曲等群众喜闻乐见的方式把村规民约呈现出来，使用墙画、标语、口袋本等灵活实用的宣传载体实现"耳濡目染"。牛栏山镇兰家营村将村规民约编成了三字经，让村民们口口相传。

（2）完善执行机制。制定实施细则，明确规定村规民约适用范围、实施程序、考核办法和奖惩措施，丰富"规""约"内涵，亮明"尺子"，确保可操作性，印制《村规民约一册通》发放到户，组建执约小组，做好宣传监督劝解工作，提高村规民约权威性。仁和镇米各庄村周边企业密集、流动人口多，是典型的城乡接合部，该村通过修订村规民约，有效引导村民共建平安美丽家园，动员周边企事业单位参与加强周边治安建设。

（3）建立监督奖惩机制。通过完善村规民约内容、建立执约机制、给予精神物质奖励等方式，提高村规民约约束力，使村规民约真正落地生根。将修订完善村规民约与基层党的建设紧密结合起来，发挥基层党组织引领和党员模范带头作用，推进村规民约执行。高丽营镇一村通过研究村史、征集民意，提炼出"红心引领，入孝出悌，崇文善礼，知乐善舞，亲水护绿，遵规守制"的村域文化，通过悬挂"三块牌子"（一村党员户、村规民约"五个十佳"示范户、村规民约星级户），让党员成为美丽乡村建设中的排头兵。

3. 持续推进，村规民约开了"花"、结了"果"

（1）增强了基层党组织的战斗力和凝聚力。村党支部的组织领导和党员的模范带头作用得到充分发挥，村规民约成为基层党组织凝聚群众力量的重要载体。同时，村规民约工作推动了村干部正确履行职责，畅通了村民的诉求表达渠道，进一步密切了党群干群关系。高丽营镇以党建为引领，在全镇25个村以党员"亮身份、明职责、做表率"、"党员过五日"为载体，以村规民约为抓手，激发基层组织活力，着力打造美丽乡村建设"样板"。

（2）解决了治理中的难点问题。村规民约制定坚持问题导向，聚焦解决村民关注度高的问题和影响农村管理的难点问题，随着村规民约工作的推进，环境治理等问题逐步得到解决。村规民约在邻里家庭、社会治安、平安建设、公共道德方面行为的调处和规范作用，弥补了法律的不足，使社会秩序更加和谐。

（3）保护和传承了地区传统文化。村规民约注重总结提炼村庄发展中逐渐形成的传统文化、文明风尚和现代理念，形成本村特有的精神内涵、价值追求和文化品质。同时，丰富了农村居民的文化生活，增强了村民的文化自信，村民更加具有荣誉感、归属感。

四　乡域群众自治：完善路径

基于乡域群众自治所面临的现实挑战，本章从激活民主选举活力、培育民主协商能力、完善民主决策机制、强化民主管理效能、提升民主监督实效等方面提出完善路径，以期对未来乡域群众自治有所助益，从而提高乡域群众自治水平。

（一）以宣教放权并重激活民主选举活力

1. "疏""堵"结合，减少宗族文化的负面影响

一方面，要正确认识宗族文化在乡村地区的发展历史和背景，了解其中的政治文化和经济因素，利用文化可塑性的特点，因势利导，使宗族文化在民主选举中发挥其积极作用。若是采取强硬手段过分打压、遏制其发展，不但不利于民主选举的开展，反而会使家族与基层政府之间的矛盾加剧，不利于基层政权的稳定。首先，以宗族血缘为纽带可以极大增强群众之间的凝聚力和归属感。其次，大姓宗族中权威较高的"大家长"一般具有很强的号召力。如果能将这些具有较大影响力的人吸引进村委会选举活动中来，吸收其为村委会选举助力，无疑将有利于推动基层民主选举制度的发展。另一方面，在我国部分农村，宗族力量不容小觑。部分以姓氏为纽带的宗族利用在村庄中的影响力，干扰村里的正常选举活动，对于上述宗族，要运用法律的手段对其进行惩处。同时，也要对宗族中的其他成员进行有关民主和法治的教育，降低宗族文化对村民选举的负面影响。

2. 培训教育结合，提高干群知识文化水平

首先，加强基层干部培训。通过多种方式提升农村基层干部对民主选举理论的认同意识，深化基层干部对民主选举的实践，提升村级干部落实制度

的能力，做好民主选举的准备动员工作，促进民主选举实施过程的有效开展，推进民主选举的监督，将协商民主融入村民自治中，促进民主选举和村民自治的有效融合。其次，加强对村民的教育引导。基层政府应出台相关政策提高选民的文化水平，开展多种教育活动提高选民的政治觉悟。加强对村民民主选举知识的普及，并进行教育培训来增强民主选举意识。当村民们开始意识到自己才是选举活动的主角时，他们才能变主动为被动，提高参与选举的积极性。最后，法律建设与道德建设并举，共同约束村民选举过程中的行为。在换届选举开始前就应该通过各种渠道把法律法规知识传播给选民，在传播过程中要注意方式的亲民和简练，以达到强化选民法律意识的效果。村民应自觉在选举过程中行使权利，秉持全局观，用发展的眼光看问题，自觉维护集体利益，杜绝极端个人主义的发生。

3. 明晰职责权限，激发乡域自治活力

要明确村委会和上级政府二者之间的权利和义务，从而激发乡域自治活力。我国有关法律法规对村委会与乡镇政府的关系做了明确的规定，即指导和协助的关系，必须要界定二者之间的权利（力）范围以及具体事务的划分，从而避免乡镇对村委会的过度干预，做到引导、指导、宣传、执行等多位一体协同进行，构建村民委员会选举的"乡治村治"模式。政府由"指挥者"转变为"协调者"，加强协调与监管。除此之外，乡镇政府与村委会之间合作时要制定详细的流程，确保二者之间的合作有效。在民主选举的方面也要给出详尽的规定，防止政府过多参与，确保基层选举的公正性，依法保证村委会选举的民主化。

（二）以加强协商主体建设培育民主协商能力

1. 培育协商民主参与主体，增强协商参与意识

人才是第一资源，乡村中人才的流失导致协商主体的缺失，因此迫切需要汇聚人才资源，培育协商主体。首先，汇聚协商人才资源。要充分调动人员参与的积极性，加强协商队伍建设，鼓励党员、"三老"人员、返乡大学生、退役军人、回乡创业能人等加入协商队伍，充实协商民主参与主体。加

强对上述人员的培训，增进其公共精神，发挥其示范带动作用。其次，拓展协商参与渠道。利用"线下+线上"的方式，拓宽协商渠道，一方面通过入户走访，大力推行民意恳谈进乡村、进社区、进企业、进学校、进机关"五进"活动，做到协商常态化、主体多元化、过程程序化、内容实在化。同时推动各村因地制宜，通过民意恳谈会、户院会、院坝会等多元形式引导村民将对村庄发展、村庄治理过程中的意见、建议畅谈出来，然后加以协商。另一方面推动协商因时而变，因需而设。把协商从会议室搬到田间地头、林荫树下，特别是针对小范围的公共问题，通过灵活的协商形式，营造共创融洽的议事氛围。最后，注重协商选题。凡是涉及乡村设施、公共服务、社会秩序、土地征用、财务收支等与村民公共利益有关的事务，均通过充分协商讨论作出决策，议事前公开议题，议事中平等协商，议事后坚决执行，让协商真正起作用，让群众认同协商、支持协商、参与协商。

2. 加强协商主体教育培训，提升民主协商能力

协商民主的实质是实现和推进公民有序政治参与。确保公民有序政治参与协商民主的关键在于提升公民素质、扩大公民参与协商民主渠道和范围。一方面要加强宣传，利用基层大讲堂、社区教育平台等实现协商民主理论进基层、进社区、进群众，加大对协商民主的宣传力度，提升基层群众协商民主素养和能力。另一方面要广泛开展培训，培育公民积极参与政治的意识。可以直接采取外力引进的方式，从高等学校选拔那些有意愿支援农村建设的优秀大学毕业生到农村基层工作。针对乡村群众民主意识不足的问题，可以在农村设立一些农民课堂，鼓励优秀的大学生帮助村民了解国家政治时事和政策，让乡村群众真正认识到他们是国家的主人，参与政治是他们的权利，是关系到他们切身利益的。

3. 健全协商民主监督机制，助力协商落地见效

首先，要在乡村协商民主的过程中实行"观察员制度"。推荐"三老"人员、群众代表、村民小组长等人来担任协商民主过程中的观察员，观察员负责看、听、记协商民主过程，并且在必要的时候提出自己的建议。在协商之后要将协商过程和协商结果进行公示，而且要接受来自群众的问询。其

次，要有有效的政治协商公示与反馈制度。对协商过程和协商结果的公开是保证乡村协商民主稳定运行的重要方面，在通信技术不断发展的今天，可以在一些乡村试点政治协商过程采用线上直播的形式，让村民能够实时地看到各个协商代表之间的讨论状况，让群众真切地明白乡村治理和发展过程中的决策是如何出来的。此外，还要建立政治协商结果反馈制度，在决策执行过程中要给村民提供一个线上和线下的反馈平台，收集村民反映较多的问题和疑惑，以此为根据再对决策进行新一轮的磋商。最后，定期回访。坚持将群众"答应不答应、认同不认同、高兴不高兴、满意不满意"作为协商工作标准，建立走访调查、收集问题、民主会商、现场回应、交办任务、跟踪办理、通报结果的工作闭环，聚力"有事善商量"，让协商成果惠及群众。

（三）以放管结合完善民主决策机制

1. 合理统筹兼顾，树立民主决策理念

处理好服从多数与尊重少数的关系，民主决策的结果，一般是代表多数人的意见。但是，真理有时候掌握在少数人手里，对于少数人的意见同样要重视。因此，在决策过程中，既要坚持少数服从多数的决策原则，又要兼顾对少数的尊重与保护；既不能造成多数人压制少数人，甚至剥夺少数人的权利，又要维护少数服从多数的原则。处理好规范领导干部行为与提高人民群众素质的关系。党政各级领导是民主决策的领导者、组织者和实践者，他们的领导方法、民主法治观念、民主作风、依法执政的能力等整体素质十分重要，要统筹兼顾好各方意见，促进民主决策。

2. 聚焦群众需求，完善民主决策制度

制度是保障，制度须健全。民主决策要有制度作保障，科学完善的制度安排是民主决策名副其实的关键所在。在现代社会要想让一件事情常态化、规范化，离不开制度保障，民主决策亦是如此。要聚焦群众现实需求，对同群众利益息息相关的事项的决策方面，要建立社情民意反映制度，不断扩大社情民意征集范围。针对专业性技术性较强的重大事项，要建立专家咨询、专业评估制度等。

3. 拓宽监督渠道，完善决策监督机制

一切权力的运作都离不开监督，而这种监督作用必须以一定的机制作为保障，并具有强制性和约束作用。所以，必须要拓宽民主决策的监督渠道，完善民主监督机制；同时依靠完善的法律法规体系强化对决策权力的制约和监督，形成有效制约和监督决策权力运作的机制。民主决策是社会民主政治建设的一个重要内容。推行民主决策，加强民主政治建设是促进共同富裕的重要途径，是事关我国改革、发展、稳定全局和社会主义和谐社会构建的大事。我们必须不断完善民主决策监督机制，为民主决策提供坚实保障。

（四）以提高干群素质强化民主管理效能

1. 加强宣传教育，提高基层群众的政治参与素质

夯实有序政治参与的基础必须全面提升基层群众政治参与素质，提升基层群众政治参与的知识水平，满足基层群众政治参与的诉求。当前，部分基层群众缺乏关于政治参与具体途径、方式、技巧等的知识。所以，要立足当前基层群众政治知识结构的实际，通过加强宣传、开班培训等方式，并依托村（社区）党代表工作室、驻村团队、公众号、电子政务等联系群众渠道，有针对性地向村民宣传有关自身的政治权利和义务，政治参与的渠道、方法、技巧等方面的知识，提高基层群众政治参与的积极性。定期召开干部会议、党员大会和群众大会，广泛宣传、层层动员，大力开展法治教育，引导群众加强政治知识学习，提升政治参与的素质和技能。

2. 加强培训学习，进一步提升村级干部综合素质

一是注重选优配强。在换届选举中，要引导群众把有知识、善管理、致富能力强、号召力强的优秀人才选进村"两委"班子，特别是思想政治素质高和发展能力强的干部。首先，思想政治素质水平要高，这是做好本职工作的前提和保证。农村基层干部要有奉献精神和公正严谨的作风，有时刻为人民服务的意识。其次，发展能力要强，发展能力涉及科学发展意识、机遇意识、统筹发展能力、创新能力，这是带领群众进步的关键。二是注重教育培训。一方面，通过镇政府每年开展的村级干部培训班，对村干部进行全覆

盖的专业化技能培训，提高村级干部的综合素质和业务能力，增强村干部做好群众工作的能力、依法办事的能力、带领群众发展致富的能力。另一方面，经常性、常态化组织村干部到先进的基层民主管理村（社区）参观学习，在参观交流中学习，在学习交流中汲取先进经验，在以后的工作中带着新思路，主动作为，积极探索。

3. 加强分工合作，平衡好自治性与行政化的关系

一看经济基础。一般而言，经济基础越好、生活越富裕，自治主体的政治参与积极性会相对越高，村级自治自然有着力点。二看人口结构状况。人口较多、主体意识强的村，民主化强、自治效能较高。从农村长期发展来讲，自治性与行政化的平衡是二者在动态变化中的结合。构建自治下移以激发村民自治活力和行政下沉以强化基层治理能力的模式，可以成为平衡自治性与行政化的有益探索。一是自治下移，指的是把自治单元下移至村民小组、自然村层级，利用村庄"自己人"这种熟人社会认同，发挥自治主体动员和统合社会资本、社会力量参与村庄公共事务的潜能，使村庄公共事务建设意愿内化于村庄自治体之中，避免自治失效。[①] 二是行政下沉，指的是乡镇行政机构、行政人员、行政事务向行政村延伸和下沉，在行政村设立公共服务站，乡镇派出工作人员，划定工作职责，明确具体事务，完善行政村对上级乡镇的行政承接机制，使国家治理事务有效下渗到村庄肌体。

（五）以优化监督环境提升民主监督实效

1. 加快培育民主监督文化，夯实民主监督的基础

一方面积极推进当地农村基层自我教育。首先，镇政府要发力。镇政府应有意识地对村民自我教育进行引导和鼓励，并提供力所能及的帮助，如人员配置、资金支持、场地安排等。其次，要优选主讲教师。推荐或选择村里知识文化水平相对较高的人作为村民自我教育的发起者并担任主讲教师，成立一个专门负责村民再教育的非正式组织机构，并安排相关人员组织村民学

---

① 许珊：《乡村振兴视域下基层群众自治实践的困境与进路》，《南方农机》2022 年第 19 期。

习。最后，拟定村民学习的内容。主要是组织村民学习《村民委员会组织法》和一些有关村民自治的法律条文，以及有关民主监督方面的知识。另一方面加快培育当地农村基层民主文化。要大力弘扬民主文化，建立民主制度，努力祛除封建文化和官僚文化的影响。让村民们知道村务管理是大家共同的事情，并不由镇政府和村委会成员所主导。要努力改变传统官僚行政思想影响下村民们的"等要靠"思想，设法让村民们都踊跃参与到村务监督中来。

2. 推动转变思想观念，提高主体监督的能力

首先，要想方设法转变村民们的观念，提高他们参与村务的热情。上级政府要积极引导村民参与村务管理和决策，派专人去各村宣传《村民委员会组织法》，要让村民知道他们有权利参与村务的管理和决策，有民主监督的权利。其次，要加强对村民的教育，提高他们参与村务的能力。村民们利用农闲的时间，进行自我教育，大家可以相互传授村民自治的相关知识，上级政府也可以派专业人员向村民讲解村民自治、民主监督的方式方法等相关知识，以提升村民们民主监督的能力。最后，要努力解决相对贫困村民经济来源问题，确保国家相关政策落实到位，解决困难群众的生计问题。只有村民们的收入增加了，生计问题得到了解决，他们才有时间和精力去参与对村务的管理和监督，村民自治才能真正实现。

3. 加大信息公开力度，保障民主监督的实效

当前，部分地区农村基层民主监督的内容不明确，村民们不清楚该对哪些事情进行监督；同时，村民所能接触到的村务信息非常有限，无法进行有效监督。因此，相关政策除了要明确规定村民可随时对涉及自身利益的国家政策性事务进行监督外，还要明确规定村民对村里的财务、档案、公共基础设施、自然资源和选举等工作都可以随时进行监督。此外，村委会就上述涉及内容的相关信息，要及时向村民们公开，充分保障村民的知情权。

第五章 乡域法治建设

乡镇政府作为最接近民众的一级地方人民政府，其能否达到"法治政府"的标准，不仅决定了人民群众在法治政府建设中的"获得感"和"满意度"如何，而且在很大程度上决定了我国法治政府的整体水平以及建设进程如何。①《中共中央 国务院关于加强基层治理体系和治理能力现代化建设的意见》强调要提升基层党员、干部法治素养，引导群众积极参与、依法支持和配合基层治理等以推进基层治理法治建设。党的二十大报告强调，"法治政府建设是全面依法治国的重点任务和主体工程"。推进法治政府建设需要从以下三方面入手。一是"转变政府职能，优化政府职责体系和组织结构，推进机构、职能、权限、程序、责任法定化，提高行政效率和公信力"。二是"深化行政执法体制改革，全面推进严格规范公正文明执法，加大关系群众切身利益的重点领域执法力度，完善行政执法程序，健全行政裁量基准"。三是"强化行政执法监督机制和能力建设，严格落实行政执法责任制和责任追究制度"。②

随着城镇化的不断推进与群众需要水平的不断提升，乡镇政府作为最贴近群众的一级基层政府，一方面，其法治建设往往需要将具体工作落实到乡域、村庄（社区）与群众的各个层面，以满足乡域各个主体对于法治的需要。另一方面，其法治建设需要不断优化，形成多维度、高质量的覆盖乡域、村庄（社区）、群众的法治运作体系。在法治政府建设过程中，乡域法治政府的建设无疑具有十分重要的意义。③党的二十大以来，结合党中央关

---

① 刘宇晖、何秉群：《乡政村治模式的多样化与法治化》，《河北法学》2017年第6期。

② 《习近平著作选读》（第一卷），人民出版社，2023，第34页。

③ 史凤林、张志远：《法治乡村建设的内涵、特征与价值》，《三晋基层治理》2022年第4期。

于基层社会治理的最新要求以及地区实际，不少地区在依法行政、普法宣传、法治教育、法律服务等领域进行了改革创新，取得了不小成效，同时仍面临不少挑战。本章力图真实、全面、立体地展示乡域法治建设取得的进展、面临的挑战、做出的探索，试图从中发掘今后乡域法治建设的发展路径，以期对各地进一步加强乡域法治建设有所助益。

一　乡域法治建设：进展情况

2022 年，全国乡域法治建设稳步推进。总体来看，近年来，我国乡镇政府依法行政体系日益健全、法律普及实践机制不断健全、基层法律保障机制日趋完善，为推进法治政府建设、贯彻依法治国方略打下良好基础。

（一）政府依法行政情况

1. 党领导法治体制

坚持乡镇党委对乡镇法治工作的全面领导是保证乡镇法治建设方向不跑偏、法律服务能力不断提升的根本保障。2021 年中共中央、国务院印发的《法治政府建设实施纲要（2021—2025 年）》明确指出"坚持党的全面领导，确保法治政府建设正确方向"是法治政府建设的主要原则。全国各乡镇（街道）依照《法治政府建设实施纲要（2021—2025 年）》总体要求，按照党委总揽全局、协调各方的原则，全面健全"一把手"负总责的体制机制，把党的领导贯彻到依法治乡镇（街道）建设的全过程和各方面。在优化依法治乡镇（街道）机构设置、配套工作意见、健全规则制度的基础上，充分发挥乡镇（街道）党组织议事协调、牵头抓总作用，有效实现了法治建设各方面工作有机衔接、协调联动，"关键少数"以上率下的引领带动作用得到充分发挥，进一步理清了责任链条，拧紧了责任螺丝，提高了履责效能。

2. 综合执法体系

综合行政执法是综合执法与执法权下沉两项改革工作的有机结合，同时也是对条块分割的传统管理体制的一次全面革新，有助于明确属地管理责任，在权责对等的基础上发挥基层政府与组织的治理优势。全国各乡镇（街道）围绕推进政府治理体系和治理能力现代化，立足突出行政执法工作的统筹协调指挥职能，按照属地管理、条块结合的原则和缩短执法半径、提高管理效率的工作思路，下移执法重心，划清源头监管、后续监管、末端执法的界限。规范协调、精简高效、保障有力的行政执法体制和运行机制提高了乡镇（街道）和业务主管部门行政执法协作配合能力，规范了乡镇（街道）综合执法行为。2022 年，福建省将乡镇（街道）综合行政执法改革纳入全省乡镇（街道）机构改革中整体谋划，明确乡镇（街道）"一支队伍管执法"的改革要求，对县级市场监管所、自然资源所、林业站等县级派驻机构及人员，实行县直部门、乡镇（街道）双重管理，整合乡镇（街道）现有站所、县直派驻机构执法力量和资源。目前，按照"机构单设，编制专用"的改革思路，全省设置乡镇（街道）综合执法机构 1046 个，核定人员编制 8459 名。通过"减县补乡"方式，持续加大编制统筹和执法人员下沉力度，全省共计下沉 3295 名执法人员。[1]

3. 司法工作机制

司法所作为司法行政机关的最基层单位，具有扎根基层、贴近群众的优势，是基层公共法律服务的直接提供者，在整个公共法律服务体系建设中起着承上启下、统筹协调的重要作用。乡镇（街道）司法所工作在乡域法治建设工作中的角色地位愈发被重视。近年来，全国各乡镇（街道）司法所依照司法部印发的《司法所规范化建设三年行动方案（2022—2024 年)》，主动作为、积极履职，在推进基层政府依法决策、依法行政中发挥着越来越重要的作用。乡镇（街道）司法所的行政执法监督职能、行政复议应诉职能愈发重要。面对乡镇（街道）司法工作的现实需求，各乡镇（街道）纷纷着手建立完善司法所协调法治工作机制，扎实推进司法所长列席政府

---

[1] 《福建省委编办稳步推进乡镇"一支队伍管执法"改革》，中国机构编制网，http://www.scopsr.gov.cn/shgg/xzzf/202310/t20231024_387632.html。

办公会议制度，乡镇（街道）司法工作机制不断健全，司法工作效能不断提升。苏州市持续推进规范化建设和分类建设，是乡镇（街道）司法所设立和运行情况最好的地区之一。截至 2023 年 1 月，苏州市木渎镇设有司法所 91 个，约九成司法所业务用房独立，已认定 27 家"标杆司法所"和 19 家"高标准司法所"，办公面积、经费、人员力量、信息化设施等基础保障持续提档升级。① 司法所实行乡镇人民政府（街道办事处）和县（市、区、旗）司法局双重管理，司法局负责司法所所长任命、政法专编管理、业务指导，乡镇人民政府（街道办事处）负责工作经费、办公场所及设施设备保障等。

4. 组织制度保障

坚实的组织制度设计是推动法治政府建设、提升乡域法治能力的重要保障，是推动各级立法、执法、司法机关党组（党委）加强领导、履职尽责的必然要求。2022 年 3 月十三届全国人大五次会议修改的《地方各级人民代表大会和地方各级人民政府组织法》（以下简称《地方组织法》）对法治政府建设作出了新规定。《地方组织法》立足国情，坚持问题导向，系统梳理和全面反思地方制度中存在的薄弱环节，有针对性地对地方政府职权进行补充完善，将改革需要遵循的原则以及成熟的改革成果上升为法律规定。《地方组织法》完善了地方政府职权和工作方面的有关规定，明确了地方政府根据工作需要和优化协同高效以及精干的原则设立必要的工作部门，明晰了乡镇（街道）法治建设的权力分配与职能划分。法治政府建设是全面依法治国的重点任务和主体工程，是推进国家治理体系和治理能力现代化的重要支撑。推进法治政府建设，完善地方政府职权，是最新的《地方组织法》的一大亮点。新修订的《地方组织法》总结党的十八大以来推进依法行政、建设法治政府的实践经验，第四章由原来的 15 条增加到 28 条，新增了 13 条（占总体新增条数 21 条的 61.9%）。从地方政府建设的原则，到地方政

---

① 《基层法治建设存在问题与对策分析——基于苏州市 20 个镇（街道）法治工作情况的调研》，苏州市司法局网站，https://sfj.suzhou.gov.cn/sfj/fzdy/202301/47d38a11240b4ae6ab3aea429634dc30.shtml。

府机构设置、职权充实，到制定规范性文件的程序规范，再到基层政府与基层群众性自治组织关系的理顺，《地方组织法》贯彻落实了党中央关于加快构建职责明确、依法行政的政府治理体系的要求，为法治政府建设、法治能力提升提供了强有力的组织法保障。

（二）法律普及实践情况

1. 干群法治素养

干部与群众的法治素养是乡镇（街道）普法工作成效的最直观体现，也是依法治国、依法执政的重要社会基础。全国各乡镇（街道）根据《中央宣传部、司法部关于开展法治宣传教育的第八个五年规划（2021—2025年)》文件要求，将农业农村系统普法第八个五年规划与年度计划相结合，与日常宣传、主题宣传相结合。面向农民与干部的工作机制不断完善，实现了农业农村普法教育点面结合、突出重点、全面推进。在干部法治教育方面，各乡镇（街道）紧紧围绕"三农"工作全局，谋划和开展法治宣传教育，使法治宣传教育工作更好地服务农业农村经济发展，使普法宣传始终与法治实践同步推进，提高了农业农村系统干部依法行政能力。在群众法治教育方面，各乡镇（街道）广泛开展群众性法治文化活动，采取寓教于乐的形式，使农民群众在法治文化氛围中受到法律知识和法治理念的熏陶，增强了农民群众依法维护权益的意识。通过多种形式的普法宣传活动，传播了法律知识，弘扬了法治精神，培育了法治信仰，推动了法治实践。在乡域形成了全民尊法学法的浓厚氛围，为乡域法治能力提升营造了良好环境。截至2022年底，全国共设立法治文化主题公园3500多个、广场1.2万多个、长廊3.4万多个。① 以杭州市富阳区灵桥镇普法宣传工作为例，2022年，灵桥镇开展大型普法宣传活动3次，法治讲堂进乡村5次，受教人数达1300余人；开展干部法治教育活动6次，受教人次达733

---

① 《全国共设置法治文化主题公园3500多个》，光明网，https://m.gmw.cn/2021−06/07/content_1302345236.htm？source＝sohu？source＝sohu。

人次。累计悬挂普法宣传横幅 89 条，发放各类普法宣传册 3500 余册、图版 45 套。①

2. 普法骨干队伍

一支讲政治、敢担当、善作为的普法工作队伍有利于整合普法工作力量、提升普法工作效率和效能。中央宣传部、司法部、民政部、农业农村部、国家乡村振兴局、全国普法办公室联合印发的《乡村"法律明白人"培养工作规范（试行）》为规范推进乡村"法律明白人"培养工程，着力培养一支群众身边的普法依法治理工作队伍提供了基本制度性指导。"法律明白人"，是指具有较高法治素养和一定法律知识，积极参与法治实践，能发挥示范带头作用的村民。全国各乡镇（街道）围绕加快推进基层治理体系和治理能力现代化，全面开展"法律明白人"培养工作，充分发挥"法律明白人"在宣传政策法规、开展法律服务、化解矛盾纠纷、参与基层治理中的示范引领作用，推动基层形成办事依法、遇事找法、解决问题用法、化解矛盾靠法的浓厚氛围，为实施乡村振兴战略、推进法治乡村建设提供了法治保障。"法律明白人"利用平时接触群众、走近群众的机会，收集群众关心的热点、难点问题，运用法治思维解决矛盾问题，提升了基层社会治理建设效能，推动实现了基层社会治理"微循环"。依托村（居）公共法律服务室和人民调解室，"法律明白人"积极参与土地、婚姻家庭、赡养等领域的矛盾纠纷调解工作，有效引导群众遇事找法、解决问题用法。截至 2023 年，全国共培育乡村"法律明白人"383.9 万名，25 个省（自治区、直辖市）实现每个行政村有 3 名"法律明白人"，基本实现了"法律明白人"在每个行政村的全覆盖。②

3. 普法实践机制

"纸上得来终觉浅，绝知此事要躬行"，普法工作绝不是"纸上谈兵"，完善的普法实践机制是检验普法工作效能，切实提升干部法治素养、群众法

---

① 资料来源于《杭州市富阳区灵桥镇人民政府 2022 年度法治政府建设工作总结》。
② 《我国基本实现"法律明白人"在每个行政村的全覆盖——推动法治在乡村落地生根》，《人民日报》2023 年 12 月 8 日。

治认识水平的重要保障。乡域法治建设需要法治依据，乡村振兴更需要法治实践。通过推进法治乡村建设为乡域建设、乡村振兴添效能，是"送法下乡"工作的出发点。"送法下乡"活动通过向农民普及法律知识，让农民了解自己的权利和义务，从而增强了他们的法律意识。这既使得农民更好地维护自己的合法权益，又降低了乡镇政府开展执法工作的难度。乡域法治建设中的"送法下乡"实践一是促进了农村地区的稳定和发展。"送法下乡"活动帮助农村地区建立良好的法治环境，维护了社会秩序和稳定，为农村地区的经济发展提供有力的保障。二是降低了农民的诉讼成本。"送法下乡"活动可以帮助农民了解法律程序和法律渠道，避免因为不懂法律而导致的诉讼失败或者时间和金钱的浪费。同时，"送法下乡"活动为农民提供免费或者低成本的法律服务。三是增强了法律的可接受性和公信力。"送法下乡"活动可以让法律更加贴近农民的实际生活，让法律变得更加易懂和可信。例如湖南省大学生"送法下乡"实践，2022 年寒假期间湖南省司法行政系统引导大学生志愿者抢抓时机、创新形式、精准发力，以村庄普法工作为中心，在各级乡镇（街道）的协调配合下掀起了乡村普法新高潮，共组织省内外高校 1.45 万名大学生走访群众 25 万余户，开展活动 2.8 万余场次，发放资料 270 余万份，惠及群众 510 余万人，人民群众法治获得感得到提升。①

（三）乡域法律保障机制

1. 法律服务网络

健全的乡域法律服务网络是深度融合的组织基础。中共中央办公厅、国务院办公厅印发的《关于加快推进公共法律服务体系建设的意见》为优化乡镇公共法律服务提供了基本指导，全国各乡镇按照文件要求将法律服务有效地向基层延伸，乡域律师事务所和公证处得到发展。乡镇（街道）一级

---

① 徐箐梓、夏拓：《湖南省将全面实施"1+1+N"行动 打出基层普法依法治理提质增效"组合拳"》，湖南长安网，https://www.hnzf.gov.cn/content/646848/95/13699582.html。

法律援助服务点基本实现了基层村居法律服务的全覆盖，形成了一小时（半小时）法律服务圈，欠发达地区法律服务资源不足问题得到了一定程度缓解，为乡域企业、有实力的律师事务所走出乡镇提供了强有力支撑。截至2022年底，全国共建成村级公共法律服务实体平台54.9万个，依托司法所建立乡镇（街道）公共法律服务工作站3.8万个，60多万个村（社区）配备法律顾问，公共法律服务热线、中国法律服务网全面建成、规范运行。前述活动开展以来，全国各级各类公共法律服务平台已为1083万余人次提供涉农法律咨询服务。①

2. 法律服务领域

与全面深化改革密切相关的法律服务工作取得可观成果，为促进完善我国基本经济制度、健全城乡发展一体化体制机制、建设社会主义民主政治制度、推进文化体制机制创新、推进社会事业改革创新、建立系统完整的生态文明制度体系等提供了法律保障。乡镇（街道）法律保障机制更好地服务经济持续健康发展，律师执业试点不断扩大，知识产权、金融等新兴民商事业务领域得到拓展，都为市场在资源配置中起决定性作用提供了有力法律保障。各乡镇着力服务保障和改善民生，立足乡域公共服务体系重点领域——教育、就业、社会保障、医疗卫生、住房保障、文化体育等的法律服务得到拓展，为实现乡域社会和谐稳定，健全完善法律服务人员参与信访、调解、群体性案（事）件处置工作机制提供了法律保障。数据显示，2022年全国法律援助机构共组织办理农民和农民工法律援助案件83万余件，惠及农民和农民工近96万人次。② 与此同时，持续开展"公证进乡村"活动，拓展乡镇（街道）法律服务领域。截至2022年底，全国公证机构在乡村公共法律服务工作站（室）设立公证咨询联络点12万余个，通过视频公证、巡回

---

① 《我国已建成村级公共法律服务实体平台54.9万个》，中国政府网，https://www.gov.cn/lianbo/bumen/202306/content_6886658.htm。

② 《2022年全国法援机构为农民和农民工提供法律咨询355万余人次》，司法部网站，https://www.moj.gov.cn/pub/sfbgw/zwgkztzl/2023zt/20230719fzxcjcx/yw20230719/202307/t20230721_483190.html。

办证、定期办证等为农村群众提供"就近办"公证服务 46 万余件，依法为受援人减免公证费用 13.47 亿元。[①] 全国司法鉴定机构共提供涉农环境损害司法鉴定服务 5724 件，为涉农纠纷提供法医临床、文书、痕迹等鉴定服务 10.5 万件，依法为受援人减免鉴定费 24.75 亿元。[②]

3. 法律服务方式

传统服务方式得到创新，各行各业能够严格按照法律规定规范代理诉讼和仲裁的执业流程、执业标准和执业行为，法律顾问和非诉讼的服务方式、服务内容和服务标准实现创新、优化。综合性服务方式得到创新，法律服务资源实现有效整合，衔接法律服务流程实现优化，构建了一批乡域综合性一站式法律服务平台。创新了信息化服务方式，搭建了法律服务信息化平台，畅通连接乡域各村、社区的法律服务信息化网络，研发适合于互联网推广的标准化法律服务和法律援助项目。以江西省各乡镇（街道）的法律服务数字化建设为例，其依托远程法律服务"乡乡通"工程，利用 5G、大数据、云视讯等信息技术，以乡镇（街道）司法所为主体，建设远程法律服务中心 1273 个，建立起集法律援助、人民调解、法治宣传、法律咨询等于一体的线上可视化公共法律服务平台。安装 4K 高清视频终端 1569 台，偏远地区乡村群众在当地的司法所就能与城市的法律服务工作人员进行视频会面，打破了城乡空间限制，开创了"全网覆盖、互联互通、网上申请、视频会见、在线互动"的远程法律服务新模式。2022 年，全省各乡镇（街道）有 80 多万乡村群众通过远程法律服务"乡乡通"平台，享受到了"家门口的法律服务"。[③]

① 《2022 年全国法援机构为农民和农民工提供法律咨询 355 万余人次》，司法部网站，https://www.moj.gov.cn/pub/sfbgw/zwgkztzl/2023zt/20230719fzxcjcx/yw20230719/202307/t20230721_483190.html。
② 刘亮：《全国共有 60 万个村（社区）配备法律顾问》，经济日报网站，http://jingjiribao.cn/static/detail.jsp？id=462426。
③ 《江西：以公共法律服务数字化推进法治乡村建设》，司法部网站，https://www.moj.gov.cn/pub/sfbgw/fzgz/fzgzggflfwx/fzgzggflfw/202304/t20230418_476551.html。

二　乡域法治建设：当前挑战

当前乡域法治建设普遍存在着法治重视程度不够、机构运行机制不完善、法治建设水平不平衡、机构权责配置不合理等现实挑战，严重阻碍了乡域法治建设水平的提升与乡域法治现代化进程的推进。

（一）依法办事能力有待提升

1. 相关机构的运行机制尚需健全

有些乡域虽然实现了乡镇（街道）党委法治建设议事协调机构全覆盖，依法治乡镇（街道）办公室也全部设立，但协调推动法治建设的办公室的工作运行、组织协调、请示报告、信息通报、督促落实等制度机制还没有健全，制度规范化建设有待推进。推动乡域法治部署在依法行政、支持司法、守法普法等各领域落实落地的机制还有待进一步建立。依托乡镇（街道）司法所具体负责协调推进、督促检查乡镇（街道）法治建设工作的运行机制还需要探索。党的十九大明确提出，到 2035 年法治国家、法治政府、法治社会要基本建成，三者相互联系、相互支撑、相辅相成，法治国家与法治政府不能脱离法治社会而单独存在。依照《宪法》规定，村民委员会和居民委员会是基层群众性自治组织，村民委员会、居民委员会与基层政府之间不是直接的上下级关系。但在不少地方，村民委员会在相当程度上成了乡镇政府的下级单位，乡镇政府干预村民自治的事情也时有发生。这在客观上会影响法治社会的建设，也会影响到法治政府，特别是乡域法治政府的建设进程。

2. 行政机关对法律法规研究不深

推动依法行政，关键在人。但少数基层公职人员法治素养薄弱，用法能力堪忧。有的对法律要件、程序不了解、不熟悉，在处理行政事项时，存在瑕疵甚至错漏。有的在开展行政执法时标准不一，滥用自由裁量权，造成隐患和矛盾。在提升政府部门依法行政水平方面，重庆市潼南区在 2022 年率先建立起行政监管前端的行政许可案卷评查制度，但"运行之初，就暴露出不少问题"。潼南区政务服务管理办公室负责人介绍，不少部门领导和工作人员对法律知识、法定程序、规范化执法文书都不熟悉，甚至不会用，"有的案卷不看不知道，一看吓一跳，瑕疵、问题五花八门。某上级监管部门下达的一份文书，出现引错法律等 6 处硬伤"。① 一些基层部门在执法过程中对程序、裁量权把握不当，处理问题简单粗暴，导致企业和个人合法权益受到侵害。重庆市人大常委会 2022 年开展的一次法治政府建设情况调研显示，一些领域行政执法规范化、稳定性不够，如安全生产领域存在"一企出事、众企关停、全体整治"的现象。生态环保领域存在执法检查标准不统一的情况，如对家具生产企业的环保执法，有乡镇（街道）要求经技术改造实现环保达标则行，有乡镇（街道）则直接要求企业搬离。一些职能部门行政执法重实体、轻程序，如对行政处罚、行政决定文书不按规定程序送达，遇到当事人拒收时留置送达不规范，以至于在司法审查时，因程序不合法被撤销。

3. 行政机关办事的程序意识不强

行政程序是指政府机关行使行政权力，作出行政行为所应遵循的方式、步骤、顺序和期间的总和。科学的行政程序既保证政府机关合法、公正、高效地行使职权，又保障公民、法人和其他组织对政府行政过程的了解、监督和参与，是依法行政、民主行政、科学行政、高效行政的重要内容，是实施依法治国基本国策的必然要求。近年来，虽然立法部门针对政府的重要行政行为制定了如《行政处罚法》《行政许可法》等程序性法规，湖南、山东两省也先后出台了地方性的行政程序规定，但从全国来看，行政程序建设整体发展并不平衡，依然缺乏统一性、配套性和规范性。树立正确的程序观念是加强行政程序建设的前提，由于历史传统、现行体制等原因，程序意识淡薄，重实体法、轻程序法，漠视程序、违反程序等现象仍然不同程度存在。乡镇政府及其他行政机关依法行政中存在的问题和不足主要体现在如下几方

---

① 《不愿、不会、不便，基层依法行政为何这么难瞭望》，《瞭望》，2021 年第 2 期。

面一是思想认识不到位，法律意识较淡薄，部分行政机关工作人员依法行政的意识和能力有待进一步提高。二是行政执法目的有利益化趋势，重大行政决策机制有待进一步完善推进。三是行政执法重实体、轻程序，对程序的正当性关注较少，审查程序把握不够严格。四是基层行政执法力量相对不足，行政执法人员素质和执法队伍建设有待进一步提高和加强等。

（二）法治教育机制亟须完善

1. 干群法治素养建设重视程度不够

我国法治建设在加快推进，但与此同时人们的法治观念却仍有待进一步提高，政府工作人员也不例外。部分政府工作人员法治观念较差，集中体现为重长官意志、轻法律规定，重上级指示、轻法治原则，重行政效率、轻行政程序。这一问题在基层政府工作人员中表现得较为明显，不仅不少基层政府工作人员没有接受过正规的法学教育，而且也较少接受法治培训。乡镇政府工作人员的法治观念不强，法治思维和依法行政能力存在欠缺，这对乡域法治政府的建设造成了阻碍。部分基层领导干部对法治建设在维护社会稳定、营造良好的发展环境、促进社会和谐等方面的作用认识还不够深入，习惯于把经济建设当作"硬任务""硬指标"，把法治建设当作一时难见成效的"软任务"，对法治建设重视不足，运用法治手段和方法处理问题、解决矛盾、推动方法的意识不是很强。部分司法所主观上对机构改革后新职能认识不足，对于推动党委、政府依法决策的意识不强。查阅司法所履职情况报告、调研文章等，多为加强诉源治理、加强教育管理、加强普法宣传、加强法治文化阵地建设等工作内容，对法治统揽、依法行政等方面的总结近年才有所涉及。

2. 农民法治素养教育工作效能不高

乡镇政府的农民法治素养教育工作存在以下三个方面的问题。一是农村法治宣传教育力度不够，供给不足。首先，"单兵作战"模式较为突出。有的农村基层政府、组织对法治宣传教育的重要性认识不足，法治宣传的重要工作实际上多由公检法等机关完成或者由基层司法所综治干部承担。"单兵作战"模式下法治宣传工作难以发挥整体效应，力度、效果不佳。其次，农村法治宣传教育工作的经费投入不足。由于基层政府、组织对法治宣传教育存在思想认识上的缺陷，因此在县、乡、村三级政府的财政投入上明显不足，间接导致普法工作难以持续开展。二是农村法治宣传教育形式单一，缺乏新途径、新方法。目前来看，农村法治宣传教育的方法方式比较单一，新的办法不多，大多是采取挂横幅、贴标语、写黑板报、设置宣传橱窗、散发宣传资料、进行现场咨询等方式，较少运用现代化信息手段，忽略了现代信息手段、媒体手段对法治宣传教育所起到的作用，如较少在电视节目等载体上宣传法律知识。通过挂横幅、贴标语进行宣传，可能造成农民只知法律名称而不知其内容。至于分发的宣传资料，虽然内容详细，但很多普法对象根本不看，看也未必能看得懂。三是农村法治宣传教育内容泛化，缺乏针对性、有效性。当前农村法治宣传教育从内容的位阶上看，上至宪法，下至村规民约，缺乏针对性，对广大农村群众的生产生活经营的关注度不够，所起的作用效果不大。因此，在丰富宣传教育形式的基础上，进一步将宣传内容具体化也显得至关重要。尤其应结合"农业、农村、农民"问题，真正使农民群众将法律运用到农业生产、农村生活中，通过合法途径解决邻里纠纷，从而减少矛盾纠纷的产生，维护农村和谐稳定。

3. 干部法治素养教育工作力度不强

党的十八届三中全会提出推进国家治理体系和治理能力现代化这个重大命题。习近平总书记指出："真正实现社会和谐稳定、国家长治久安，还是要靠制度，靠我们在国家治理上的高超能力，靠高素质干部队伍。"① 党的十八届四中全会提出，全面推进依法治国的总目标是建设中国特色社会主义法治体系，建设社会主义法治国家。政治路线确定之后，干部就是决定的因素。习近平总书记谈到："各级领导干部作为具体行使党的执政权和国家立法权、行政权、司法权的人，在很大程度上决定着全面依法治国的方向、道路、进度。党领导立法、保证执法、支持司法、带头守法，主要是通过各级

---

① 《习近平著作选读》（第一卷），人民出版社，2023，第180页。

领导干部的具体行动和工作来体现、来实现。"① 乡镇（街道）领导干部在推进依法治国进程中发挥了重要作用，但同时，在现实生活中，不少乡镇领导干部法治意识比较淡薄，干部法治素养教育工作力度不够，乡镇领导干部有法不依、违法不究、知法犯法等现象依然存在，特别是少数乡域领导干部不尊崇宪法、不敬畏法律、不信仰法治，崇拜权力、崇拜金钱、崇拜关系，一些地方和单位被搞得乌烟瘴气，政治生态遭到严重破坏。当前，少数法治工作人员违纪违法问题依然存在，个别执法司法人员丧失职业底线，与违法犯罪分子沆瀣一气，甚至充当黑恶势力"保护伞"，严重损害人民群众利益，损害法治队伍形象，迟滞法治政府建设进程。

（三）法律服务机制亟待优化

1. 法治服务总体水平不平衡

推动基层政府依法行政、依法决策的能力和水平差距较大。有的乡镇（街道）虽然设立立法民意征集点，但连年没有征集到群众立法建议，有的乡镇（街道）规范性文件合法性审核工作力量不强。从乡域法治建设实例来看，昆山市淀山湖镇、太仓市沙溪镇等是"强镇扩权"试点镇，当地政府十分重视依法行政制度建设，镇法治建设各项工作制度健全，镇司法所作为政府"法律顾问"，职能发挥也比较好。相比而言，未作为试点的其他乡镇（街道），其各项工作制度不甚健全，法治服务存在以下两点问题。一是专职调解员缺失。地方调解工作小组及调解工作中心的调解员普遍由司法局或信访部门工作人员兼任，本职工作和矛盾调解任务难以兼顾。个人调解工作室的调解员一般由缺少专业性法律知识的单位退休老干部、老党员担任，难以有效应对高难度、专业性强的矛盾调解事项。二是多元承接主体缺乏。政府聘请专业律师满足区域内法律咨询需求，但从公共法律服务市场准入条件看，除了律师事务所或执业律师组织之外，难以筛选出组织架构、服务队伍、专业水平、注册资金等各方面都符合政府购买标准的其他社会组织。政

---

① 《习近平关于全面依法治国论述摘编》，中央文献出版社，2015，第120页。

府购买公共法律服务的选择范围受限，公共法律服务项目承接主体较为单一。

2. "小马拉大车"问题较突出

权责法定是法治政府的基本要求，而权责匹配更是法治政府建设的应有之义。但就乡镇政府而言，却时常面临权责不匹配的问题。乡镇政府作为我国最基层的政府，在法律层面的权力非常有限。依照《宪法》以及《地方组织法》的规定，乡镇人民政府不设职能部门，各单行法律在授予政府机关执法权的时候，也均是授予县级以上政府工作部门。但在实际的工作当中，却普遍实行"属地责任"，即要求乡镇政府对属地事务承担责任。这种"大责任"与"小权力"之间的不相匹配实际上造成了乡镇政府"有责无权"的尴尬局面。乡镇（街道）司法所存在人员力量小、变动大、机构级别低的问题。司法所要履行统筹法治建设和推动依法行政等职责，统筹、监督、协调、推动地位较高的其他机构依法决策、执法，天然地面临较多困难和劣势。与此同时，机构改革后司法所职能增加，但人员力量一般没有相应增加，乡镇（街道）往往将司法所作为招人的入口和锻炼人的阵地，人才冒头后常抽调至其他部门。司法所政法专编中法学专业人才比例偏少，很多工作人员对依法决策、依法行政等具体实务了解有限。部分地区虽然开展综合执法监督检查工作，但因为没有抓手，没起到实实在在的效果。

3. 缺乏独立开展工作基础条件

一些乡镇（街道）基层法律服务所不具备独立开展工作的基础条件，对当地司法所有强烈依赖，即无论办公场地、办公设备还是组成人员，都与司法所保持着千丝万缕的关系。这种情况会导致如下问题。一是破坏司法所在行政调解或者人民调解中的中立性原则。由于司法所承担着某些行政调解和处理的职责，同时大多又为人民调解委员会的成员，如果司法所人员参与了某一纠纷的调解或处理，在该纠纷调解不成或者一方对处理不服之后，又以基层法律服务工作者的身份作为一方的代理人参与诉讼或非诉讼，这种角色的"两面性"会使司法所在调解上的中立性原则无法得到保证。二是基层法律服务所缺乏自我发展的动力。由于司法所实施的是双重管理体制，因此作为公务员的司法所人员兼任基层法律服务工作者，实际上要受到"双重制约"。由此，基层法律服务长期无法遵循市场规律运行，从而导致基层法律服务失去了自我发展的动力。三是法治政府的建设离不开法治人才，法治人才的匮乏在一定程度上掣肘了我国的法治政府建设。越往基层，法治人才匮乏的现象就越明显。法治人才的匮乏，让诸多推进法治政府建设的制度在乡镇政府的施行面临难题，如规范性文件审查制度、重大决策的合法性审查制度、行政执法的三项制度等。除此之外，乡镇政府在利用外部法治力量方面也存在着较多的困难，如难以聘任到能够胜任政府法治工作的律师事务所，难以聘请到高水平的法律专家等。法治人才的匮乏直接阻碍了乡镇政府的法治政府建设进程。

三　乡域法治建设：典型案例

（一）上海市金山区护塘村："四张清单"制度探索"三个到底"机制[①]

上海市金山区护塘村坚持村务工作制度与机制两手抓，通过程序清单明确办事流程，通过责任清单明确村干部职责，通过制度清单规范重要事项准则，通过考核清单建立村干部评价体系，并对村干部、村民小组长、骨干党员服务群众实行"三个到底"工作机制，不断提高村务工作标准化规范化水平，推动村务工作提质增效。上海市金山区漕泾镇护塘村位于西杭州湾畔，区域面积5.29平方公里，辖21个村民小组和1个动迁安置小区。在市政项目建设过程中，部分本村村民搬离原本居住村庄，一些外村村民入住动迁安置小区，由护塘村实行属地化管理，情况纷繁复杂，村务工作难题重重，村委会独立性弱，工作不够规范，村干部往往"头疼医头、脚疼医脚"，个别村干部还存在办事不公、优亲厚友等问题，逐渐引发群众的不满

[①] 本小节参考农业农村部合作经济指导司《第一批全国乡村治理典型案例丨上海市金山区护塘村：建立"四张清单"制度 探索"三个到底"机制》，农民日报公众号——中国乡村治理，https://mp.weixin.qq.com/s/g2gqFKBqAe3gLbz5ayBP7g。

和不信任。为此，护塘村结合村情实际，逐步探索实践"四张清单"村域治理模式和"三个到底"工作方法，提高服务群众的工作效率，提升乡村治理制度化规范化水平。

1. "四张清单"提高村务工作标准化规范化水平

一是程序清单明确办事流程。程序清单着眼于实现村务管理标准化，核心是要明确规定村级重要事项的步骤和程序。"凡是涉及村民切身利益的事情，都要让村民一起来参与决策"，这是护塘村"程序清单"对日常村务工作的基本要求，也是他们探索村民自治的重要一步。护塘村通过梳理村级重要事项，遵循有效精简和便民利民原则，对部分事项进行归并和分类，列出村级重要事项清单25项，绘制每个事项办理的程序流程图，明确事项的名称、实施主体、办理流程、运行过程的公开公示等内容，让百姓一目了然。二是责任清单明确村干部职责。责任清单着眼于解决村干部"干什么"的问题，重点是明确自治组织和村干部必须履行的职责和承担的责任，厘清干部职责边界和履职内容。护塘村根据法律法规制定了责任清单118项，涵盖了党风廉政建设、精神文明建设、社会宣传和社会事业管理等26个方面，并进行责任细分。由于严格执行责任清单，搬迁过程中发生的老人赡养和财产分割矛盾，都在村干部的帮助下得到了妥善解决。三是制度清单规范重要事项准则。制度清单着眼于解决基层干部"不作为、乱作为"问题，关键是明确涉及村民利益的重要事项制度规定。目前，制度清单涵盖基层民主、为民服务、项目建设、社会稳定等8个方面，并细分出38项具体制度。2022年护塘村结合"村管社区"治理模式，建立村干部联系走访村民机制，将村行政管理区域划分为5个块区，由5名村干部分别对口联系，通过定期走访，及时发现问题、解决问题。修订完善了《村民自治章程》和《村民公约》，明确规定村民的权利和义务，提高村民的责任意识。四是考核清单建立村干部评价体系。考核清单着眼于基层干部行权履职成效，实现村务管理规范化精细化。结合年度目标管理考核，以工作实绩为中心，科学设置考核评价体系，按照"可量化、能落实、好检验"的原则，强调监督、检查、考核同步，综合评估工作进展和阶段性成效。目前，考核清单涵盖社会治理和发展、基层组织建设、专项和重大建设等 5 个方面，具体考核细则 30 项。考核清单的推行，打破了以往"大锅饭"的局面，村干部年收入进一步拉开差距，最高和最低的相差超过 5 万元。

2. "三个到底"推动村务工作提质增效

为了进一步增强村干部服务群众的责任感、使命感，在"四张清单"的基础上，护塘村探索形成"三个到底"工作机制，在处理许多棘手问题时事半功倍。2022 年初，100 多名村民因防护林搬迁项目到镇政府表达诉求，护塘村立即启动"三个到底"工作机制，按照服务网格分工，分头深入村民家中开展宣传，及时了解村民诉求，做到情况政策上通下达，在解决好村民合理合法诉求的同时，也对村民提出的超范围诉求进行了解释，有效避免了事态扩大，仅一周时间，村民们自愿签订了安置房购买协议，矛盾得到了妥善化解。

3. 制度与机制两手抓，治理取得明显成效

推行"四张清单"制度和"三个到底"工作机制，不仅把村干部权力关进制度的笼子，更是把村民权利放出笼子，不仅从道德上倡导干部责任担当，更从制度上规范其行权履职，解决了基层干部"不作为、乱作为"问题，人民群众的满意度和获得感得到了显著提升。一是健全了村级事务管理机制。村干部的程序规则意识和依法办事能力得到明显提升，村民参与村务决策、反映诉求的渠道得以畅通，村级事务管理更加科学有序。在土地征用安置劳动力工作中，依照程序清单，村民直接参与，再也没有出现为争城镇职工基本养老保险名额闹得不可开交的现象。二是规范了基层干部行权履职。通过梳理"四张清单"，对各项"土权力""小微权力"进行分类、界定和固化，不仅提高了村级办事的透明性和规范性，也给基层干部上了一道"紧箍咒"。近年来，护塘村抓住大市政项目建设的机遇，安装了 129 杆路灯和 52 个高清监控摄像头，增加了对 70 周岁以上农业户口人员的补助等，全部严格按照流程办事，有效避免了行政和人情等外部干预。三是完善了村域治理监督体系。在考核清单的总体框架下，逐步建立起群众监督、村监会监督、上级部门监督有机统一的三级监督体系。坚持对"四张清单"实行

动态更新并及时公开。针对"五违四必"环境整治工作，建设"公开墙"，将全村违建情况上墙公开，在村干部和党员的带动下，村民积极配合参与并进行监督，在全区率先成功创建"无违建"村。

（二）贵州开阳县龙岗镇：党建引领干部法治素质教育工作[①]

党的十九大作出了实施乡村振兴战略的决策部署，开启了农业农村现代化建设的新征程。推进乡村振兴是新时代赋予乡域干部的使命，对乡域干部的素质提出了新的更高的要求。因此，提高乡域干部素质，培养懂农业、爱农村、爱农民的"三农"干部队伍，对实施乡村振兴战略具有重大而深远的意义。

1. 坚持党委对法治政府建设的领导

成立依法治镇领导小组，多次召开镇党委会和专题推进会，对法治政府建设各项工作进行部署调度。定期听取法治政府建设工作汇报，进一步明确法治政府建设年度目标、工作任务和具体措施，并将法治政府建设列入政府工作报告、年度工作要点，强力推进工作落实，确保法治政府建设有效推进。

2. 统筹调度，加强法治政府建设督察和考核

通过召开专题会议听取工作汇报、行政执法部门行政执法检查等方式，推动政府规范决策、部门规范执法。抓住"关键少数"，落实学法用法制度，夯实领导干部法治责任。全面落实《党政主要负责人履行推进法治建设第一责任人职责规定》，在制度上夯实筑牢领导干部推进法治建设的责任。坚持通过中心组集体学习、专题培训等多种形式，深入学习习近平法治思想和宪法、行政法等法律法规，通过深入系统的学法活动，党员领导干部运用法治思维和法治方式深化改革、推动发展、化解矛盾、维护稳定的能力明显提升。

---

① 本小节参考《龙岗镇2022年度推进法治政府建设工作情况报告》，开阳县人民政府网，ht-tps://www.kaiyang.gov.cn/zwgk/zdlyxxgk/ggflfw/202403/t20240329_84015971.html。

3. 强化政治理论学习

坚持以习近平新时代中国特色社会主义思想为指导，认真学习贯彻党的二十大精神，深入学习贯彻习近平法治思想和习近平总书记"七一"重要讲话精神。推动干部认真学习习近平法治思想，将法治学习作为一项基础性工作来抓，积极组织乡镇（街道）班子成员主动学法用法。进一步强化法治意识，切实提高党员干部法律素质和依法行政能力。在学习过程中率先垂范，通过自学和参加集中学习等形式，学习《宪法》《民法典》《保守国家秘密法》《生产安全事故应急条例》等相关法律法规，同时积极带动，形成全镇党员干部学法懂法用法的良好氛围。

4. 多形式组织学习培训

干部带头落实党委理论学习中心组学法制度，加强干部法治教育培训，组织干部职工参加公职人员法律知识考试，通过宣传栏、专题讲座、法律咨询、派发宣传资料等形式扩大宣传范围，增强广大干部群众的法律意识，促进全镇形成知法守法、依法办事的良好氛围。2021 年，龙岗镇党委理论学习中心组集体学习 13 次，全镇共开展大型法律宣传活动 12 场，接待法律咨询 500 余人次，派发宣传资料 5 万多份（册）。

5. 带头做守法公民

在日常生活中推动干部带头维护宪法法律权威，坚持依法办事，用党章党规党纪规范干部的言行，做好遵纪守法的表率，避免在工作过程中出现知法犯法，执法不严等现象，做到既不"缺位"也不"越位"，在知法、懂法、守法的基础上依法行政。

（三）广东省惠州市：一村一个法律顾问提升法治乡村建设水平①

惠州市强化乡村治理的法治保障，为每个村安排一个专业律师作为法律顾问，协助村委会制定、修改和完善村规民约等，把基层民主自治导入法治

---

① 本小节参考农业农村部合作经济指导司《第一批全国乡村治理典型案例丨一村一个法律顾问 提升法治乡村建设水平——广东省惠州市探索法治乡村新路径》，农民日报公众号——中国乡村治理，https://mp.weixin.qq.com/s/mO6bpD55KfANBM0xoNxCag。

轨道，引导农民办事依法、遇事找法、解决问题用法、化解矛盾靠法。"一村一个法律顾问"，为农村法律服务短缺问题提供了解决思路，是农村法治建设的地方创新实践，补齐了乡村治理中的法治短板。

惠州市位于广东省东南部，属珠江三角洲东北、东江中下游地区，辖2区3县，设有大亚湾经济技术开发区和仲恺高新技术产业开发区两个国家级开发区。针对乡村法律纠纷频发、农村社会利益冲突凸显、农村基层干部和村民法治意识有待提升与法律知识相对缺乏的现实，惠州市积极落实法治为民行动，全面推行"一村一个法律顾问"，充分发挥律师的专业优势，采取法律咨询、法律援助、普法宣讲等方式，化解农村矛盾、解决各种纠纷、维护农民集体及村民的合法权益，增强农村干部群众的法治意识，提升法治乡村建设水平，促进乡村治理体系和治理能力现代化。目前517名村法律顾问对接全市1166个村，实现了"一村一个法律顾问"全覆盖。

1. 整合资源，实现村庄与律师无缝对接

统筹法律服务资源，惠州市司法局充分整合、统筹本地区的法律服务人才资源，建立市直律师事务所对口援助法律服务资源贫乏县（区）制度，确保法律服务的平衡性、协调性。建立双向选择制度，由县（区）司法局在合适的范围内公布有关律师事务所、律师的基本信息和近年来的业绩、信誉等情况，充分听取村委会及群众的意见，由村委会与律师事务所、律师进行双向选择。举办"律师助力乡村振兴推进法治环境建设"研讨会，倡议律师行业助力脱贫攻坚，组织80名律师参加"法援惠民助力乡村振兴"活动，开展"千名百场送法律服务下基层"结对帮扶。

2. 明确职责，把法律服务送到田间地头

为了让优质的法律服务进村入户，惠州市明确了村法律顾问的六种角色。基层普法的宣讲员，开展法治讲座和法治宣传，结合实际以案说法。法律文件的审查员，免费为乡村基层组织审查合同文件、村规民约，为基层群众起草法律文书。乡村依法自治的引导员，引导村民积极参加乡村治理活动，帮助村民依法办事，发挥村民在基层社会治理中的主体作用。化解矛盾纠纷的调解员，协助乡村基层组织处理经济纠纷、调解各类矛盾、提供法律援助，引导群众通过合法途径表达诉求。幸福乡村的建设员，通过创新服务内容和服务方式，全面服务于乡村当前重点、难点、热点工作，为"美丽乡村·三大行动"建设、乡村建设规划、传统古村落保护、农村集体产权确认和登记、"政经分离"等工作提供法律服务。社情民意的信息员，通过广泛接触农民群众，和农民群众交朋友拉家常打成一片，了解掌握不稳定因素的苗头，及时向有关部门反馈。

3. 强化指导，多措并举提升基层依法治理水平

一是成立工作协调小组，强化对村法律顾问日常工作的指导。二是建立村法律顾问工作联席会议制度，多部门共同研究解决工作中遇到的问题。三是加大经费保障力度，确保服务工作正常运行。2012 年起村法律顾问律师工作补贴经费纳入市、县（区）财政预算，省财政自 2014 年开始按每村每年 5000 元标准下发专项经费，目前村法律顾问经费已提高至每村 1.4 万元，其中 1 万元为工作补贴，4000 元为办公费用。四是制定经费使用管理办法，对村法律顾问工作补贴的发放对象、发放标准、办公费用的使用管理和发放程序进行规范，提高经费使用效益。

4. 打造平台，深化拓展服务功能

一是打造"法德共治"平台。充分发挥村法律顾问的作用，针对基层法治薄弱环节和群众对法律的需求，定期到村开展法治宣传，围绕社会主义核心价值观和法治故事开设"法德讲堂"，其与"道德讲堂"相辅相成、相得益彰，成为村民普法、传法和弘扬道德文化、培养道德观念的新载体。截至 2022 年底，全市村法律顾问共开讲 2550 场次。[①] 二是打造科技化服务平台。建设"惠州 E 普法"平台和县区各类网上法律服务平台，组织村法律顾问律师进驻提供服务，群众足不出户就能得到方便快捷的公共法律服务。

---

① 《一村一顾问 村村办讲堂——广东惠州探索法治乡村新路径》，广东省农业农村厅网站，https://dara.gd.gov.cn/sbnyblm/content/post_2594124.html#:~:text=2017%E5%9B46%E6%9C%88%E4%BB%A5%E6%9D%A5%EF%BC%8C。

5. 助力乡村治理见成效

一是增强了基层干部群众法治意识。截至 2019 年 3 月，惠州市村法律顾问共开展法治宣传讲座 23329 场次，有效增强了基层干部群众的法治意识和学法用法守法的自觉性。二是满足了基层法律服务需求。村法律顾问为村里各种经济、社会活动提供法律服务，有效防范了法律风险，为基层群众处理经济社会事务提供法律援助，截至 2023 年底已完成法律咨询 22.6 万次，提供法律援助 4247 次，维护了村民的合法权益。① 三是维护了基层社会和谐稳定。村法律顾问运用专业法律知识，协助调解各类矛盾纠纷 19675 宗，有效维护了基层的和谐稳定。② 四是推进了基层"三治"有机结合。村法律顾问协助村委会制定、修改和完善村规民约等，把基层民主自治导入法治轨道，对推动农村依法开展自治工作，实现法治、德治有机统一起到良好促进作用。

四　乡域法治建设：完善路径

法治是治国理政的基本方式，是国家治理体系和治理能力的重要依托。乡域治理法治化水平直接影响着国家治理现代化水平，也影响着社会主义法治国家建设。针对乡域法治建设各个具体内容面临的挑战，要在法治主体责任落实、干群普法工作效能提升、服务供给多维、法治数字化建设的基础上分类施策，推动乡域法治能力现代化进程。

（一）以落实法治主体责任提升政府执法能力

1. 落实法治建设第一责任人员职责

落实法治建设第一责任人员职责是保证乡域法治建设方向、优化乡域法

---

① 《一村一个法律顾问 提升法治乡村建设水平》，中国农村网，http://journal. crnews. net/ncjygl/2019n/d7q/bqch/928733_20190705034029. html。
② 《一村一顾问 村村办讲堂——广东惠州探索法治乡村新路径》，广东省农业农村厅网站，https://dara. gd. gov. cn/sbnyblm/content/post_2594124. html#:~:text=2017%E5%B9%B46%E6%9C%88%E4%BB%A5%E6%9D%A5%EF%BC%8C。

治建设效能的重要举措。党政主要负责人作为推进法治建设第一责任人，应当切实履行依法治国重要组织者、推动者和实践者的职责，贯彻落实党中央关于法治建设的重大决策部署，统筹推进科学立法、严格执法、公正司法、全民守法，自觉运用法治思维和法治方式深化改革、推动发展、化解矛盾、维护稳定，对法治建设重要工作亲自部署、重大问题亲自过问、重点环节亲自协调、重要任务亲自督办，把本地区各项工作纳入法治化轨道。乡域法治建设现代化工作应以法治素养提升工程为抓手，健全党政主要负责人履行法治建设责任的"履职纪实"机制，形成"落实—记录—督察—反馈—整改—推进"工作闭环，切实压实第一责任人职责，持续提升主要负责人履行法治建设第一责任人职责的意识和水平。认真开展习近平法治思想专题学习、专题报告、专题研讨、专题培训"四个专题"活动，加强推进领导干部学法、考法、述法，落实行政复议、行政诉讼败诉案件责任追究制度，强化基层领导干部法治意识，做尊法、学法、守法、用法的表率。

2. 不断完善基层法治建设考核制度

完备的基层法治建设考核制度是规范乡域法治建设、落实乡域法治建设主体责任、提升乡域法治建设效能的必然要求。把法治建设成效作为衡量各级领导班子和领导干部工作实绩重要标准，纳入政绩考核指标体系，严格考核，严格落实奖惩，特别是针对法治政府建设这个法治建设的主体工程和核心任务，要设计有针对性、有操作性、有实际内容的考核机制，增加法治建设考核权重比例，设计实实在在的抓手，注重运用法治督察手段，约谈、通报等刚性措施，把计划、组织、控制、协调、监督、考核制度优势发挥出来，凝聚各方力量共同推动基层法治建设。进一步强化示范创建的引领、示范作用，注重发挥法治政府建设的带动作用，将行业创建和地域创建结合，将经得起实践检验、获得各方面广泛认可的基层法治建设先进典型选树出来，大力宣传推介，以点带面、辐射全镇，不断带动法治建设水平整体提升。

3. 优化乡域法治建设履职工作指导

乡域法治工作者的依法行政意识和能力深刻影响着乡域法治建设效能，

因此，优化乡域法治建设履职工作指导对于提升法治工作者依法行政能力、提升乡域法治能力具有关键作用。大力提高镇（街道）依法行政意识和能力，明确基层法治工作人员履职能力清单，加强基层履职保障，对法治审核、执法监督、行政复议等司法所新职能作出明确清晰指引规定，加强"软实力"打造。乡镇（街道）要建立领导班子学法、专题法治讲座和集中培训等制度。要制定法治培训计划，定期组织乡镇（街道）和村（社区）工作人员参加法律知识培训。全国各乡域应以习近平新时代中国特色社会主义思想为指导，深入贯彻落实习近平总书记重要讲话精神，严格按照国家和省市县法治政府建设的部署要求，把政府工作全面纳入法治轨道，不断提高依法决策、依法管理、依法行政水平。形成符合实际的法治建设工作评价激励机制，指导督促各地持续进行针对性整改落实，在下一个评估年度重点评估存在问题有无进展和改进，切实引领、规范、激励基层法治建设工作推进。

（二）以优化干群普法工作效能推进民众守法

1. 发挥司法部门具体负责作用

乡镇（街道）司法所，是法治建设最末端的基础载体，影响着法治建设的整体质量。"司法所的设置更是我国司法行政制度的一大显著特色，它使司法行政机关扎根在广大人民群众之中，直接承担宣传群众、服务群众的使命"，① 作为一个基层机构，它既承担着基层司法行政职能，也需要在日常工作开展中协助处理乡镇（街道）行政事务。

乡域法治建设现代化的趋势是推动司法所向前发展，随着综合执法改革的推进，"谁执法谁普法"普法任务的下移，规范性文件的增多，投诉量、诉讼量的增多，基层法治工作只会增强，不会削弱，要求会越来越高。要深刻认识到推动基层法治建设的重要性和紧迫性，正确认识到基层法治建设形势，盯紧提升乡域法治建设水平目标，发挥好司法所作为法治建设"基础

---

① 郝赤勇：《我国司法行政制度及其改革发展》，《中国司法》2011 年第 9 期。

平台"作用，进一步明确司法所职能定位，探索健全依托乡镇（街道）司法所具体负责协调推进、督促检查乡镇（街道）法治建设工作机制，保护和引导乡镇（街道）党政办等中枢运转机构参与协调法治建设工作的积极性，建立司法所长列席镇长（主任）常务会议制度，推进法治乡镇（街道）、法治政府、法治社会一体建设迈上新台阶。

2. 加强基层法治人才队伍建设

将留好、用好当地法治人才和培养引进相结合，为基层法治人才成长营造良好条件是乡域法治能力建设的必然要求。适应法治统筹、乡村振兴和综合执法改革需要，强化基层一线人才资源和力量配备，加大向基层倾斜力度。引导法治人才深入镇村社区，鼓励律师队伍到基层提供服务，注重发挥政府法律顾问作用。加大人员培训力度，提升依法治理、合法性审核、执法监督等工作能力，做法治建设的"行家里手"。鼓励法治人才深入司法所等基层一线实践，推动司法所做基层法治人才培养和使用的"黄埔军校"。

建设高素质法治队伍，必须紧抓职业道德建设，坚持激励约束并重，用纪律规矩规范职务执业行为。一要培育新时代法律职业精神。教育引导广大法治工作者树立坚定的政治立场，厚植真挚的为民情怀，坚持正确的价值取向和崇高的职业追求。健全新时代职业道德准则、职业行为规范，加强职业良知、职业伦理、职业操守、职业荣誉教育。认真落实《关于进一步规范司法人员与当事人、律师、特殊关系人、中介组织接触交往行为的若干规定》，完善职业道德评价机制，促使法治工作人员养成崇尚法治、理性公允的职业品格。充分发挥律师协会自律作用，监督律师严格遵守职业道德和职业操守，强化准入、退出、惩戒、管理制度建设。二要健全制约监督机制。针对容易滋生腐败的重点领域、岗位和环节，合理分解、科学配置权力，在加强监督的同时，进一步强化制约制度机制建设，充分发挥其防患于未然的功能作用，真正实现"不能腐"。完善领导班子议事规则和决策程序，落实岗位职权利益回避制度、家属禁止性从业等规定，坚决堵住权力寻租、利益输送漏洞。充分发挥决策咨询、评估论证、公开听证等约束作用，健全程序性制约监督制度和权力运行体系。三要坚决惩治执法司法腐败。深入开展政法队伍教育整顿，加强纪律规矩教育，严肃查办关系案人情案金钱案等突出问题，持之以恒正风肃纪，构建权责清晰的执法司法责任体系，一体推进不敢腐、不能腐、不想腐。严厉惩处滥用职权、贪赃枉法、以案谋私、违法违规减刑假释暂予监外执行、充当"司法掮客"等行为，坚决清除充当黄赌毒、黑恶势力等保护伞的害群之马。

3. 深化基层社会治理"三治"融合

推进"三治"融合，是新时代乡村治理体系建设的重要目标，也是乡域法治能力提升的重要举措。《中共中央 国务院关于加强基层治理体系和治理能力现代化建设意见》指出，要充分发挥自治章程、村规民约、居民公约在城乡社区治理中的积极作用，弘扬公序良俗，促进法治、德治、自治有机融合。应该看到，作为乡村治理体系的三要素，自治、法治、德治既相互联系、相互交融，又在手段上具有明显的差异性。在新时代乡域社会治理中，要有效推进"三治"融合，必须做到以下"三个强化"。一是强化党建引领。党建引领是有效推进"三治"融合的政治保证。新时代乡村治理是一个以基层党组织为核心，以基层经济组织、群团组织、社会组织、自治组织等为实施主体的组织体系。农村基层党组织是党在农村全部工作和战斗力的基础。二是强化协同运作。协同运作是有效推进"三治"融合的目标指向。只有实现协同运作，才能真正发挥"三治"融合的最大治理效能。在新时代乡村治理中，要实现自治、法治与德治的协同运作，就必须在目标、资源、机制三个方面下功夫。三是强化方式创新。方式创新是有效推进"三治"融合的生命力所在。在新时代乡村治理中，要推进"三治"融合的方式创新，就必须大力弘扬新时代"枫桥经验"，聚焦乡村治理的重大现实问题，探索适合不同乡村社区需要的自治、法治与德治新方式。

在具体实践中应把推进"三治"融合作为法治建设在基层的重要着力点，发挥好司法所作为法治建设"基础平台"的作用，推动基层法治建设与社会主义核心价值观、公民道德实践相融合，深化基层民主法治示范村（社区）创建，统筹运用各类法治资源，推动司法所更好履行立法民意征集，乡镇（街道）重大行政决策、规范性文件、政府合同、重大事项的合法性审查和综合执法监督等职能，同时推动村（社区）承担起推动"三治"融合的主体责任，形成"三治"融合基层治理新格局。

（三）以多维服务供给提升乡域法治保障能力

1. 培育服务供给主体加大法治保障力度

多样化的服务主体是减轻乡镇（街道）法律服务压力，提升法律服务效能的重要举措。党的十八大以来，乡镇政府学习借鉴"枫桥经验"，积极推进人民调解工作室、村（居）法律顾问等相关政策的落实，积极探索基层社会矛盾多元化解机制。但当前，矛盾纠纷调解主体存在"一人多职""一人多岗"现象，难以有效应对复杂工作挑战。为此，需要推动基层矛盾调解主体多元化发展，鼓励和支持多元社会主体参与到人民调解和法律顾问的工作中来。一是优化人民调解队伍结构。根据纠纷类别建立专业性、行业性人民调解委员会，加强专职人民调解员队伍建设；同时，在健全三级人民调解网络的基础上，优化人民调解员队伍结构，提高人民调解员的专业技术水平和业务能力。二是培育公共法律服务承接主体。一方面，依法设立具有社团法人资质的社会化人民调解组织，壮大以法学教师、在校研究生、退休司法干部等为主的法律顾问候选队伍。另一方面，充分发挥行业协会组织在调解特定类型纠纷中的作用，不断加大政府向社会组织购买法律服务的力度，积极引导社会组织发展成为承接人民调解工作和提供村（居）法律咨询等公共法律服务的重要力量。

2. 丰富服务供给内容提升法治保障效果

不断丰富法律服务供给内容是满足人民群众日益增长的法律服务需求，提升人民群众幸福感、获得感的重要举措。但当前，基层矛盾纠纷调解存在一些问题。一是重调解轻预防。部分基层调解员对于矛盾纠纷的预防工作缺少主动性。二是重赢利轻公益。政府发给驻点律师的工作补贴远低于律师服务的市场价格，加上基层矛盾调解工作"低回报高强度"特征，影响了部分驻点律师法律服务工作的实质效果。三是重人情轻法治。少数调解员仅依靠个人威望和传统道德规范对矛盾纠纷的当事人进行劝说协调，难以应对复杂矛盾纠纷，更与基层社会治理法治化趋势不相符。

公共法律服务供给要克服上述问题，需要坚持"三结合"。一是预防和调解相结合。探索公共法律服务中基层社会矛盾化解与法治宣传、法律援助、司法救助等模块之间的关联性，积极开展普法宣传，引导人民群众规避利益纠纷，减少矛盾纠纷的产生；同时，积极开展各类矛盾纠纷隐患排查工作，做到"小事不出社区、大事不出街道、矛盾不上交、就地化解"，大力提高基层矛盾纠纷化解的工作绩效。二是公益性和市场性相结合。对于婚姻家庭、物业纠纷、相邻关系、机动车交通事故等民间纠纷的调解事务，由社会化、非专业化人民调解组织负责；同时，最大限度发挥律师在特定类型案件调解中的专业优势，将律师调解或顾问等工作限定在商业纠纷等专业性强的领域，实行"以案定补"机制，合理规定咨询费用，既尊重律师服务的有偿性，也兼顾法律服务的公益性，满足人民群众对法律服务的多样化需求。三是德治和法治相结合。党的十八届四中全会指出，强化法律在维护群众权益、化解社会矛盾中的权威地位。这要求我们要以多种形式推进普法工作，提高基层人民调解员的法律素养，强调道德与法律的结合，更好地运用法治思维和法治方式化解基层矛盾。

3. 强化服务供给动能巩固法治保障成果

法律服务供给能力的不断强化是优化乡域法律服务效能，巩固现有的法律服务保障成果的关键举措。推动基层矛盾化解是一项长期性、基础性的工作。只有公共法律服务供给稳定，才能持续有效化解基层社会矛盾。但当前，制度保障、经费保障缺乏，公共法律服务供给长效机制不足。首先，矛盾化解缺乏制度保障。个别地方政府尚未将公共法律服务体系建设纳入社会发展规划，对基层矛盾纠纷化解工作缺乏科学的方案设计以及监督管理。其次，矛盾化解缺乏经费保障。不少地方政府针对社会化人民调解员和村（居）法律顾问的经费补贴在街镇"维稳"经费或者司法所工作经费中支出，限制了人民调解员的培训和相关宣传工作开展。

公共法律服务作为基层政府化解基层矛盾的重要抓手，要建立保障公共法律服务体系运行的长效机制。首先，制度体系完善。一要明确公共法律服务体系建设的组织领导，明确矛盾纠纷排查、化解、上报等环节的责任主体，坚持"条块结合"的管理原则，搭建基层社会治理的部门合作机制。二要强化过程监管机制，实行规范化的考核机制，优化基本公共法律服务的供给质量。三要优化项目资金使用的审计和监督机制，确保公共法律服务经费专款专用，保障人民调解工作室制度和村（居）法律顾问制度的有效运作。其次，财政保障法治化。以法律形式明确将公共法律服务体系建设纳入地方政府整体规划，构建以政府财政投入为主，以社会各界公益性捐赠、资助为辅的多渠道经费筹集机制，提高单项法律服务人均补贴额度，保障公共法律服务的持续精准供给。

（四）以数字化为路径推进法治智慧治理建设

1. 着眼于基层治理现代化的现实需要

在新发展阶段推进基层治理体系和治理能力现代化，必然要求加快数字政府建设，促进政府治理数字化转型，将互联网、大数据、云计算、区块链等数字、信息技术广泛应用于政府管理服务，推动政府工作网络化、数字化、智能化运行。加快推进数字政府建设，将包括数字技术在内的信息科技发展形成的技术优势，转化为政府管理服务的更大效能，为推进基层治理体系和治理能力现代化提供有力支撑。

推进政府治理数字化转型，加快数字政府建设进程，应当强化数字治理理念，正确认识和处理数字化与现代化、科学化、民主化、法治化的关系。数字化是现代化的迫切需要，是科学化的必然要求，应当与民主化、法治化相统一，在政府治理数字化转型中贯彻科学民主法治原则，不断加强数字民主建设，深化数字法治实践。《法治政府建设实施纲要（2021—2025 年）》明确提出建设数字法治政府的任务，突出法治政府"智能高效"的基本特征，这就需要统筹数字政府、法治政府建设，推进数字与法治在治理思维、理论、制度和工具上深度融合，以数字化赋能法治政府建设，以法治化赋能数字政府建设。统筹推进数字政府与法治政府深度融合，根本在于加强数字科技、法治规范交汇协同于基层治理体系和治理能力现代化进程，将数字造就的技术优势与法治引领的制度优势结合起来，使其更大程度地转化为政府治理、基层治理效能。

2. 坚持乡域法治政府建设的整体走向

将数字政府、法治政府建设聚焦于政府与经济社会关系是提升乡域法治建设能力的关键所在。在新发展阶段上推进数字经济和数字社会高水平建设、高质量发展，迫切需要加快推进政府治理数字化转型，广泛运用数字技术，充分释放数据价值，优化政府职能体系，完善履职能力体系，重塑行政组织结构，再造管理服务流程，变革治理方式机制，在数字化治理中实现更好管理更优服务，以数字治理促进更加有为政府的建设，为数字社会高水平建设和数字经济高质量发展提供有力支撑。

信息科技突飞猛进掀起的数字化浪潮，无疑带来了政府与经济社会关系的重大变化。数字化浪潮深刻影响着经济生活方式和发展趋势，形成规模化、业态化数字经济，但并不改变经济生活受市场规律约束、受国家法律规制以及必须坚持有效市场、有为政府相统一的逻辑，市场经济是法治经济的逻辑适用于数字经济形态，这就必然要求与数字经济发展相适应的数字政府建设在法治轨道上运作。数字化浪潮同样广泛影响着社会生活方式和变化趋势，带来了社会治理结构的深刻变动，形成数字社会治理新形态，但数字社会、数字政府建设不能偏离法治国家、法治政府、法治社会一体建设的轨道，这就要求在法治轨道上扎实推进政府治理数字化转型。

3. 坚守数字正义价值体系的基本底线

数字政府、法治政府建设统一于数字正义的价值体系是提升乡域法治建设能力的基本原则。适应基层治理体系和治理能力现代化的需要，一体建设数字经济、数字社会、数字政府，推进政府治理数字化转型，必须坚持将数字政府、法治政府建设统一到数字时代以正义为核心的价值体系上。数字、信息科技发展成果广泛应用于政府管理服务，需要在数字治理中权衡好权力与权利、管理与服务、制度与技术的关系，以数字正义为核心塑造数字化时代包括民主、人权、善治在内的社会价值体系，并建设与之相适应的数字法治。

统筹推进数字政府、法治政府建设，应当遵循由数字正义、数字治理、数字法治同构的数字善治逻辑。一是以数字化、法治化推进政府治理走向善治，加快推进政府治理数字化转型，必须坚持人民至上和以人为本，恪守数字正义和数字法治，将传统公平正义观念融入政府治理数字化转型。二是以良法善治原则指导数字政府、数字经济、数字社会一体建设，坚持数据治理和治理数据并进、数字管理和数字服务并行、信息安全和信息权益并重。三是推动技术创新和制度创新互联互动、相辅相成，消除"数字孤岛"，管控数据风险，正视数据垄断、算法歧视、"数字鸿沟"等突出问题，加强立法规制，依法依规监督制约数字权力。四是以数字正义、数字法治引领和规范算法和代码等塑成的数字秩序，促进数字联通、数据贯通、信息畅通，推进技术、业务和数据融合，打造泛在可及、智慧便捷、公平普惠的数字化服务体系，为人民群众提供用得上、用得起、用得好的数字服务，让亿万人民共享数字科技发展、数字法治建设和数字政府善治成果。

第六章　乡域德治建设

国无德不兴，人无德不立，德治是中国社会治理中的重要组成部分，具有丰富的内涵。2019 年中央一号文件指出，加强乡村治理能力很有必要，要在党的领导下以自治、法治、德治相结合的领导体制和工作机制为抓手，开展乡村治理工作。党的二十大报告指出："中华优秀传统文化源远流长、博大精深，是中华文明的智慧结晶，其中蕴含的天下为公、民为邦本、为政以德、革故鼎新、任人唯贤、天人合一、自强不息、厚德载物、讲信修睦、亲仁善邻等，是中国人民在长期生产生活中积累的宇宙观、天下观、社会观、道德观的重要体现，同科学社会主义价值观主张具有高度契合性。"① 其中，"为政以德"是中国政治传统中的核心理念，这也为我国的德治建设指明了方向。党的二十大报告强调，要"实施公民道德建设工程，弘扬中华传统美德，加强家庭家教家风建设，加强和改进未成年人思想道德建设，推动明大德、守公德、严私德，提高人民道德水准和文明素养"。② 新时代乡域社会治理中的德治，既应继承中国古代传统德治的精华，又应赋予其显著的时代特征和丰富的时代内涵。

在国家治理能力现代化的全局中，基层治理是基础，乡域治理是基础的基础，乡域德治作为现代乡域治理体系不可或缺的一环，是探索中国式乡域治理现代化道路和实现乡村振兴的应有之义。乡镇政府是最贴近群众的一级基层政府，随着中国特色社会主义进入新时代，乡域社会的治理也发生了重要变革，公民道德建设的内涵不断延展，道德建设的实践需求也持续增长，乡域德治建设正面临着复杂的乡土环境，如何应对乡域社会中的核心价值观

---

① 《习近平著作选读》（第一卷），人民出版社，2023，第 15 页。
② 《习近平著作选读》（第一卷），人民出版社，2023，第 37 页。

乡土化受阻、乡风文明建设动力不足、乡贤参与建设受限的挑战是推进乡域德治建设需要突破的难题。党的二十大以来，结合党中央关于基层社会德治建设的最新要求以及地区实际，不少地区在社会主义核心价值观宣传、乡风文明改善、乡贤参与治理等方面进行了改革创新，取得了不少成效，同时也面临不少挑战。本章将针对乡域社会治理的德治良性运行机制总体上尚未很好建立的现状，思考新时代背景下乡域社会治理的德治如何加快形成适应新时代要求、符合人民群众利益的道德建设手段与务实管用的长效机制。探索乡域如何做好德治工作、进行德治建设，是本章的核心目的所在。

一　乡域德治建设：进展情况

2022 年，全国乡域德治建设稳步推进。总体来看，近年来，我国乡域政府核心价值观的宣传不断深入、乡风文明改善的成效不断提升、乡贤参与的格局逐渐形成，为推进乡域德治建设、实现基层治理现代化打下良好基础。

（一）核心价值观的宣传情况

1. 对新时代文明内涵的理解

社会主义核心价值观体现了价值导向的规定，是立足于中国社会层面提出的科学要求。为使社会主义核心价值观更加生动具体，党的十八大报告分别从国家、社会、个人三个层面出发，对其进行了分类，即倡导"富强、民主、文明、和谐"，倡导"自由、平等、公正、法治"，倡导"爱国、敬业、诚信、友善"。二十四字核心价值观将新时代文明内涵转化为具体的实践活动，既凝结着全体人民共同的价值追求，又蕴含着社会主义现代化的价值目标。党的二十大报告强调"社会主义核心价值观是凝聚人心、汇聚民力的强大力量"，要"广泛践行社会主义核心价值观"[1]，以习近平同志为核心的党中央采取了一系列重大举措，着力培育和践行社会主义核心价值观，

---

[1] 《习近平著作选读》（第一卷），人民出版社，2023，第 36 页。

充分发挥政策导向作用，制定出台《关于培育和践行社会主义核心价值观的意见》《关于进一步把社会主义核心价值观融入法治建设的指导意见》等一系列指导性政策文件。2022年以来，全国各地把社会主义核心价值观贯穿到日常形势宣传、成就宣传、主题宣传、典型宣传、热点引导和舆论监督中，贯穿到人民群众喜闻乐见的文化活动和文艺作品中，积极推进了社会主义核心价值观的宣传推广。如上海市松江区依托村民小学校、党员远程教育等平台，积极开展普法及科技普及等"五大教育"，提高村民整体素质，每年受教育人数达1000人次。① 以"两学一做"学习教育常态化制度化工作为契机，定期开展以习近平新时代中国特色社会主义思想及系列重要讲话精神等为内容的宣讲活动，推动社会主义核心价值观入脑、入心。

2. 新时代文明实践形式

新时代文明实践是在新的历史条件下，广大人民群众在社会主义现代化建设中积极参与、自觉践行社会主义核心价值观的实际行动，是推动社会发展进步的重要力量。党的二十大提出的广泛践行社会主义核心价值观的任务，要求我们既要在"践行"上用力，也要在"广泛"上使劲，"践行"是实质、核心，"广泛"也要兼顾。2022年以来，各地以寓教于乐、生动形象的方式传播社会主流价值、引领文明风尚，引导群众以实际行动践行社会主义核心价值观；中宣部、中央文明办也持续推进试点工作，试点单位从50家扩大到500家，各地新时代文明实践中心逐渐成为宣传理论政策的讲台、丰富文化生活的舞台、倡导移风易俗的平台，真正打通了服务群众的"最后一公里"。例如各乡党委、政府立足本乡实际，根据上级下发的各项关于培育和践行社会主义核心价值观的文件要求，着力培育和践行社会主义核心价值观，新时代文明实践活动的形式变得逐渐丰富。首先在乡党委层面，开展了《习近平总书记系列重要讲话读本》专题学习活动，深刻领会习近平总书记系列重要讲话的重大意义、科学内涵、精神实质和实践要求。

---

① 《上海市松江区井凌桥村：聚合力 增活力 破阻力 推动文明乡风落地生根》，农业农村部网站，http://www.shsys.moa.gov.cn/gzdt/202203/t20220314_6392034.htm。

其次在全乡党员干部层面，组织观看《焦裕禄》《杨善洲》等教育片及"中国梦""让阳光照亮心田"等讲座视频。最后在群众层面，在充分利用标语、横幅、专栏等传统形式的基础上，灵活运用 QQ 群、微信群等新媒体平台，并在乡政府电子显示屏上实时滚动播放二十四字核心价值观以及文明提示语。

3. 新时代文明实践活动

新时代文明实践是提升社会文明程度的现实需求，也是推动基层治理现代化的必然要求，党的二十大报告中明确指出，"中国式现代化是物质文明和精神文明相协调的现代化"。[①] 为了将物质文明建设与精神文明建设一起落到实处，2022 年以来，全国各级文明单位与新时代文明实践阵地结对共建工作迅速启动、扎实推进，各区、各有关单位积极响应、迅速落实，联合开展了形式多样的文明实践活动，因地制宜探索了契合自身实际的结对共建模式。如深圳市宝安区新时代文明实践中心与全国文明单位深圳市义工联合会共同开展"文明实践青少年讲解员培训"品牌活动，引导青少年到新时代文明实践阵地开展讲解、引导等志愿服务活动，通过"小手拉大手"，进一步推动全社会广泛参与文明实践；龙华区新时代文明实践中心联合全国文明单位深圳市行政服务大厅开展惠民惠企政策宣讲活动，解答与群众息息相关的民生业务办理的疑难问题，将便民服务送到群众家门口；光明区新时代文明实践中心联合全国文明单位深圳市晨光乳业有限公司开展"营养行社区 健康进万家"宣讲以及相关科普等活动，普及健康知识，倡导文明健康生活。2022 年以来，各地依托新时代文明实践中心和红白理事会阵地优势，发动志愿服务队开展宣讲活动，将移风易俗教育与社会主义核心价值体系教育相结合，广泛开展"倡导移风易俗、树立文明新风"、移风易俗文艺演出等系列主题活动，强化正向引导，树牢了文明新风意识。

（二）乡风文明改善情况

1. 移风易俗

首先，文明祭祀实践不断推进。随着社会进步和人们思想观念的改变，

---

① 《习近平著作选读》（第一卷），人民出版社，2023，第 29 页。

祭祀方式也在悄然发生着变化，全国各地各种创新祭扫不断涌现，这些创新祭扫以其环保、节约、文明等优点，受到各方的赞赏与支持，同时，各地也通过推广创新祭扫，积极引导民众养成好习惯，让文明祭祀蔚然成风。上海福寿园提供"云祭扫""代客祭扫"服务，并举办春市大集，提供餐饮服务，结合园区郁金香花展，给市民提供踏青休闲服务。北京市八宝山殡仪馆骨灰堂举行追思活动，工作人员为逝者敬献花篮、代诵祭文后，用"水溶祭祀"的方式寄托哀思。山东省要求各地创建"无烟陵园"，组织开展"鲜花换纸钱""丝带寄哀思"等活动，积极推广网络祭扫、鲜花祭扫、家庭追思会等新型方式。山东省威海市各乡镇推进婚丧改革，开展"双减双升"，实施"五为五进"，深化移风易俗文明实践活动。2023 年 9 月 5 日至 6 日，由威海市委宣传部、威海市民政局联合举办的公益性海葬活动举行，455 名逝者长眠大海。①

其次，丧葬改革取得明显效果。殡葬改革是破千年旧俗，树一代新风的社会变革，是推动社会文明进步，减轻群众丧葬负担的重要途径。功在当代，利在千秋，进一步深化殡葬改革、推进绿色殡葬，是贯彻落实"绿水青山就是金山银山"理念的必然要求，是保护生态环境，建设美丽乡村的必然选择。党的十八大以来，习近平总书记对殡葬工作多次作出重要指示批示，为持续推进殡葬改革提供了根本遵循。十年间，民政部加紧研究制定深化殡葬改革相关政策文件，殡葬领域顶层设计逐步完善，积极推动《殡葬管理条例》修订，殡葬基础设施建设纳入国家"十四五"规划和2035 年远景目标纲要、"十三五"及"十四五"社会服务设施兜底线工程实施方案和"十四五"民政事业发展规划，殡葬移风易俗被纳入乡村振兴战略，30 余项殡葬行业标准发布，为新时代深化殡葬改革提供了政策指引。2022 年以来，我国殡葬事业紧紧围绕建设惠民、科技、绿色、文明、生态殡葬，以创新殡葬管理机制为动力，以推动丧葬习俗改革为主线，以满足群众殡葬需求为导向，

---

① 《山东威海：深化移风易俗，倡树美德健康新生活》，威海市人民政府网站，https://www.weihai.gov.cn/art/2023/9/15/art_58817_4391730.html。

以提升殡仪服务水平为保障，全国殡葬改革的思路越来越清晰、脚步越来越坚定、措施越来越具体、成效越来越显著。如上海市松江区叶榭镇的村党总支着力于推进以"自治、法治、共治、德治、智治"为主要内容的"五治"管理模式，引导群众树立科学文明理念，用时代新风取代陈规陋习。如今，健康婚育、厚养薄葬的理念得到了村民们的认可，移风易俗被写入了村规民约，在处理散埋乱葬工作中，村民们积极配合整治，共同维护美丽乡村建设。

最后，婚俗改革成效不断增强。婚俗改革对减轻家庭经济压力、推动社会文明进步具有重要意义，一方面，婚俗改革有助于减轻家庭经济压力，改善生活水平，提高家庭收入；另一方面，婚俗改革可以改变过去的传统，推动社会文明进步，减轻家庭的负担，让家庭有更多的时间、精力和财富去发展其他方面。2020 年 5 月，民政部发布《关于开展婚俗改革试点工作的指导意见》，强调要深入开展婚姻家庭辅导服务，促进婚姻幸福、家庭和谐，开展对天价彩礼、铺张浪费、低俗婚闹、随礼攀比等不正之风的整治。2021 年 4 月，《民政部关于同意将河北省河间市等单位确认为全国婚俗改革实验区的批复》向社会公布，经地方申报、实地调研、综合评估等后，将河北省河间市等 15 个单位确认为全国婚俗改革实验区，实验时间为 3 年。2022 年以来，各地在婚姻领域移风易俗改革的大力推进，全国各地逐渐加强了对婚俗改革的宣传，乡村婚丧观念发生了大转变，为婚俗改革提供了鲜活的样板。如湖北省仙桃市胡场镇蔡滩村的红白喜事指导意见明确提出，彩礼总数控制在 3 万元以内，本村乡亲随礼一般控制在 100 元之内，至亲随礼一般控制在 200 元之内。

2. 人情风整治情况

人情风整治让老百姓的"人情"负担大大减轻，相互交往的人情味更浓，有效实现了群众对人情事项的自我约束和管理，取得了良好的社会效益。各地区各部门一方面大力推广道德超市、光荣榜等做法，对文明行为给予相应的精神激励、物质奖励，调动农民群众的积极性；另一方面全面推广积分制、数字化等治理方式，为培育文明新风注入新动能，乡音传新风，让移风易俗理念深入人心。2022 年以来，各地结合当地风土人情，挖掘非物质文化遗产、传统美德等文化因子，孵化出一批主题小品、曲艺等优质文艺作品，通过群众喜闻乐见的方式传递正能量。2021 年，全国"村晚"参与人次约 1.18 亿。[①] 2023 年，农业农村部组织的"县乡长说唱移风易俗"优秀节目展演，网络观看量超过 1025 万人次。[②] 各地为深入推进"人情风"治理工作，广泛开展宣传，动员全民参与，随着"治风"工作的深入推进，文明新风逐渐深入人心。如湖北省仙桃市充分利用报纸、电视台、"村村响"广播、微信、墙体标语等媒介宣传，各镇召开动员大会，各单位召开职工代表会议，各村（居）召开村民代表会议，层层落实宣传。

3. 社会风气培育

以德治引领社会风气，凝聚社会人心，是实施基层"软治理"的重要途径。2020 年中央农村工作会议提出，农村精神文明建设是滋润人心、德化人心、凝聚人心的工作，要绵绵用力，下足功夫。《关于进一步推进移风易俗建设文明乡风的指导意见》要求，加强农村思想道德建设，弘扬中华优秀传统美德，发挥农村基层党组织战斗堡垒作用和党员先锋模范作用，强化村民自治，创新治理方式、形成长效机制，不断改善农民精神风貌，推动文明乡风建设取得明显成效。2022 年以来，全国已有 43.9 万个行政村完成村规民约制修订，[③] 普遍充实了移风易俗相关内容和约束性措施，明确在传统礼俗和陈规陋习之间划出一条线，告诉农民群众什么是提倡的、什么是反对的。同时，全国各地大力推广文明积分、道德超市、红黑榜等做法，督促农村党员、干部以身作则带头践行移风易俗，充分发挥红白理事会、道德评议会等群众组织作用，在全社会营造弘扬新风正气的良好氛围。如天津市 3509 个行政村全部制定村规民约，其中 3479 个村成立红白理事会，覆盖率达 99%。[④] 安徽省休宁县指导村规民约制修订，提出婚事一天办结、丧事及

---

① 《基层群众文化获得感幸福感大大提升》，《光明日报》2022 年 4 月 26 日，第 5 版。
② 宁阳：《推动乡村焕发文明新气象》，《人民日报》2022 年 7 月 5 日。
③ 李婧、刘自艰：《文明乡风劲吹 激活乡村善治》，《农民日报》2023 年 3 月 2 日。
④ 《对市政协第十五届一次会议第 0631 号提案的办理答复》，天津市农业农村委员会网站，https://nync.tj.gov.cn/ZWGK0/JYTABL152022/202308/t20230809_6373222.html。

时入葬，详细规定宴席用菜数量、迎亲车辆、丧事流程。江苏省扬中市通过开展"五星文明户""道德模范""好媳妇好婆婆"等评选活动，挖掘群众身边的凡人善举和典型事迹，让好人好事上榜，为身边典型立传，引导群众见贤思齐、崇德向善，乡风文明蔚然成风。此外，浙江、贵州、山东、陕西等省利用爱心超市、文明实践基金等方式，对文明行为给予积分兑换、物质奖励和荣誉评选等激励。

（三）乡贤参与情况

1. 乡贤主体

乡贤是乡村振兴不可或缺的力量，通过党员带头，群策群力，充分调动和发挥各方乡贤力量，可以智慧地解决事情谁来干的问题。2017 年 12 月，习近平总书记在中央农村工作会议上指出，"要培育富有地方特色和时代精神的新乡贤文化，发挥其在乡村治理中的积极作用"。[1] 2018 年颁布的《中共中央 国务院关于实施乡村振兴战略的意见》也明确提出，"积极发挥新乡贤作用"，2022 年以来，新乡贤、新乡贤文化已在地方政府和基层的实践中得以重视、推进及发展，乡贤主体也不断得以扩大。如浙江省印发《关于发挥新乡贤在助推乡村振兴战略中积极作用的指导意见》，河南省开封市出台《关于在全市开展新乡贤行动助力乡村振兴的工作方案》，湖南省郴州市北湖区出台《关于实施新乡贤助力乡村振兴工作的意见》，湖北省大悟县出台《实施新乡贤培育计划十条措施》，山西省柳林县出台《关于进一步强化新乡贤文化建设的建议》，新疆维吾尔自治区昌吉市出台《关于培育发展新乡贤文化的实施方案》，等等。这充分说明新乡贤、新乡贤文化已在乡村治理中产生较大影响，也有了一定的广泛性和发展前景。近年来，宿松县高岭乡积极探索多元化社会治理方法，创新发展乡贤文化，在乡综治中心成立了新乡贤工作室，通过自上而下寻找乡贤、自下而上推举乡贤的方式，在各村推选出了 50 余位"五老"人员、优秀党员干部、乡村教师等有德行、有才

---

① 习近平：《论坚持人民当家作主》，中央文献出版社，2021，第 184 页。

能、有声望的贤达人士，组成了新乡贤工作群体。

乡贤德高望重、受人尊敬，一言一行容易被群众效仿，影响力和感召力突出，在基层治理中发挥着重要作用。2022 年以来，各地在乡贤参与乡域治理主体治理模式上进行了不断探索，取得了丰富的经验，新的乡贤主体不断涌现，促进了乡贤参与治理的发展。如宿松县高岭乡于 2022 年 7 月在村级成立了"乡贤参事会"，村民有事找乡贤，乡贤将问题收集反馈给村"两委"，乡贤成了村民的"代办员"。浙江温州通过搭建贤治参事、群治管理、社治服务三大平台，凝聚社会各方力量，构建多元治理模式。通过打造"一家两会五团"能量网络，即一个乡贤之家、一个镇级乡贤联谊会和 14个村级乡贤参事会，汇总各类乡贤近 500 人，重点培育和事团，参与基层矛盾纠纷调解；组建瑞安市曹村镇诚义爱心义工队、民安救援队等 16 支基层志愿服务队伍，志愿服务队伍覆盖全部行政村，三年来开展志愿服务累计352 场，服务群众 1 万余人次。①

2. 乡贤参与内容

乡贤工作是统一战线发挥优势、助力乡村振兴发展的一个重要举措，是新时代基层统一战线工作的有益探索实践，对于拓展基层统一战线工作领域，提升统一战线服务大局能力具有重要意义。农业农村部等九部门印发的《"我的家乡我建设"活动实施方案》提出，动员能人回乡建设，引导品行好、有能力、有影响、有声望、热衷家乡建设事业的专业人才、经济能手、文化名人、社会名流等能人，回乡参与建设。2022 年以来，在党和国家的政策指引下，地方积极鼓励、支持新乡贤参与乡村治理，不断丰富乡贤参与乡域治理的内容。例如浙江省瞻岐镇根据乡贤从事的不同领域，把乡贤分为经济发展组、文化促进组和社会管理组，分别设立镇联络人和组联络人，并组建微信群，及时收集、分享各类动态信息，建立信息共享机制。在浙江省瞻岐镇，乡贤兼任网格长、里弄长，在组织引领、网格服务、集成联系中发

---

① 《产村融合话曹村——浙江省瑞安市曹村镇乡村振兴之路》，中国农村网，http://journal.crnews.net/zgcz/2020n/d12q/930962_20201218103601.html。

挥作用，帮助调处化解各类矛盾纠纷，同时，由他们来邀请其他乡贤定期参加乡情恳谈会、专题议事会，使得乡贤间的沟通更便捷通畅。为保障乡贤联谊活动的如期开展，瞻岐镇还下拨20万元专项经费用于成员集体活动、公益事业等，做到有专人干事、有制度管事、有保障办事。

3. 乡贤参与渠道

新乡贤具有眼界宽、思路活、见多识广等优势，因此，扩展乡贤参与乡村全域治理的途径对凝聚乡贤力量、激发更多人见贤思齐，积极投身到乡村振兴的火热实践中具有重要意义。2022年以来，全国各地深入挖掘乡贤资源，开始探索"乡贤+"基层治理模式，出现了越来越多以乡土、乡情、乡愁为纽带，充分发挥乡贤在助力党的建设、环境改善、产业发展、公益事业发展等方面作用的有效实践。如浙江宁波注重发挥乡贤在乡域治理中党的作用，瞻岐镇党委、政府将乡贤作为基层全域治理的重要力量，将乡贤统战作为凝聚发展"最大公约数"的重要工作，通过实施"四大工程"，不断挖掘乡贤资源、凝聚乡贤力量、发挥乡贤作用，以乡贤大统战集聚高质量发展新动能，推进乡村全域治理。

二　乡域德治建设：当前挑战

当前乡域德治建设普遍面临着社会主义核心价值观乡土化过程遇阻、乡风文明建设推进动力不足、乡贤参与乡域德治建设受限等现实挑战，这阻碍了乡域德治水平的提升与基层治理现代化进程的推进。

（一）核心价值观乡土化过程遇阻

1. 核心价值观的培养与民众需求关联性不够

一是形式与内容脱节。社会主义核心价值观的培育和践行能否真正深入人心，关键在于其是否真正为民所需，而能否真正为民所需，关键在于其是否推动了社会问题的解决和回应了民众的切身利益关切。目前群众最关心的社会问题是食品安全、生态环境、医疗和社会保障、住房和物价、教育公平、反腐倡廉、社会诚信等，这些问题的解决直接关系到核心价值观是否被认同。培育和践行社会主义核心价值观始终不能够脱离人民的切身利益，只有让更多的人享受到社会发展带来的利益，人们才能够真正认同社会主义核心价值观，核心价值观才有感染力和凝聚力。近年来，部分乡镇在践行核心价值观乡土化过程中出现形式与内容脱节现象，主要表现为部分村委会在宣传时，虽然采取形式多样的宣传方式，如贴海报、巡回宣传，借助图书馆、娱乐文化中心等宣传，但是对宣传的内容是否被群众理解和掌握、是否与群众日常生活的实际需要联系起来没有后期跟踪和成果反馈，核心价值观的功能作用未能充分发挥，这对核心价值观乡土化的进程造成了一定的阻碍。

二是保障设施滞后。社会主义核心价值观丰富的内涵需要相应的文化载体来呈现。当前农村文化设施在党和政府的关怀下有了很大改善，如大力推进宽带工程、村村通工程，数字图书馆、休闲广场、农家书屋等文化设施和场所纷纷建立，这为提高村民的文化素质，丰富村民的文化生活创造了有利条件。但由于经费有限或管理不善，农村文化设施配备不足，农家书屋书籍更新缓慢，内容陈旧。部分电脑因没有技术人员维护，长期闲置，无人问津，沦为摆设。部分休闲广场被商业经营者长期占据等，核心价值观培育功能发挥不足。

2. 核心价值观培育的社会参与性不足

目前社会主义核心价值观的培育与践行是在国家治理视域下进行的。所谓国家治理，是指主权国家的执政者及其国家机关（包括立法、行政和司法等机关）为了实现社会发展目标，通过一定的体制设置和制度安排，协同经济组织、政治组织、社会团体和公民一起，共同管理社会公共事务、推动经济和社会其他领域发展的过程。作为国家治理的题中应有之义，社会主义核心价值观的培育与践行需要全社会的参与，但是，在核心价值观的培育和践行中，社会参与性不足。

一是大众媒体功能发挥不足。随着现代传媒逐渐兴起，中国已经开始进入大众传媒时代。报刊、广播、电视、互联网等是社会个体了解国家、了解社会信息的主要渠道，并日益成为引领和传播社会主义核心价值观的重要载体。党的二十大报告指出要"加强全媒体传播体系建设，塑造主流舆论新格局"。① 然而，目前大众传媒参与核心价值观建设的功能没有充分发挥，在市场经济环境下，一些大众传媒在利润最大化原则的驱动下，出现媒体内容庸俗、媚俗等低级甚至导向错误等问题，导致在社会主义核心价值观的传播过程中不能发挥其应有的主渠道作用。二是社会组织参与不足。社会组织是推动社会主义核心价值观传播的重要参与者，甚至成为某些领域价值观的倡导者和捍卫者，这已经为西方诸多国家的实践所验证。党的十八大以来，党中央多次强调要完善"党委领导、政府负责、社会协同、公众参与"的社会管理格局，这些政策为社会组织的生长和发展提供了有利的宏观制度环境。我国存在着众多的社会组织，尤其是改革开放以来社会组织得到了迅猛发展，各级民政部门登记社会组织超过 90 万个，其中全国性社会组织 2292个，其业务范围涉及教育、科技、文化、卫生、环保、公益、慈善等社会生活的方方面面。② 但是，由于我国还处在社会转型期，经济、政治、文化、社会、生态文明领域的体制改革尚未完成，目前我国社会组织普遍存在着功能结构和服务对象结构不尽合理、作用范围受限、相关的法制还不完善等问题。社会组织在核心价值观培育中作用发挥不足。

3. 核心价值观乡土化与乡域治理的契合度较低

社会主义核心价值观乡土化能够促进乡村精神文明建设，提高乡村治理水平。群众了解、掌握了核心价值观的精髓并转化为价值信仰、行为自觉，能够为推动乡村经济发展，构建美好、和谐家园提供精神动力。但是当前社会主义核心价值观的宣传教育仍然存在着一些不足。首先，核心价值观乡土化过程与乡域治理的契合度较低，核心价值观乡土化过程更加注重理论层面上的宣传教育，而没有结合部分乡域的实际情况，将核心价值观与乡域治理结合起来，满足群众对基本民生工程建设的需求，乡村公共卫生治理、环境绿化等问题依然存在。其次，核心价值观倡导的理念与部分群众的价值理念

---

① 《习近平著作选读》（第一卷），人民出版社，2023，第 36 页。
② 《民政部：全国各级民政部门共登记社会组织已超过 90 万个》，中国政府网，https://www.gov.cn/xinwen/2021-02/09/content_5586274.htm。

不兼容。"国家富强、民族振兴、人民幸福"作为核心价值观的核心理念，这三个层面的理念属于"尚公"层面。核心价值观乡土化的对象大部分是农民，他们关注的重点与自身生存发展密切相关，如何在看得见的物质利益"重私"层面，将"尚公"与"重私"相结合，是核心价值观乡土化面临的一个问题。加上核心价值观以官方话语传播为主，民间话语碎片化、与官方话语存在脱节的问题直接影响群众对地方政府的信任和对国家政策的支持，影响到核心价值观乡土化的进程。

（二）乡风文明建设推进动力不足

1. 传统乡村规范的道德约束力不足

伴随现代化发展，我国的社会形态也随之由传统的农业社会向现代社会转变。社会结构的剧烈变化深刻地改变了乡村原有的文化思想价值体系，冲击着乡土居民的精神世界，带来了乡土社会中前所未有的文化矛盾。乡村文化日益呈现出多元化、个性化、开放性等新特征，传统乡土社会的格局渐渐分裂，过去以血缘、家族、宗族、伦理为内容的乡村规范对乡村治理的影响渐渐弱化。"以'仁义礼智信'为核心的乡村传统文化受到了商品经济理念冲击，部分村民受到'拜金主义''享乐主义'等错误观念影响，抛弃了原有的道德教化思想，丢失了良好的社会风尚习惯，优秀传统道德文化的作用日趋弱化。"[1]

2. 村规民约作用发挥不足

"作为非正式的制度，村规民约的制定和实施有着悠久的历史，是国家正式法律规范的良好补充。村规民约在保障乡村基层民主、管理公共事务、维护社会秩序、培育村民道德、规范村民行为、协调村民间的矛盾等方面发挥着不可或缺的作用，是乡村社会治理的重要工具。"[2] 但是随着社会的发展，村规民约的局限性也凸显了出来。一是村规民约往往从个别家庭、家族

① 王甄玺：《乡村德治的困境及其完善路径》，《党政论坛》2019年第11期。
② 王甄玺：《乡村德治的困境及其完善路径》，《党政论坛》2019年第11期。

利益出发，注重家庭内部的矛盾，对乡村公共事务的调节约束力不够；二是不能满足现代社会发展要求的村规民约条款没有及时增补和修订；三是村规民约的效力发挥不够，有形成"挂在墙上当摆设"的趋势，许多被调查的行政村一直以来没有用过村规民约来处罚过村民，对违反者主要还是靠乡里乡亲进行情感说服教育，有的是不知道怎么执行和处置，有的是对村规民约的监督界定不明确，许多村民认为制定村规民约监督是村干部的事，与己无关。同时村民整体文化素质不够高、民主法治观念滞后、社会公德意识不强等因素，也在很大程度上影响了村规民约作用的发挥。

3. 乡村文化生态偏向功利化

现代化发展固然促进了经济发展，但也暴露出一些问题。传统社会中的乡土社会文化生态也发生了变化，具体表现为乡村文化生态偏向功利化。在集体活动中，部分居民以是否关乎自身利益为标准决定是否参加，对社会乡村集体等公共事业漠不关心。随着城镇化进程推进，大量乡村青年劳动力涌入城市，数千年形成的乡村文化根基逐渐改变。最新的农业普查数据表明，目前全国自然村总计 317 万个，比 2000 年时的 360 万个减少了 43 万个。①农田和村庄流转变迁，传统村落数量急剧减少，形成了大量"空心村"，留下了大量的"留守儿童"和"留守老人"并衍生出一系列的社会问题。新一代农村居民大量转入城市，农村各类人才外流，导致乡村的德治建设的根基和载体摇摇欲坠。乡村德治载体的减少，乡村文化生态发生急剧改变，使得乡村德治的推进面临困境。

（三）乡贤参与建设受限

1. 新乡贤数量不足

新乡贤是乡村社会不可或缺的治理主体，应当充分发挥新乡贤的优势和作用。但是，随着城镇化的不断发展，乡村人口大量流出。在新乡贤群体

---

① 《第三次全国农业普查结果出炉 专家：现代农业生产方式正在形成》，央广网，http://country. cnr. cn/focus/20171215/t20171215_524063365. shtml。

中，年轻的新乡贤和女性新乡贤尤为短缺，当前的新乡贤主要还是由一些退休老干部、退休教师等组成，呈现老龄化的趋势。这些人中部分由于年龄较大，较难接受新事物，在参与乡村治理中难免会出现心有余而力不足的情况。中国农村的现实发展要求更多的女性参与到乡村治理之中，然而无论是在微观层面从女性的认知意识来看，还是在宏观层面从女性可利用的社会资源来看，女性在乡村公共事务参与中都相对处于较为劣势的地位。长期存在的"男主外、女主内"的分工模式，影响了人们的潜在意识，女性参与村内公共事务的主动意识和机会不足，致使在乡村社会中女性新乡贤非常短缺。

2. 新乡贤队伍质量不高

我国农村经历了"内卷化"和"空心化"的发展阶段，对于年轻人而言，选择去往大城市既能获得更高的收入来满足自己日益增长的消费需求，也能获得更多的机遇以实现自己的人生价值与目标，这导致留在农村的大部分是老人和小孩，这些留下的人政治参与能力相对不足。此外，较村民而言，一些新乡贤虽然受到较多外界先进思想的影响，但是他们内心深处仍保留着一些传统的思想，在参与乡村治理中遇事较为保守，缺乏创新精神，害怕承担责任。还有一些新乡贤在获取一定权力后不为村民造福，反而用来为自己牟利。同时，部分新乡贤受教育水平不高，文化水平有限。他们处理乡村事务的能力主要是来自在工作或生活中积累的经验，在面临紧急或突发事件时，则会暴露出缺陷。并且，我国大多数农村地区推动新乡贤参与乡村治理还处于起步阶段，新乡贤组织运行机制不健全，对于新乡贤的标准上也莫衷一是，这便导致了新乡贤队伍出现良莠不齐的问题。

3. 新乡贤参与乡村治理的平台和渠道欠缺

全面推进乡村振兴，乡贤是不可或缺的生力军。乡贤文化作为扎根于乡村的"风土文化"，是中华优秀传统文化的组成部分，在农村滋养着一大批乡贤力量。但是当下新乡贤参与乡村治理面临着一些挑战。新乡贤包含了在各行各业取得成功的精英人才，其中包括了专家学者、商人企业家和退休干部等，他们可以利用自身所拥有的知识、技能和资金等为乡村发展带来巨大的便利。2022年以来，一些地区为新乡贤返乡提供了投资项目或创业平台，新乡贤可以充分发挥自身优势参与乡村治理。但是，我国仍然有部分农村地区并没有为新乡贤参与乡域治理创造充分条件，新乡贤参与乡域治理的条件十分有限。一些地方的乡村与在外新乡贤联系较少，甚至没有开展任何联络他们回乡的活动。部分地区由于村"两委"与新乡贤的联系和沟通不畅通，没有建立乡贤参与乡域治理的平台，致使新乡贤的参与意识较低，其发挥的作用也大打折扣。

三 乡域德治建设：典型案例

伴随着乡域德治建设的整体推进，全国各地强化道德引领作用，不断夯实乡域治理基础，涌现了一批发挥德治效能、将家文化与德治建设相结合的典型案例。这些典型案例对于全国其他乡镇（街道）优化德治建设工作提供了针对性、可操作性的宝贵借鉴。

（一）浙江桐乡市：发挥崇德向善的精神力量[①]

2013 年，浙江桐乡开始探索自治、法治、德治"三治"融合的基层社会治理模式，近年来在深入推进德治文化建设方面，通过"以评立德、以文养德、以规促德"，打造基层德治建设高地，开创了公民道德建设新局面。为帮助村民明确自身责任与义务，桐乡市将约束自身遵守道德和监督他人遵守道德外化为"道德评判团""三治积分管理""红榜排名、黑榜曝事"等机制，吸纳村里老党员、村民组长、道德模范等担任评议员，针对村里"法律管不到、村民很反感"的事情进行评理、劝说，并将评议结果与评创、惠民措施结合，激发村民参与的积极性和主动性。

一是以德治实践推动公民道德建设的深入发展。桐乡"以评立德、以文养德、以规促德"的实践创新，持续强化教育引导、实践养成、制度保

[①] 本小节参考向春玲、屈群苹《创新德治实践 打造基层德治建设高地》，《光明日报》2023 年 9 月 12 日，第 5 版。

障的作用,推动了公民道德建设的深入开展。中国是一个拥有悠久农耕文明的国家,中华优秀传统文化是中华民族的文化基因和精神家园,也为当代我国公民道德建设提供了不竭的思想源泉。桐乡有着丰富的传统道德文化资源,在德治建设实践过程中,其将根植于桐乡的名人文化与社会主义核心价值观相融合,全面服务城乡居民的文化需求,提高人们的道德素养。特别是近年来桐乡公共文化设施建设全面推进,建成了27家五星级农村文化礼堂,有遍布全市的道德馆、乡村智慧书屋、文明实践站点等,形成了城乡一体的品质文化生活圈。

二是通过"以文养德"营造德治氛围,提升村民道德素养。桐乡历史文化底蕴丰厚,是茅盾、丰子恺等文化名家的故乡。在公民道德建设过程中,桐乡充分发挥自身优势,十分注重以文化人、以文养德,通过道德讲堂、文化礼堂等阵地,挖掘良好家风家训的传习作用,推出"子恺家风好传承"等文明实践项目,提升村民道德水准和文明素养。同时,在传递社会主义核心价值观过程中,将党的创新理论与乡风文明、文化活动多方面融合,不断丰富德治建设内容。桐乡还大力挖掘乡村熟人社会中的道德模范和先进典型,营造见贤思齐、崇德向善的浓厚氛围。为发挥制度规范的导向作用,桐乡市将德治内容融入组织规章、行业守则和职业规范中。发布移风易俗指标体系,明确规定移风易俗进村规民约。通过"三治积分"等方式,让乡村居民认识到遵守道德规范对个人、家庭和社区的积极作用。桐乡还创新推出"三治信农贷""好家庭信用贷""文明商户贷"等德治激励物化机制,村民凭借好家风、好品德就能取得贷款,把"无形之德"转化为"有形之得",让村民更有获得感。

三是使道德的感召力与道德建设的制度化相协调,全面提升公民道德建设的执行力。道德是非正式制度的规范,是人的行为的价值取向,对行为调节具有内在约束功能。法律是一种正式制度规范,是人的行为底线,对人的行为调节具有外在的强制力。为更好发挥公共道德的作用,桐乡的道德建设不仅被纳入村规民约中,还融入于相关组织章程、行业守则和职业规范中。桐乡市"志愿'桐'享"服务品牌深入人心,将道德建设拓展至企业、商圈、专业市场、社会组织等，全面推进了社会公德、职业道德、家庭美德、个人品德建设。个体自律与环境他律相结合，增强公民道德建设效能。道德的基础是人类精神的自律。社会公德是普遍性的规则存在，构建具体的、现实的道德环境，需要他律与自律共同发挥作用。桐乡"三治"融合的积分制管理、百姓议事会、乡贤参事会、道德评议团、星级文明家庭和"最美桐乡人"评选等实践创新，"精神文明促进会""崇学奖""乡贤道德基金"等民间奖励机制，都对于引导人们明辨善恶是非、激发良善的道德情感和促进人们自觉的道德行为发挥了重要作用，为加强新时代公民道德建设提供了重要经验。

（二）宁夏同心县：让社会主义核心价值观在农村落地生根[①]

同心县按照乡村振兴战略总要求，聚焦"三个美起来"目标，深入实施公民思想道德建设工程，持续深化群众性精神文明创建活动，有效推进文化事业繁荣发展，着力推动社会主义核心价值观融入社会生活。

一是强化宣传教育，筑牢思想基础。坚持用社会主义核心价值观引领社会思潮、凝聚社会共识，不断增强道路自信、理论自信、制度自信、文化自信。夯实理想信念"压舱石"，把学习宣传贯彻习近平新时代中国特色社会主义思想和党的十九大精神作为首要政治任务，广泛开展对象化、分众化宣讲，持续推动党的十九大精神进农村，用党的创新理论成果教育群众、凝聚民心。绘制开放式民风墙，利用村庄沿路住户房屋立面、院墙，用百姓语言、身边故事，图文并茂展示优秀文化、弘扬淳朴民风、倡导移风易俗，使广大农民在潜移默化中接受教育。在电视台、同心发布微信公众号刊播"讲文明、树新风""图说我们的价值观"等公益广告，通过制作发放核心价值观对联、灯笼、日历、扇子，制作核心价值观大型户外广告，打造核心价值观主题广场、街区和居民社区，增强群众的认同感。

二是丰富工作载体，深化文明创建。注重落实落小落细，采用群众喜闻

---

① 本小节参考《同心县 2023 年政府工作报告》，同心县人民政府网站，https://www.tongxin.gov.cn/zwgk/zfgzbg/202301/t20230129_3931505.html。

乐见的方式推进农村社会主义核心价值观建设，不断扩大覆盖面，增强实效性。实施"细胞工程"，扎实推进群众性精神文明创建活动，着力打造乡村邻里节、巧媳妇厨艺大赛、传统节日大家过等特色品牌，促进乡村邻里和谐，推动农村文明进步。注重文化浸润，建设 141 个村级综合文化服务中心和 12 个乡镇文化站，实现了村级文化中心全覆盖。持续深化"我们的节日"，深入开展文化进万家、送欢乐下基层、春节灯谜晚会、体育大拜年、社火展演等活动，让群众在广泛参与中感受文化和道德魅力。深化移风易俗，通过印发倡议书、编写"三字经"、发放宣传挂历、编排快板书、拍摄主题微电影等形式，教育引导群众移风易俗。指导各村建好管好用好"十个一"工作载体，成功举办首届集体婚礼，涌现出了一大批典型人物，移风易俗在农村蔚然成风。

三是注重示范引领，培育良好风尚。深入实施公民思想道德建设工程，着力在乡村培育良好的学典型、争先进浓厚氛围。选树先进典型。持续深化道德模范、最美同心人、移风易俗光荣户等评选活动，通过网络投票展示，扩大宣传面、提升影响力，大张旗鼓地进行表彰，树立德者有得、好人好报的价值导向，增强先进人物的感染力和带动力。涌现出了一大批先进人物。突出道德教化，依托新时代农民讲习所、道德大讲堂、善行义举四德榜等阵地，组织道德模范、致富带头人等各类先进典型现身说法，巡回宣讲，帮助村民转变落后观念、弘扬优良家风、自觉向善向好。曝光反面典型，扎实开展"扫黑除恶"专项行动，严厉打击村霸路霸、缠访闹访、"砸工地"、黑恶保护伞等违法犯罪行为。完善"红黑榜"发布制度，健全守信联合激励和失信联合惩戒的联动机制，分批公开曝光"老赖"，培育不敢失信、不能失信、不愿失信的社会环境。

四是强化制度约束，创新社会治理。坚持全面从严治党，健全制度机制，以良好党风政风带动形成良好社会风尚。夯实基层基础，深入开展"三大三强"行动，实施"两个带头人"工程，进一步选优配强村党组织书记和班子队伍，把文明创建纳入村级党组织星级评定标准，提高基层文明创建的积极性。抓住"关键少数"，制定了《关于规范党员领导干部操办婚丧喜庆事宜暂行规定》，明确了"14 条禁令"，用制度为党员干部和公职人员戴上"紧箍咒"。强化村民自治，以构建自治法治德治相结合的乡村治理体系为目标，全县各村建立健全红白理事会、道德评议会、禁毒禁赌会、村民议事会、扶贫理事会等自治组织，制定符合实际的村规民约，加强宣传、规范运行，使其由"软任务"变成"硬约束"。

（三）湖北竹溪县：以家文化建设助力乡域德治①

党的二十大报告明确提出要加强家庭家教家风建设，表明家庭建设在全面建设社会主义现代化国家中的重要作用。家庭是基层治理的重要基础。家文化建设不仅有助于推动单个家庭的发展，也能在更大范围内对基层善治发挥重要作用，起到以家文化建设助推乡域德治的效果。截至 2022 年，湖北省竹溪县以基层善治为目标，以家文化建设为载体，通过发掘家训文化、讲述家风故事、开展家庭创评等方式助力基层善治，实现了小家庭与大治理的有效衔接和良性互动。

一是重视家规家训。竹溪县通过挖掘传统家规家训、提炼当代家规家训、倡导家规家训上墙的方法，指导各镇村积极开展"家规家训进万家"活动。负责家文化建设的工作人员通过走访、查阅祖传家谱，整理编辑了《竹溪县家规族训辑略》，并从近万条家规家训中甄选、修订了 100 余条与社会主义核心价值观相通相融的内容，倡导各村将其写入村规民约，让家规家训融入村民生活，成为规范村民行为、引领道德风尚的重要抓手。同时，各乡镇号召各村干部、乡贤能人等成立工作专班，帮助农户结合自身特点提炼家规家训，引导村民向上向善。为了将社会主义核心价值观具体化、本土化，竹溪县以"慈孝"为道德原点，根据村民需求和特点，着重将"勤、孝、礼、德、信"等农村实用的家训格言做成字画牌匾，赠送给各村评选出的文明户。截至 2022 年，全县家规牌匾入户已达 4 万余户，起到了很好的宣传教育效果。

二是讲好家风故事。为充分发挥家风故事的影响力，竹溪县从探访家风

---

① 本小节参考黄振华、肖遥《小家庭撬动大治理》，《乡镇论坛》2023 年第 11 期。

故事、宣讲家风故事、升华家风故事三方面开展工作。相关工作人员在全县范围内搜集寻访典型家风故事，对县内 20 余个大姓的传统家风故事进行探源，挖掘了"敬祖守家""耕读传家""慈孝治家"等典型家风故事。村干部、乡贤能人等也通过入户走访探寻现代家风故事，发掘当地的先进人物、感人故事和典型案例。各镇村积极组织开展"乡村大讲堂"活动，根据不同的家风主题，邀请有威望、擅表达的老党员、老干部、老教师在各村宣讲，让更多村民从身边的家风故事中得到启示。同时，县里各单位也积极组织举办家训诵读会、家教交流会、家风晒讲秀等活动，将家风故事融入活动当中，使其感染和影响更多群众。文艺工作者以典型家风故事为基础创作了山二黄戏剧《带着公公出嫁》，受到当地群众的广泛好评。与此同时，竹溪县内负责家文化建设的相关部门坚持灵活运用电视、微信、微博、抖音等平台，将典型家风故事广泛传播，最大限度扩展家风故事的示范功能。

三是开展家庭创评。良好家风需要有效的机制来引领和推动，竹溪县通过积分评价、户院评议、创评"五好家庭"的方式，推动"家文化建设"工作深入开展。各镇村积极实施"积分制"，对村民向上向善行为给予一定的家庭积分，家庭积分排名靠前的村民，由镇、村予以公开表扬。全县积极发掘户院会、群众会、夜话会等交流活动的治理价值，推动村民交流各自的家风及心得。同庆沟村倡导村民推选自家"好儿媳""好公婆""好儿女"，引导各家各户互相评议，最后在村内评选出优秀家庭做典范，弘扬家风文化。为进一步发扬家风德治的作用，同庆沟村坚持用身边人、身边事教育广大村民，将"五好家庭"创建评选与村级治理积分制管理相结合，并根据相关主题评选"十星级文明户"，通过表彰先进，树立道德标杆，营造比、学、赶、帮、超的良好氛围。

四　乡域德治建设：完善路径

德治是社会稳定的基石，是治理国家的重要方略，乡域德治化水平对国家治理现代化水平有着重要影响。习近平总书记在福建考察期间强调："要推动中华优秀传统文化创造性转化、创新性发展，以时代精神激活中华优秀传统文化的生命力。"① 针对乡域德治建设各个具体内容面临的挑战，各地要在挖掘优秀传统文化、创新德治宣传方式、培育新乡贤文化、构建多重激励机制上分类施策，推动乡域德治能力建设的现代化进程。

（一）挖掘优秀文化内涵，重塑德治价值体系

1. 弘扬优良家风文化，重塑乡村文明新风尚

古语讲到"天下之本在家"，家风以父辈和祖辈的言传身教，规范着家庭成员和后代的行为。从家庭角度讲，要继承和弘扬优秀的"孝文化"，尊敬长者。党的二十大报告提出，"弘扬中华传统美德，加强家庭家教家风建设"。② 这是"加强家庭家教家风建设"首次写入党代会报告，进一步凸显了家庭在国家发展、民族进步、社会和谐中的基石作用，为新时代家庭家教家风建设提供了根本遵循。在具体的实践中，应以户为单位，在乡村地区广泛开展优秀家风家训征集宣传活动，号召群众参与到"立家风传家训"中来。在实践过程中，可以推进优良家风家训进校园、进课堂，让老党员、老教师等到学校宣传优良家风，讲解家风家训历史故事，以榜样的力量引领青少年。除此之外，还可以将优良家风融入村民日常生活中，利用乡村的重大节庆活动、民俗活动等，加快优良家风的推广和普及。

2. 继承优秀传统文化，增强乡域德治文化底蕴

传承和弘扬中华优秀传统文化从实践之维澄明着中华文化创新发展的现实面向。文化既是民族共同体范畴建构的核心要旨，也是民族国家生活场域的重要命题。"中华优秀传统文化源远流长、博大精深，是中华文明的智慧结晶"，③ 对于中国几千年的发展历程具有深远影响。新时代乡村德治建设要大力传承和发扬优秀传统文化，深入挖掘中华优秀传统文化的人文关怀要

---

① 《在保护与传承中凝聚强大的前进定力——习近平推动文化和自然遗产保护福建纪事》，《人民日报》2021年8月2日，第4版。
② 《习近平著作选读》（第一卷），人民出版社，2023，第37页。
③ 《习近平著作选读》（第一卷），人民出版社，2023，第15页。

素，在对乡村优秀传统文化继承的基础上进行创新，使得广大乡村居民欣然接受中华优秀传统文化，推动崇德尚法、诚实守信、乐于助人等良好风尚形成。政府要妥善保护和自觉利用一些与我国历史发展历程密切相关的遗迹，以立法形式确定纪念日，通过举办纪念或者庆祝活动不断强化国人的历史记忆，以促进国家民族认同，增强民族自豪感与自信心。同时，挖掘本地文化资源，寻找主流价值形态与民间伦理规范的对接点。不同的地区在发展过程中都已经形成了特色鲜明的地区文化，各地相关部门特别要注重挖掘本地乡土文化资源，本地文化资源是身边的历史与故事，在宣传核心价值观的过程中，要积极发挥这些文化建设优秀成果的作用，抓住其与社会主义核心价值观的结合点，让民众感受到社会主义核心价值观是与我们的生活和家园息息相关的。

3. 调动乡域德治力量，发挥榜样的示范作用

在乡域德治建设过程中，要强化乡村居民对乡村文化建设重要性的认知，鼓励乡村居民积极参与其中。在推进乡域德治建设的过程中，要注重发挥榜样示范作用，积极培育新时代乡村核心价值观，使乡村居民可以主动地去发扬、创新本村优秀的乡村文化，自觉推动乡村德治建设，形成讲道德、尊道德、守道德的乡村风尚。

首先，乡村的老干部、老党员等有着较高的社会威望，自身的德行也备受村民尊重，他们是乡域德治伦理价值的标杆；村庄积极分子是最活跃的群体，热衷于乡村内部的各方面建设，是德治建设宣传的顶梁柱；道德评判团、志愿服务队、村民议事团等在乡土成长起来的组织，具有自身接地气的特性，各种组织参与者相互学习与进步，既可以增加德治建设的渠道，又可以间接地塑造德治价值理念。其次，发挥党员在村内德治方面的"传帮带"作用，开展"党员干部好风气"主题活动，由党员带头示范，助推好党风、好作风，带动好村风、好民风。用党支部的凝聚力，带动重构乡村的集体凝聚力，进而更好地塑造集体伦理道德价值，最终形成正向循环的社会风尚，唤醒村民的道德自觉意识。再次，积极发挥乡域道德模范的引领作用。在乡域德治宣传时要注意方式方法，具体的实践中可以编排以道德模范事迹为主

要内容的乡土节目，宣传道德模范的榜样作用，通过宣传典型，用榜样的力量引导村民群众转变思想观念，间接提升村民道德修养。最后，开展城乡文明帮结建设活动。脱贫攻坚阶段的乡村扶贫，主要是城乡对口支援单位的经济帮扶，实现村民的口袋富起来。而在乡村全面振兴阶段，我们的任务是要实现乡村村民精神生活富起来，实现文明强国。具体而言，应加强村镇协同联创，开展文明单位、文明校园结对帮创计划，建立以乡镇为主导，行政村为主体，文明户为基础，文明单位为帮扶依靠，县委宣传部统筹协调的联创机制。文明单位和文明校园，可定期到帮扶村庄开展道德宣讲，以此促进城乡之间的文化沟通，促使村民潜移默化地受到新文明习惯的浸润，提升道德文明意识，转变行为。

（二）创新德治宣传方式，营造文化氛围

1. 用社会主义核心价值观引领德治建设，培育新时代乡村核心价值观

当前我国乡村文化生态变得更加复杂，乡村居民思想价值观受到传统文化、现代城市文明等多种价值观的混合影响。文化是多元的，但以社会主义核心价值观为核心的社会主义先进文化，才是我国的主流文化。"从思想起源说，社会主义核心价值观是对中华优秀传统文化的继承，与我国传统的乡土文化具有内在的契合性。"① 因此在推进乡村德治建设中，必须适应新时代发展的新要求，广泛开展社会主义核心价值观宣传教育活动，用社会主义核心价值观引领乡村德治建设。一是要正本清源，优化乡村文化生态，使乡村居民成为社会主义核心价值观的坚定信仰者，对村民进行思想文化教育，增强村民对乡村优秀文化的认同感、归属感和责任感，培育新时代村民"富强、民主、文明、和谐"的价值观，同时要提高村民对封建落后文化以及腐朽思想的辨别力。二是凝聚村民的共识，使得乡村居民成为社会主义核心价值观的积极传播者，将新时代乡村核心价值观内化于心、外化于行。三

---

① 李凤兰：《社会主义核心价值观引领乡村文化振兴——基于日常生活理论视角》，《贵州社会科学》2018 年第 7 期。

是积极培育乡村良好社会风尚，打造文明乡村。

2. 鼓励德治文化供给主体多元化发展，实现文化供给的大众化

乡村德治文化的供给要符合乡村村民的文化需求。随着市场经济的发展，文化的需求也产生了"重心下移"，文化大众化已成为乡村文化发展的必然要求，但文化大众化发展在当下乡村仍面临着瓶颈。对部分村民而言，什么是社会主义核心价值观，他们并没有多少概念，他们凭自己经验来判断，哪些做法符合正确的伦理道德，哪些事情可以做。所以，在进行德治文化宣传时，一是要创新德治建设的活动形式，开展丰富多样的道德宣传和教育活动，同时考虑当下乡村老年群体与年轻化群体的需要与接受能力。二是要立足乡村振兴和村民的需求，将宣传教育活动与村民的日常生活实践紧密结合起来，通过进村入户调查、问卷调查、群发短信、微信等方式摸清村民的真实需求，有针对性地选择宣传活动内容和形式，把握乡村德治文化宣传的可接受性。三是针对村民的生产生活特点和习惯，采用群众喜闻乐见、通俗易懂的方式开展宣传，促进活动真正入心入脑，如将核心价值观编入戏曲之中，用好乡村戏剧大舞台，因地制宜地建立"道德讲堂""村庄宣讲团"等，定期组织村民开展道德宣讲活动，实现"身边人讲身边事，身边事教身边人"，使村民在参与中受到文化熏陶。

（三）积极培育新乡贤文化，重塑乡村文化精英

传统乡村精英和新乡贤之间存在本质差别，传统乡村精英主要依赖于地缘、血缘和亲缘等因素，而新乡贤则主要依赖于财富的积累、丰富的知识阅历和独特的乡愁情结，其所包含的群体更广泛。乡村应使乡愁情结成为乡村凝聚力和向心力的聚焦点，更好地发挥新乡贤的德治作用。

1. 壮大新乡贤的队伍，提高新乡贤的质量

一方面，要优化新乡贤的甄选标准。乡村振兴战略对新乡贤提出了更高的要求，要甄选出有效的乡村内生性主体，不仅要考察新乡贤的才能、职位，更要考察新乡贤的品德、道德，严格把控新乡贤的质量，强调德才兼备。根据乡村振兴战略的要求，将所需各行业的新乡贤吸纳进来参与乡村治理，充分发挥各类新乡贤的作用，壮大乡村治理的力量。另一方面，明确新乡贤管理乡村事务的规范标准。要加强管理，对于新乡贤凭借乡村权力参与乡村治理的适用范围应当有一个界限，需要对新乡贤在乡村治理中可以做的事情和不能做的事情提出一个具体的标准，使新乡贤明确什么事情不在自己的职能范围之内。新乡贤具体参与治理的标准应涉及"经济增长、社会分配、公共参与和社会秩序"四个方面，结合乡村的现状和村民的需求再将这四个方面付诸实际行动，任何脱离了这四个方面的行为都不属于其职能范围。

对于新乡贤队伍中新加入的群体，为了让其在最短的时间内适应乡村社会，需要对其开展相关的培训工作，提高新乡贤的队伍质量。要加大对新乡贤的教育力度，通过各种方式、路径来提升新乡贤的综合文化水平，鼓励乡贤回乡创业发展。对新乡贤制定科学的培训计划，提高新乡贤自身的思想觉悟，使其保持对权力的敬畏感、对人民的责任感，提高新乡贤在乡村治理中的积极性、主动性和创造性。通过讲座学习、实地调研等方式让新乡贤学习治理乡村的成功经验，使新乡贤较快地了解乡村，增进同村民的感情，砥砺品质，增长才干。同时，新乡贤培训内容和方式要不断创新，增进新乡贤对新型科学技术和生产技术的了解，促进农村农业朝着科学化和先进化的方向发展。

2. 完善新乡贤参与乡域治理的平台和渠道

乡村社会矛盾复杂，新乡贤作为乡村治理主体之一，承担着表达村民利益与诉求的责任，需要建立与之相应的平台和渠道。

一方面，搭建新乡贤参与乡域治理的平台。由于一些新乡贤对于参与乡域治理还存在着一些担忧或对乡村发展还存有一些困惑，为了更好地发挥新乡贤的作用，需要为其建立专门的互动平台。新乡贤不仅可以通过这些平台增进对乡村社会的了解，还可以通过这些平台有效地参与乡村治理。各地可以根据自身情况，建立不同的平台和渠道。一是成立新乡贤联谊会，主要是负责将地方的新乡贤联系起来，加强彼此之间的交流和沟通，避免新乡贤组织涣散、松软的问题。二是成立新乡贤理事会。如果在乡域治理过程中出现了一些问题，新乡贤可以通过这个平台进行沟通协商，为乡村建设和发展提供有益的建议。三是成立新乡贤研究会，形式类似于浙江上虞成立的新乡贤研究会，主要负责研究本村的历史古迹，保护乡村的一些文物古玩和弘扬乡村的传统文化等。通过这些平台，为新乡贤在参与乡村治理等系列活动中提供便利的条件，增强新乡贤与乡村的联系，强化他们回归乡村的意愿，促使他们回乡后为乡村治理做出突出的贡献。

另一方面，畅通新乡贤参与乡域治理的渠道。一是要完善新乡贤竞选村两委成员的选拔渠道。根据新乡贤的功能可以将其分为多种类型，如具有权力优势的政治型新乡贤、具有财富优势的经济型新乡贤和具有威望优势的社会型新乡贤等，新乡贤对于整合乡村资源、维护村民利益和缓减矛盾冲突等方面起着积极性作用。对于在乡村社会中影响较大，且作出突出贡献的新乡贤，可以将其整合为体制内的治理力量，直接参与乡村治理。二是积极举办民间活动，邀请新乡贤参与。要发挥新乡贤在乡村治理中的积极作用，仅仅是呼吁新乡贤回归乡村是远远不够的，可以通过召开"迎接新乡贤回归""乡村人才评选""乡村特色文化节"等相关活动，增进新乡贤与村民之间的互动和沟通，增进新乡贤对乡村社会的了解，让他们充分认识和实现自身的价值。我国地域广阔，各个乡村的经济、政治和文化差异较大，畅通新乡贤参与乡村治理的平台和渠道需要从实际出发，因地制宜，方能取得较好的效果。

（四）构建多重激励机制，提升乡域德治成效

"德治"培育乡风文明，要充分挖掘弘扬孝德文化，以德治引导社会风气，凝聚社会人心，实施基层"软治理"。通过开展"五星文明户""道德模范""道德评议"等活动，挖掘群众身边的凡人善举和典型事迹，让好人好事上榜，为身边典型立传，引导群众见贤思齐、崇德向善，提升乡域德治成效。

1. 完善"好人好家"评选机制

习近平总书记在党的二十大报告中强调，弘扬中华传统美德，加强家庭家教家风建设。[①] 一方面，可以结合乡村实际和特点，有计划、有组织地开

---

① 《习近平著作选读》（第一卷），人民出版社，2023，第37页。

展并落实"最美家庭""星级文明户""好婆婆好媳妇""优秀村组干部"等道德文明评选和评比活动，通过物质激励和精神激励相结合方式，引导提升村民参与积极性，不断提升村民道德意识和文明意识。另一方面，可以探索推行"道德银行"发展模式，考核村民道德行为，量化成道德积分，存入村民个人账户，以积分高低作为评选荣誉的重要依据，并通过村民评议的方式，定期按积分给予物质和精神奖励，使村民切实感受到好处。

2. 优化"道德评议"活动

开展乡村居民道德评议活动，选出最美乡村教师、医生、家庭。运用社会舆论和道德模范的号召力形成鲜明的舆论导向。积极引导村民学习先进人物典型事迹，发挥乡村居民主体作用，传播正能量，弘扬真善美，引领乡村德治建设，以乡村道德先锋引领新时代乡村风尚。注重良好家风的培育，促进家庭幸福美满。孝敬老人、爱护亲人是中华民族的传统美德，家庭美德是调节家庭成员内部关系的行为规范，以孝老爱亲为核心加强家庭美德建设是新时代德治建设的内在要求，要建立关爱空巢老人、留守妇女和留守儿童服务体系，帮助他们改善生活条件。要引导村民坚持正确的致富观念、消费观念，勤劳致富、量入而出。

3. 探索"智慧德治"新模式

探索创新德治新模式，开展"微嘉园"平台积分管理，村民通过该平台反映问题、在线议事、获知最新政策和招工信息。每日登录平台、上报事件、建言献策均可加分，凭借积分可以到村委会换取牙膏、洗衣液等生活用品，亦可以兑换平安保险、合作医疗补助、文化礼堂租借、家宴费用减免等服务。通过智慧平台的使用，引导村民相互监督、自我管理。如在浙江横港村，智能垃圾分类站特别吸睛。村民们可以通过人脸识别、图像识别等人工智能技术，自动识别垃圾是否正确分类。智能垃圾分类站还会与村民的个人信息进行绑定，村民们每次投放垃圾，都可以在"微嘉园"电子积分卡上进行信息登记，达到一定积分后可以获得奖励，而分类错误达到一定次数后"乌镇管家"会上门进行宣传教育，通过实践、教育、再实践的方式，有效提高乡域德治水平。

第七章　乡域智慧治理

在数字技术迅猛发展的大背景下，加快建设网络强国、数字中国是顺应信息革命潮流的战略选择。习近平总书记指出，"我们提出推进国家治理体系和治理能力现代化，信息是国家治理的重要依据"①，"我们要深刻认识互联网在国家管理和社会治理中的作用"②。基层政权是国家治理的神经末梢，推进乡域治理数字化变革、打造智慧治理的格局是释放数字红利催生乡村发展内生动力的重要举措。党的二十大擘画了以中国式现代化全面推进中华民族伟大复兴的宏伟蓝图，作出了"加快建设网络强国、数字中国""加快发展数字经济"的战略部署，为我国基层治理的信息化、数字化发展提供了根本遵循。2023 年中央一号文件提出，要深入实施数字乡村发展行动，推动数字化应用场景研发推广。一系列重要指示和重要部署为新时代全面推进智慧乡村建设、以数字技术赋能农业农村现代化指明了方向。可见，以数字化提升乡村治理效能，建设智慧乡村是"数字中国"叠合乡村振兴的中国式现代化题中之义。

乡镇政府作为国家与基层社会的连接点，是智慧治理建设的客体，也是网络信息技术下沉至村庄一级的重要枢纽。随着数字信息技术在全国各地政府的试点和推广，不少地区在整合资源、政务服务等领域进行了改革创新，加速了数字技术在农业农村领域范围的应用与推广，在促进乡域治理现代化的同时也积累了不少可复制、可推广的实践经验，但同时仍存在数字"鸿沟"、智慧政务服务水平较低以及数字技术和基层社会"脱嵌"等问题，制约着乡镇智慧治理能力的提升。党的二十大以来，结合党中央关于基层社会

---

① 习近平：《在网络安全和信息化工作座谈会上的讲话》，人民出版社，2016，第 6 页。
② 《习近平关于城市工作论述摘编》，中央文献出版社，2023，第 111 页。

治理数字化发展的最新要求以及地区实际，不少地区在信息基础设施建设、政务服务平台、智慧沟通、智慧风控等领域进行了改革创新，取得了不少成效，同时仍面临不少挑战。本报告通过梳理各地智慧治理的改革创新做法，提炼创新经验、总结各地面临的挑战，深入探讨乡域智慧治理的发展路径，以期对未来乡域智慧治理进一步发展有所助益。

一　乡域智慧治理：进展情况

2022年以来，随着数字技术在基层治理各领域的深入广泛应用，乡域智慧治理稳步推进。总体来看，一是乡域信息基础设施建设实现跨越式发展，农村地区网络基础设施实现全覆盖，农村通信难问题得到历史性解决。二是智慧政务服务逐步向基层延伸，数据驱动的乡域政务服务水平不断提高。三是智慧沟通能力显著增强，以信息技术为依托的政府间跨区域、跨层级、跨部门的数据沟通共享机制效率有所提高，政府与基层群众的交流反馈机制逐步完善。四是乡域智慧风控能力明显增强，综合治理水平、应急管理能力稳步提升。

（一）信息基础设施情况

1.乡域网络基础设施

网络基础设施是乡域智慧治理的重要支撑，它基于互联网应用的移动化、社交化、自主化、交互性等优势特征，为"三农"发展奠定重要的技术基础。根据《中国数字乡村发展报告（2022年）》的统计数据，截至2021年底，网络基础设施建设实现了乡域全覆盖。全国行政村通宽带比例达到100%，通光纤、通4G比例均超过99%，基本实现农村城市"同网同速"；5G加速向农村延伸，截至2022年8月，全国已累计建成并开通5G基站196.8万个，5G网络覆盖所有地级市城区、县城城区和96%的乡镇镇区；面向农村脱贫户持续给予5折及以下基础通信服务资费优惠，已惠及农村脱贫户超过2800万户，累计让利超过88亿元；2021年农村居民平均每百户接入互联网移动电话 229 部，比上年增长 4.4%；截至 2022 年 6 月，农村网民规模达 2.93 亿，农村互联网普及率达到 58.8%，是"十三五"初期的两倍，城乡互联网普及率差距缩小近 15 个百分点。[①]

2. 乡域融合基础设施

融合基础设施是推动农业农村现代化建设、实现乡村全面振兴的有力支撑，它是乡域公路、物流、水利、电网等传统基础设施应用互联网、大数据、人工智能等技术而形成的新基础设施形态，承载着绝大部分农业农村经济和社会活动。农业农村部信息中心公布的数据显示，2022 年，各地和有关部门大力推进农村公路、水利、电网、农产品产地冷链物流基础设施的数字化改造，乡域融合基础设施明显改善。一是农村公路数字化管理不断完善，2021 年已完成 446.6 万公里农村公路电子地图数据更新工作，并同步制作专项地图，全景、直观展示全国农村公路路网分布情况。二是数字孪生流域建设在重点水利工程先行先试，智慧水利建设进入全面实施阶段，截至 2022 年 6 月，已有 2766 个县共 53.04 万处农村集中供水工程建立了电子台账。三是农村电网巩固提升工程深入推进，2021 年全国农村地区供电可靠率达到 99.8%。四是支撑农产品上行的基础设施明显改善，截至 2022 年底，三年共支持约 3.6 万个家庭农场、农民合作社、农村集体经济组织，建设 6.9 万个产地冷藏保鲜设施，新增库容 1800 万吨以上。[②]

（二）智慧政务服务

1. 智慧政务政策环境

近几年来，党中央、国务院高度重视政务服务大数据体系建设。国务院将"互联网+政务服务"作为深化"放管服"改革与服务创新的关键环节，先后多次专门印发文件，做出全面部署，掀起了从中央政府部门到地方政府积极探索互联网与政务服务融合的高潮。2022 年 1 月，中央网信

[①] 以上数据引自《中国数字乡村发展报告（2022 年）》。
[②] 以上数据引自《中国数字乡村发展报告（2022 年）》。

办等十部门印发了《数字乡村发展行动计划（2022—2025年）》，明确指出要实施数字治理能力提升行动，通过推动"互联网+政务服务"向乡村延伸、提升村级事务管理智慧化水平等，使乡村数字化治理体系日趋完善。2022年9月，国务院印发了《全国一体化政务大数据体系建设指南》，要求各级地方加强数据汇聚融合、共享开放和开发利用，促进数据依法有序流动，结合实际统筹推动本地区本部门政务数据平台建设，积极开展政务大数据体系相关体制机制和应用服务创新，增强数字政府效能，营造良好数字生态，不断提高政府管理水平和服务效能。这一系列政策文件接续强调从"互联网+政务服务""互联网+党务、村务、财务""基层综合治理信息化"等方面加快推进乡域治理数字化的进程，为智能技术与智慧政务服务的融合创新提供了制度遵循，也开启了基层推进智能在线政务服务的新时代。

2. 政务数据管理职能

政务数据是我国推进乡域智慧治理的基础要素资源。加强政务数据的有效治理和高效利用是数字政府建设的关键环节。只有唤醒"沉睡的"数据资源，充分发挥我国海量数据优势，才能更好服务经济社会高质量发展。当前，我国乡域政务数据管理职能日趋完善。一方面，全国政务数据目录体系初步形成。根据农业农村部信息中心2022年公布的数据，目前，覆盖国家、省、市、县、乡（镇）等层级的政务数据目录体系初步形成，各地区各部门依托全国一体化政务服务平台汇聚编制政务数据目录超过300万条，信息项超过2000万个。① 人口、法人、自然资源、经济等基础库初步建成，在优化政务服务、改善营商环境方面发挥重要支撑作用。国务院各有关部门积极推进医疗健康、社会保障、生态环保、信用体系、安全生产等领域主题库建设，为经济运行、政务服务、市场监管、社会治理等政府职责履行提供有力支撑。例如，依托儿童福利管理信息系统，摸清农村地区关爱服务对象底数，2021年7月至2022年6月共采集75.5万名留守儿童信息，农村地区儿

---

① 引自《中国数字乡村发展报告（2022年）》。

童福利和未成年人保护工作精准化程度进一步提升。① 另一方面，政务数据管理模式日益丰富。各地区积极建设政务数据平台，统一归集、统一治理辖区内政务数据，以数据共享支撑政府高效履职和数字化转型。目前，全国31个省（自治区、直辖市）均已结合政务数据管理和发展要求明确政务数据主管部门，政务数据主管部门负责制定大数据发展规划和政策措施，组织实施政务数据采集、归集、治理、共享、开放和安全保护等工作，统筹推进数据资源开发利用。

3. 政务服务平台

构建统一的智能集约平台支撑体系，是促进数据共享汇聚、推进业务整体协同的重要前提，是推进乡域智慧治理的重要基础。一方面，政务服务"一网通办"能力显著提升。目前，各地区各部门深入挖掘、充分利用数据资源，全国一体化政务服务平台在农村的支撑能力和服务效能不断提升。《中国数字乡村发展报告（2022年）》数据显示，各地积极推进基层社会治理数据资源建设和开放共享，实行行政村（社区）和网格数据综合采集、一次采集、多方利用，不断探索将网格中的"人网"与大数据编成的"云网"相结合，以数据驱动公共服务和社会治理水平不断提高，政务服务"一网通办"加速推进，国家电子政务外网在乡镇的覆盖率达到96.1%。2021年全国县乡社会保险、新型农村合作医疗、劳动就业、农村土地流转、宅基地管理和涉农补贴等六类涉农政务服务事项综合在线办理率达68.2%，基层群众的满意度、获得感不断提升。另一方面，政务资源跨部门、跨地区信息共享机制不断完善。近年来，各地各部门加快推进政务数据共享，不断优化共享系统和平台，积累了大量政务数据资源，持续发布共享数据接口，更新数据条目，促进各级政府数据联通，取得了显著成效。当前，已初步建成全国一体化政务数据共享枢纽，依托全国一体化政务服务平台和国家数据共享交换平台，构建起覆盖国务院部门、31个省（自治区、直辖市）和新疆生产建设兵团的数据共享交换体系，初步实现政务数据目录统一管理、数

① 引自《中国数字乡村发展报告（2022年）》。

据资源统一发布、共享需求统一受理、数据供需统一对接、数据异议统一处理、数据应用和服务统一推广。例如，在新冠疫情防控中，基层政府及时响应并解决各地区提出的数据共享需求，推动各类防疫数据跨地区、跨部门、跨层级互通共享，为有效实施精准防控、助力人员有序流动，高效统筹疫情防控和经济社会发展提供了有力支撑。

（三）智慧沟通能力

1. 信息公开效率

实现信息公开是保障广大群众的知情权、决策权、参与权和监督权的重要举措。各地为切实保障农民群众的知情权、决策权、参与权和监督权，持续推进农村党务、村务、财务网上公开。据《中国数字乡村发展报告（2022年）》，2021年全国"三务"网上公开行政村覆盖率达78.4%，较上年提升6.3个百分点，党务、村务、财务网上公开行政村覆盖率分别为79.9%、79.0%、76.1%。一是党务公开。全国党员干部现代远程教育网络完成升级改造，党员教育平台基本实现全媒体覆盖，"互联网+党建"成为基层党员干部和群众指尖上的"充电站"。二是村务公开。全国基层政权建设和社区治理信息系统已覆盖48.9万个村委会、11.7万个居委会。不少地方将网络信息技术与基层治理的需求相结合，例如在推进"积分制""清单制"的过程中，积极运用互联网技术和信息化手段，促进积分管理精准化、精细化、及时化，增强清单管理规范化、透明化、便捷化。三是财务公开。全国农村集体资产监督管理平台上线试运行，已汇聚全国农村承包地、集体土地、集体账面资产、集体经济组织等各类数据。农村宅基地管理信息平台建设稳步推进，已有105个农村宅基地制度改革试点县（市、区）建设了宅基地数据库。全国农村房屋综合信息管理平台和农村房屋基础信息数据库已启动建设。

2. 信息反馈机制

信息反馈效率是衡量基层政府为民服务效能的重要指标。随着数字信息技术和网络平台的普及与深度应用，线上政务平台成为基层政府获得、分析、反馈群众需求、建议的重要工具。相较于以往，乡域智慧治理通过使用线上数字化平台对农民诉求与意愿进行收集，能够及时了解和处理事关农民利益的重大问题，提高工作效率与治理效能，保障农民切身利益，有效推动基层治理中"最后一公里"难题的解决。在乡村治理中推广使用数字技术畅通了民意表达渠道，使由过去的单向政策传达转化为双向交流互动，促进农民群众参与基层治理主体意识和参与积极性主动性的提升。不少地区通过政务服务网、App、支付宝小程序等移动端为群众提供实名评价平台，基层政府对收到的问题线索和意见建议进行汇总整理，督促有关地方、部门处理，推动政务服务由"粗放型"变为"精细型"，以持续提升工作效率，更高效地回应社会关切，提高政府公信力。

（四）风险防控能力

1. 综合治理水平

《中国数字乡村发展报告（2022年）》数据显示，随着"互联网＋基层社会治理"行动的深入实施，各地积极推进基层社会治理数据资源建设和开放共享。一是乡域公共安全视频图像覆盖率有所提高。随着"雪亮工程"的持续推进，2021年公共安全视频图像应用系统行政村覆盖率达到80.4%，比上年提高3.4个百分点。特别是在农村水域安装水位临界报警监控和全景监控，关爱农村留守儿童、防范溺水意外事故等方面成效明显。二是基层防诈骗力度持续增强。依法打击农村地区电信网络诈骗和互联网金融诈骗违法犯罪行为深入推进各类专项行动，重点打击涉及村镇银行、"三农"信贷以及P2P网贷平台、非法网络支付等的互联网金融犯罪，针对农村留守人员防范诈骗能力较差的问题，强化预警劝阻，完善受骗资金紧急拦截，最大限度避免农村群众财产遭受损失。三是人员动态监测系统日益精确。通过大数据监测分析，动态掌握农民工就业分布、流动、返乡创业等情况。依托全国养老服务信息系统，实现农村留守老人信息统一管理和服务。防止返贫监测信息系统不断完善，监测的及时性、精准性持续提高，2022年以来中西部省份新识别监测对象68.11万人，其中98.5%已落实帮扶，5208人已消除返贫风险。

2. 智慧应急能力

应急管理信息化是国家信息化的重要组成部分，为应急管理体系和能力现代化提供有力支撑和强大动力。我国农村和贫困地区是灾害多发易发区域，也是防灾减灾救灾的薄弱环节，灾害的发生容易引发或加剧贫困，应急管理的信息化、数字化发展提升了灾害防控的精准性、时效性。《中国数字乡村发展报告（2022年）》数据显示，2022年，我国农业重大自然灾害和动植物疫病防控能力建设不断加强，监测预警水平持续提升。一是气象信息预警和农情信息调度系统在应对2022年秋冬种期间洪涝灾害、长江流域气象干旱中发挥重要作用。二是全国农作物重大病虫害数字化监测预警系统不断完善，已对接省级平台22个、物联网设备4000多台，为发现和防治小麦条锈病、稻飞虱、草地贪夜蛾等重大病虫害提供了有力支撑。国家动物疫病防治信息系统新增非洲猪瘟等重大疫病监测和报告功能。三是偏远地区水利设施通信应急能力不断提升，截至2021年底，全国县级以上水利部门共配套各类卫星设备3018台（套）、卫星电话7574部、无人机1718架，2022年至2023年，相关设施的数量和覆盖广度持续增加，同时通过自建通信网络，弥补了公用通信网不能覆盖水利应用场景的短板。四是林草防火预警系统优化升级，陆续接入河北、内蒙古、黑龙江等重点地区防火监控系统，森林草原火灾监测范围持续扩大，预警能力持续增强。五是老少边及欠发达地区县级应急广播体系建设工程深入实施，重大自然灾害突发事件应急响应效率明显提升。2021年全国应急广播主动发布终端行政村覆盖率达到79.7%。

二 乡域智慧治理：当前挑战

从乡域智慧治理的实践来看，一年来，乡域智慧治理的进展虽然成效显著，但广大农村地区，受资金、人才、区位等基础条件的限制，智慧治理依然面临不少挑战。一是数字鸿沟制约智慧治理，包括以数字资源、基站等为代表的"硬件"鸿沟，以人才、信息资源为主的"软件"短板和不同区域、社会群体的个性差异问题。二是智慧政务服务建设有待完善，如政务服务智能化融合不够、应用终端便捷度低等问题。三是数字技术与基层社会的"脱嵌"问题，主要体现为基层群众参与智慧治理的动力与能力不足、基层治理"技术增负"和数字治理内容与社会生活的"脱节"等。

（一）数字鸿沟制约智慧治理的有效性

1. 城乡数字"硬件"鸿沟仍然存在

"硬件"基础设施是进行乡域智慧治理的前提和基础。数字"硬件"是指信息数字技术应用所有物理电子部件的集合。目前，乡村数字"硬件"鸿沟包括数字资源鸿沟、基础设施鸿沟、网络设备鸿沟、基站鸿沟等。[①] 近年来，我国在数字乡村建设中取得了很大进步，但是，与城市数字建设相比，在数据存储、基站建设、数据中心、数字资源库、物联网等方面仍存在较大差距。乡村要实现数字化离不开互联网的支持，而信息时代网络升级更新迭代速度快，部分农村地区特别是偏远贫困地区无法跟上信息技术发展的步伐，数字乡村建设不但缺乏应有的数字化服务，而且光纤通信、5G 网络等信息基础设施还未实现全面覆盖，无法满足大数据、数字化等新技术对网络基础环境的需求。大多数乡镇未建立独立的数据中心，无法支撑起高效数字化乡村应用体系，导致在人工智能、无人农场、农业机器人等领域出现数字断层。乡村的网络设施、智慧农业设施建设存在短板，这极大限制了数字技术在农业农村各领域的渗透与嵌入。比如，在网络设施方面，4G 网络尚未实现所有村落 100% 覆盖，并且网络基站建设也存在分布不均衡的问题，一些农村地区宽带信号不稳定、带宽受限等问题一直未得到妥善解决，这在某种程度上也制约了乡村网络教育、远程医疗、网络娱乐等的质量。在数字农业设施方面，大部分农村地区尚未建立起符合本地实际的现代化农业信息服务平台，未能

---

① 雷焕贵：《弥合城乡数字鸿沟：乡村振兴进程中数字乡村建设实践路径研究》，《新视野》2023 年第 6 期。

实现对农业数据的智能化采集、分析与处理，这也导致在农业生产中存在信息技术嵌入不深，农业数据难以聚合、对接市场困难等方面的问题。

2. 城乡数字"软件"鸿沟仍然较大

软件是硬件的物质基础，是硬件的灵魂。城乡数字"软件"是推进乡域智慧治理的重要"软实力"。当前，城乡数字"软件"鸿沟包括数字素养鸿沟、数字人才鸿沟、数字治理鸿沟等。一方面，人才是主要制约因素。数字信息技术具有科技含量高、信息化程度高、技术水平高的"三高"特征，需要跨界复合型人才支撑数字乡村的发展。目前，城乡数字鸿沟依然较大，城镇化浪潮驱动下，中青年群体流向城镇，导致乡村"空心化"现象，由此造成引领广大群众转变数字意识的中坚力量缺失，使得智慧治理缺少嵌入的中介来保障乡域治理数字化的基本运营，而在基层社会又难以挖掘出本土专业技术人才。因此，如何引进人才、留住人才、用好人才成为推进乡域智慧治理的关键所在。另一方面，信息壁垒是重要制约因素。当前，农村经济发展还处于"跟风模仿"向"订单农业"转型时期，信息不对称阻碍了农产品的生产销售，种什么、养什么、怎么销售、如何与数字信息接轨还处于探索阶段。虽然，大量市场信息、农业项目、资金等源源不断地输送到乡村社会，微信、京东、拼多多等数字平台展开推广帮扶，但是还有大量数字贫困农民无法享受到数字变革带来的发展红利。

3. 区域差异与个性发展问题

一方面，从中东部和西部地区区域差异来看，地区间农业农村信息化水平差距较大，农业信息技术成果转化和推广应用比例差距也比较明显。我国中西部地区地广人稀，且存在山地和丘陵等复杂地形，完成互联网的全覆盖难度较大。另外，多样化的农村作业对数字基础设施性能提出了较高要求，比如精准种植要求高带宽，而智慧渔业要求低时延，保证通信网络性能在不同场景下都能满足农民需求，对数字基础设施的网络通信质量也提出了新要求。另一方面，在村庄层面进行划分，将收入、常住人口密度、地理位置等因素综合考虑，高收入和高人口密度的"两高"村庄，其数字乡村建设的相关指标也远高于其他村庄。由于各地数字乡村建设的基础条件不同，侧重点不同，发展阶段也不同步，往往同一类地区不同空间尺度、不同村庄间的数字乡村建设都会存在差异。这种差异性造成村庄层面数字化进程上的差距尚未得到重视，尤其一些试点村庄的数字乡村建设标准和实施方案等具体内容不够完善，在数字化应用的推广上还缺乏明确规划。

（二）智慧政务服务建设有待完善

1. 政务服务智能化融合不够

当前，乡域在线政务处理过程中智能化技术深入应用不够。这有多方面的原因，有的是因为缺乏满足智能政务需求的数据资源，有的则是对传统政务平台的智能化改造不够，不同在线政务服务模块之间缺乏自动流转技术的支持，以至于政务协同还停留在手工操作阶段，政务服务难以精准地把握用户服务需求，无效服务和服务盲区依然大量存在。[①] 以政府网站为例，大多数网站平台还处在信息查询和发布阶段，缺乏根据用户需要以及行为习惯动态、个性化地智能推送政务信息的功能，没有实现和社会、民众的智能互动，达不到在线智能政务处理的标准，更谈不上智能技术条件下政务服务的智能办理。有的基层政府虽然专门开发了在线智能平台，但是由于没有通过数据关联分析建构起政务服务逻辑信息链条，实际应用中依然存在着政务服务流程割裂、服务内容碎片化以及不同模块中流转数据不一致以及孤立运行的平台很难统一标准的问题，使在线服务经常由于流程切换而受到阻滞，难以实现一体化的连续流转服务和服务优化。另外，在乡域智慧治理的实践中，尚未形成一体化的数字治理体系，始终存在条块平台分割、系统独立运行的矛盾，数字技术与乡村现实情境难以形成有效耦合。各个条口的平台系统相互独立，且无法贯通互联，不能实现部门之间数据共享与资源互通，这是制约乡村数字治理的重要障碍。在数字化浪潮下，各级政府单位和涉农部门都在积极筹建大数据平台，使得业务平台林立，资金投入量大，但产出内

---

① 王谦、刘大玉、陈放：《智能技术视阈下"互联网+政务服务"研究》，《中国行政管理》2020年第6期。

容的差异化程度较低。

2. 应用终端便捷性不足

移动互联时代，智能终端的政务应用水平是形成政务服务新业态、新模式的突破口。5G 技术的推广与移动终端运算能力的提升，更是加快了移动互联的速度，而且由于移动终端能及时采集个人的行为数据，比如个体偏好和习惯，非常有利于基于个体需求精准地推送需要的公共服务。如果能将政务服务朝移动智能终端转移，将有助于推动政务服务和需求的便捷化对接，对于提升政务服务的效能和群众满意度意义重大。但是，从实际应用来看，与智能移动终端硬件快速增长趋势不相称的是，政务服务 App 研发相对滞后，政务处理移动端转化率远远低于企业甚至一般个体户的应用水平，仅有的一些省市级移动端在线政务服务平台也存在空转现象，缺乏基于大数据、云计算以及智能算法的智能化在线服务供给能力，服务模式也停留在传统在线时代，服务推送不及时，民众知晓率低，远远落后于服务客体对政务服务移动便捷、精准自发响应的需求。

3. 政务服务系统安全性不足

开放的智能在线政务处理系统中，高度关联的数据构成极具价值的政务信息链。和过往的互联网政务服务平台数据比较起来，这些依靠内在逻辑整合的数据内涵更丰富，信息量更大并有着更强的敏感性。但在智能环境下，由于整个网络空间节点连通度的提升，政务数据直接或间接泄露的可能性增加，局部数据安全往往能波及整个政务平台数据安全，一旦数据被窃取，造成的影响和危害将是深远的。当前，政务服务系统分类分层分级的安全规章在应用中不能很好地适应智能条件下信息普遍关联的实际，安全保障技术也还不能完全满足智能技术应用下的安全需求。在智能分析技术日渐成熟的当下，不仅在线政务数据自身安全保障难度加大，而且基于智能分析技术衍生出的新安全问题更是需要引起重视。另外，智能政务服务安全保障机制、对新技术条件下安全发展演化趋势的研判机制以及智能在线政务平台中的安全认证机制等均与智能应用的发展不同步，实践中缺乏权威成熟的新理论和核心技术。

（三）数字技术与基层社会的"脱嵌"问题

1. 基层群众的参与动力与能力不足

全面推进乡村振兴必须坚持以农民为主体，提升农民参与的积极性和行动力，增强其获得感和幸福感，这是乡域智慧治理的根本出发点。但在数字化的变革进程中，一方面，智慧治理并未与群众需求深度融合。一些乡村建设者将智慧治理单纯理解为信息技术的简单应用，并未从根本上考虑数字技术与群众需求、社会实际的对接与互融，部分地区甚至仅仅搭建了一个初步的数字平台框架，难以真正发挥实质性的治理效果，从而产生一种"表面数字化"假象。对于群众而言，这并不能为基层居民建立多元的数字服务平台，更不能为农村、社区的互动交流、协商议事等提供数字化参与渠道，会导致人们对数字乡村治理以及政府公信力产生极大质疑。另一方面，不同地区、收入水平、年龄的群众参与智慧治理的能力也有所差异。在经济发达地区，乡村（社区）工作人员文化程度相对较高，同时多年的数字治理实践训练出了其较高的数字素养。而在经济发展滞后的农村地区，村干部普遍年龄偏大、文化素质较低。在国家大面积推进数字乡村建设前，几乎从未接触过数字治理。中国互联网络信息中心第49次《中国互联网络发展状况统计报告》显示，从非网民规模地区来源来看，我国非网民仍然主要集中于农村地区，农村地区非网民占比54.9%，高于全国农村人口比例19.9个百分点。有调查显示，乡村老年人政务服务平台注册数量和使用频率普遍偏低，原因是数字化设备的适用性不够，乡村老年人较难通过互联网对现代数字技术（内容、方式等）进行充分利用和掌握，在数字化参与的需求和行为等方面受到制约。[①]

2. 乡域治理中的"技术增负"问题

数字乡村治理中数字技术的便利性和高效性，提高了乡域治理效能，方

---

① 《〈城乡老年数字素养差异调研报告〉：超六成老人呼吁适老化分层教学》，中国日报网，ht-tps://tech. chinadaily. com. cn/a/202303/28/WS64225b65a3102ada8b235984. html。

便了基层群众日常生活。但是，这也间接加深了乡域治理碎片化，导致乡域治理任务短时间增多。村民日常事务以往通过村级组织进行协调沟通，现在基于数字技术村民生活问题被直接上传至乡镇数字网络中心，乡镇政府需要及时应对和处理村庄各类事务，乡镇基层工作人员的治理任务加倍。在基层治理实践中，基层工作通常是"一事一群"，甚至"一事多群"，基层工作人员各类线上的 QQ 工作群、微信工作群、钉钉工作群等，不仅挤压了他们的工作精力和休息时间，还增加了正常工作外的额外负担，这使得基层工作人员陷入各种不同的工作群当中"不能自拔"。手机上众多工作群成为基层工作人员在工作时间之外的"隐形工作"，要及时在工作群中回复和处理相关消息。同时，基层工作人员要完成走访、学习、宣传等数字平台的各类"打卡"任务，并且依据办事留痕的原则，还要上传工作时的照片和相关材料等。基层政务服务的 App 软件"纷繁复杂"，有些年终考核、工作报告、党费缴纳等日常业务也需要走相关政务平台，"指尖上工作"任务倍增。此外，基层政府的各类公众号需要基层工作人员维护运营，负责专门运营的工作人员可能要牺牲休息时间，将每天的工作动态在公众号中及时公布。

3. 数字技术与社会生活的"脱节"问题

乡域治理受传统价值观念、文化习俗、生活习惯等因素影响，往往依靠人情面子、乡村礼俗、关系网络等治理资源，更多具有人情治理特征。乡域智慧治理以数字技术的非人格特征，使基层治理更多呈现技术化趋向。数字技术的治理运作不同于传统乡村治理中的面对面互动关系，其治理关系依靠数字技术联系和维持，这可能导致智慧治理过程中的人情冷漠，进而影响乡域治理中的情感关系。同时，乡域治理中的制度建设和技术手段容易脱离群众实际生活，造成乡域智慧治理"悬浮"。① 在基层治理数字化的实践中，基层工作人员可能仅根据数字显示屏或数字信息做出治理判断，缺乏人文关怀，导致实际治理效果不佳。

---

① 丁波：《数字赋能还是数字负担：数字乡村治理的实践逻辑及治理反思》，《电子政务》2022 年第 8 期。

三 乡域智慧治理：典型案例

随着数字信息技术在全国各地政府的试点和推广，不少地区在整合资源、政务服务、数字风控等领域进行了改革创新，全国各地涌现了一批智慧治理的典型案例。

（一）浙江德清"1+1+X"数字政府建设模式①

近年来，浙江省湖州市德清县把数字乡村建设作为乡村振兴的战略方向和实现农业农村现代化的重要途径，深入推进数字乡村集成改革，探索建立"1+1+N"的数字乡村整体架构（1个数字乡村标准化规范+1个多跨协同乡村一体化智能化平台+N个涉农场景功能），以数字化撬动传统乡村生产、生活、治理模式变革。2023年5月公布的《国家数字乡村试点终期评估》显示，截至2023年2月，德清县全县共迭代升级120余项乡村应用场景，农业信息化覆盖率达100%，宽带通村率达98.4%，快递进村率达100%，数字乡村指数位列全国百强县域第一。

一是构建数字产业融合发展新模式，助推农村经济发展壮大。首先，推进数字化农业转型。加快物联网、人工智能等数字技术与农业全面深度融合，开发上线德清智慧农业云平台，归集全县11个数字农业示范园区4100余个农业物联网应用示范点共800余万条数据，为农业全程标准化、智慧化管理提供数字支撑，构建形成果蔬、畜牧、水产等六大特色农业数字化生产链路，有效提升农产品附加值。其次，创新多元化乡村业态。以数字化技术赋能农村一、二、三产业深度融合，促进乡村民宿、乡村科创、乡村文创等新业态新产业发展。再次，构建网络化营销模式。构建"1+2+N"农村电商体系，即打造1个农村电商产业园，打通"本地电商平台+第三

---

① 本小节参考《浙江省湖州市德清县：以数字乡村建设撬动乡村全方位变革》，数字乡村共建共享平台网站，https://www.digitalvillage.cn/contents/203/407.html。

方电商平台"2 类销售通道，引进 N 家涉农企业入驻园区，创新"电商+合作社+农民""电商+旅游+农产品销售"等销售模式，引导农产品线上统一销售。

二是构建数字驱动品质生活新形态，提升村民获得感幸福感。首先是打通线上便民服务通道。聚焦解决乡村服务"最后一公里"问题，依托"浙里办"平台，迭代升级"浙里基本公共服务"应用，提供智慧医疗、智慧交通、智慧养老等 11 个大类 95 项基本公共服务事项，村民足不出户即可享受挂号就诊、求职招聘等便捷服务，实现村民出生、就医、就学等"一生事"全程网上办理。其次是丰富数字生活服务场景。以五四村、高峰村等 7 个未来乡村建设为契机，依托"地理信息+人工智能"等产业优势，以"物联网+5G 互联网"技术赋能乡村数字生活场景建设，让村民在乡村随时随地享受智慧生活。最后是重塑乡村物流服务体系。聚焦解决乡村物流"最后一公里"问题，基于北斗时空技术打造"数字配送大脑"，建成 102 个乡村物流智能服务站，形成县、乡、村三级物流配送链条，推动实现"网货下乡、农产品进城"的双向循环。

三是推动数字乡村整体智治新变革，促进基层治理提质增效。首先是推动数字孪生的治理技术变革。依托一体化智能化公共数据平台、空间治理数字化平台支撑作用以及地理信息产业先发优势，有效归集 282 类近 13 亿条乡村治理数据。首创打造"数字乡村一张图"，以电子地图、遥感影像、三维实景地图等空间数据为底座，叠加 18 个部门图层，呈现实体与数字"孪生"的乡村图景。通过精准映射乡村"人地物事"关键因子，实现对农村水环境、空气环境、土壤环境等的实时反馈。其次是推动主体联动的治理组织变革。连通"数字乡村一张图"与基层治理四平台及国土规划、智慧交通、生态环保等 15 个部门系统，打造形成跨区域、跨系统、跨层级的业务协同基层治理体系，实现矛盾调处、村庄规划、风险管控、生态治理等基层治理的"一网通管"。最后是推动"四治"融合的治理方式变革。依托"数字乡村一张图"的智治功能，串联自治、法治、德治，推动乡村治理从零碎化走向集成化。

（二）山东淄博博山区"智防山洪"信息化预报预警建设①

博山区地处鲁中山区，淄博向斜盆地南缘，淄博市中南部，为暖温带季风区域大陆性气候。区内东、南、西三面环山，地貌类型由南往北可分为中山、低山、台地、丘陵四大类型，属山洪灾害易发区。山洪灾害不仅会对基础设施造成毁灭性破坏，而且会对人民群众的生命财产安全构成极大的威胁，是当前防灾减灾工作中的突出问题。博山区通过建设山洪预警平台，全面提升区级预警信息的发布能力，将智慧化全面应用于"信息化"预警平台，为有效预防山洪灾害提供了重要技术支持，为山城人民筑起生命"安全屏障"。

一是全面建成了"自动化"山洪灾害监测网络。全区在 8 个山洪灾害防治小流域中，共新建 21 处自动雨量站，4 处自动水位（雨量）站，23 处自动水位站，144 处简易雨量站，219 处简易水位站，27 处视频监控站，5 处图像监控站，10 套镇级会商系统，共享气象、水文部门 11 个已建的自动监测站，组成雨水情监测站网，平均雨量站网密度为 $11km^2$/站，水位站网密度为 $22km^2$/站；全面建成了山洪灾害防治区的监测网络，实现了对暴雨、山洪的实时准确监测，初步解决了山洪灾害防御缺乏监测手段和预警预报设施的问题。

二是全面开展了"智慧化"防御山洪灾害调查评价工作。在 10 个镇214 个山洪灾害影响村开展了山洪灾害调查和自然灾害普查工作，评价了防治区重点沿河村落的防洪现状，划定了山洪灾害危险区，明确转移路线和临时避险点，利用智慧化手段科学合理地确定了预警指标和转移值。

三是全面建成了"信息化"基层预报预警系统。采取"因地制宜、土洋结合、互为补充"的原则，在山洪灾害防治镇、村配备了 196 处"信息化"山洪预警广播，220 套应急手摇报警器，230 套应急铜锣、哨等报警设备，初步实现了信息化、多途径、及时有效发布预报预警信息，解决了预报预警信息发布"最后一公里"问题。

---

① 本小节参考中国信息通信研究院《数字政府典型案例汇编（2022 年）》，第 102-109 页。

四是全面建成了"网络化"基层监测预警平台。建设了区、镇、村三级山洪灾害监测预警平台，开发"山洪灾害防御客户端"，将雨情、水情、工情、气象、预案、卫星云圈等信息有效集成为"一图"，雨情、水情等基础信息实时入库，并共享水文监测站点和气象监测站点信息，实现了自动监测、实时监视、动态分析、统计查询、在线预警等功能"一机查询"，有效提升了暴雨山洪的监测预报预警能力，提高了预报预警信息发布的时效性、针对性、准确性，大大减少了人员转移的难度和成本。

五是实现自动监测站点"覆盖化"。通过水雨情监测网络和视频监控系统的建设，全面建立了覆盖全区的水雨情监测网络，实现了对暴雨、洪水的实时监测，实现了对全区18座水库、17条河道的在线监测。

六是实现区级预警"自动化"。通过移动专线、数据库信息、智能手机客户端等技术，实现了山洪监测、预报、预警"一机掌控"，实现指挥调度"科学化"。通过在全区规模以上水库、重要河道控制断面安装信息化视频监控系统，综合天气预报、国土、水库和水文管理等部门的信息资源，自动生成翔实准确的基础资料，全面提升指挥决策的准确性、时效性、科学性。

七是实现群测群防工作"智慧化"。首先是严格落实群测群防制度体系。建立以行政首长负责的各级责任制，责任落实到人，加强统一组织领导。特别是建立了镇、村、组、户责任制，形成了既能统一组织行动又能独立自成应急系统的群测群防组织体系。其次是有效开展山洪灾害防御演练，通过山洪灾害防御应急演练有效地提高了基层指挥员的现场指挥能力和镇村群众防御山洪的自救能力。最后是有序组织安全转移。收到山洪预警信息后，及时组织受威胁区域的群众按照"预案"要求，将人员转移到安全位置，可以镇或村组为单元灵活指挥，家庭或个人也可主动采取躲避措施，使灾害损失降低到最低限度，实现群防工作"智慧化"。

（三）山东日照婚育服务"全照办"①

山东省日照市依托全国一体化政务服务平台，针对涉及千家万户的婚育

---

①　本小节参考中国信息通信研究院《数字政府典型案例汇编（2022年）》，第163~170页。

服务事项，树立"群众有需求、我们全照办"的服务理念，打造"全照办"特色政务服务品牌，简化办理流程、优化场景服务、强化数据共享，实现婚育服务事项联办和全程网办，办理出生医学证明等 11 项事项由之前的 4.5 天到目前最快 3 分钟，大幅提升了群众办事便利度。

一是聚焦婚育服务，设定主题场景。日照市为切实做好便民服务，逐项梳理群众线下阶段性办理事项，将个人全生命周期事项清单中的结婚、新生儿出生、就医保险（生育保险待遇核准支付）场景合并梳理为婚育场景，同时增加户口婚姻状况变更、生育补助金、新生儿医保参保缴费 3 个高频关联事项，实现出生医学证明办理、户口登记、城乡居民医疗保险参保登记、生育医疗费支付等 11 项婚育服务事项联办，形成"婚育服务'全照办'"。群众在办理此类事项时，只需在"爱山东"App 或"日照通"App 上，按认知习惯选择主题场景，就能找到需办理事项和所需填报内容，方便群众简洁明了办事。

二是打通数据壁垒，实现资源共享。为了实现婚育服务"全照办"，日照市打通人社、卫健、公安、税务、医保等 11 个业务系统，实现跨部门联办、跨市域通办、全程网办。首先是创新研发联办平台，实现无差别服务。创新开发"全生命周期"联办平台，通过建立事项办理"流水线"、材料流转"传送带"、个性化全生命周期"数字档案"等方式，将全生命周期事项串联、并联成主题服务事项"办理链"。其次是积极争取支持，解决本地数据落地难题。对于卫健等市级没有改造权限的垂管系统，通过争取出生医学证明电子证照试点资格，争取省级系统改造支持；对公安等与互联网、政务外网物理隔绝的系统，按照有关要求在边界接入平台搭建专属数据传输系统进行数据交换。最后是改造自建业务系统，解决数据传输难题。整合申报端，在"日照通"App 开设"婚育服务'全照办'"统一申报入口；优化工作人员业务办理端，修改医保参保系统、社保卡申领系统等自建系统业务办理页面，新增联办模块。

三是聚焦"一次办好，深化流程再造"。首先是由"填报 11 张表"变为"填报 1 张表"。按照每个事项的办理要求，原需现场填报表单 11 张、表单要素信息 149 项，现仅需网上填报表单 1 张，删除姓名、身份证号等重复信息 38 项，通过共享、共用、互认的方式，实现户籍信息等 92 项要素信息"数据替跑"。其次是由"提报 52 份材料"变为"上传 3 份证照"。按照现场办理要求，需提供身份证、结婚证等证件原件进行核对，并提供复印件留存备案，11 个事项累计需要提供身份证、户口簿等材料 52 份。"婚育服务'全照办'"上线后，场景内的所有事项均实现全程网办，群众只需拍照上传夫妻双方身份证和结婚证，即可办理全部事项。最后是由"最少跑 9 趟"变为"0 跑腿"。仅需一部手机、一张表单在家即能实现婚后生育登记、婚姻状况变更、孩子出生证明等一系列证件办理及母亲生育保险待遇申领，真正实现"0 跑腿"。

（四）广东汕尾社会治理"民情地图"解决方案①

社会治理民情地图解决方案主要聚焦基层社会治理，依托"一标三实"数据、数字地图、大数据服务和空间信息服务平台，面向各级行政部门和基层的使用需求，构建了全域智图系统、网格化系统、村居民自治系统等应用，整合专项数据治理、地图融合引擎、应用安全防护、应用支撑服务等需求，实现基层社会治理数字化转型，化解基层社会治理矛盾、优化基层服务。

社会治理民情地图解决方案主要依托大数据、互联网、云计算等智能互联技术，汇集基层治理基础数据，建设"数据+应用"基层管理平台，是"互联网+"基层治理的智能应用。方案构建了"镇、村、组""大数据、网格化、群众路线""三纵三横"基层社会治理立方体，着力打造"一张地图知晓村情民意，一台手机实施基层治理"的基层治理现代化体系，形成"五治"一体基层治理新格局。

民情地图总体包括三大部分：一是基础支撑，平台汇集整合各相关部门数据，将各类管理对象的基础信息形成专题库，为基层社会治理提供数据基础；二是核心驱动，依托平台可实现网格化运行管理，上报处置各类事件数

---

① 本小节参考中国信息通信研究院《数字政府典型案例汇编（2022 年）》，第 138-143 页。

据，全面掌握要情动态；三是场景应用，面向各级领导和相关职能部门展示全市民情和要情动态，依托地理信息平台，汇聚各单位各类数据，利用矢量图、卫星影像图、3D地图等多种地图形式，通过热力、聚合、打点分布等数据展示方式，实现基层治理要素在地图上的直观呈现。

基础层充分依托数字政府云、网、数等基础设施建设成果，确保系统整体运行的持续稳定和安全可靠。支撑层充分利用省、市两级数据及应用成果，包括政务大数据中心，用户认证、应用安全防护、应用安全审计、数字地图等，同时结合民情地图应用特色，建立支持职能部门横向管理及市县镇纵向管理的综合权限体系。数据层利用多种技术手段和行政手段，以"一标三实"采集数据作为基础数据，汇集省回流的业务数据和基层逐级上报的动态数据，通过民情地图专项数据治理，围绕人、房、地、事等核心要素进行数据整合，形成可高效支撑民情地图各项业务场景的专题数据库，实现数据和业务的双加速。应用层包括建设面向各级行政人员的"全域智图"、面向基层工作者的"网格化管理系统"、面向广大群众的"村居民自治系统"三大应用体系。基层社会治理平台的用户主要包括各级领导、相关职能部门管理人员、联勤指挥中心、基层网格员和村（社）区居民。

四　乡域智慧治理：完善路径

乡镇政府是国家与基层社会的连接节点，乡域治理是基层治理的重要环节，在信息化背景下，乡域智慧治理的推进任重而道远。当前，针对智慧治理在基层面临的各种挑战，应当着重弥合数字鸿沟，实现数字普惠；优化政务平台，提升服务效能；立足社会需求，推进有效治理，从而进一步推进乡域智慧治理走深走实。

（一）弥合数字鸿沟，实现数字普惠

1. 加大政府资金投入力度，完善信息基础设施

基础设施建设是乡域智慧治理的重要抓手。习近平总书记强调，"要继

续把公共基础设施建设的重点放在农村"。[①] 农村信息化基础设施薄弱是共性问题，加大乡村数字基础设施资金投入和技术接入，是缩小城乡数字鸿沟，推进乡村数字治理的前设性条件。[②] 政府部门要加大对乡村地区，尤其是西部农村地区的资源倾斜力度。中国财政科学研究院发布的《中国政府收入全景图解（2022）》显示，中西部地区财政自给率不足 50%，财政收入主要来源于转移支付。在广大乡村地区，政府要加大支持力度，推动互联网、基站等"硬"基建建设，加大资金投入，推动乡镇、村数字基础设施智能化改造升级，有序推进农村地区 5G 网络建设。在有条件、有需求的地区，可以探索建立数据统计分析决策、村情分析研判、数字协商平台等。在投入主体上，一方面，要加大中央、省级财政对地方的专项资金支持力度。省级、地市级财政要加大统筹使用力度，提高财政资金使用效率。在数字乡村建设经费中，要适当加大互联网、农村"雪亮工程"等"硬"基建建设支出比重，尤其是向偏远山区倾斜力度。同时，要加强资金审批监管，防止地方陷入"数字技术创新锦标赛"。通过统筹使用，避免财政资金无序使用、无故流失。另一方面，要引入市场主体、社会公益慈善力量，共投共建数字基础设施。要引导社会力量，尤其是鼓励企业积极承担社会责任，参与到数字基础设施建设中来。要引导高科技企业、个人等主体将区块链、AI 等先进技术接入乡村，参与乡村数字软件技术研发。同时，可以逐步探索政府、企业、社会公众利益共享机制，增强乡村可持续发展能力。

2. 融合城市优质资源，实现城乡一体化发展

城乡一体化的推进为乡域智慧治理带来新的契机。城市无论是在网络基础设施建设，还是在区块链、大数据、信息化建设上，都具有乡村无可比拟的优势。在城乡一体化背景下，乡村发展须借助城市数字化、信息化的优势，补齐乡村在数字化、信息化领域的短板。一方面，加快推进新型城镇化建设，以城带乡缩小城乡收入差距，打破数字壁垒。另一方面，完善农村地

---

① 习近平：《论"三农"工作》，中央文献出版社，2022，第 15 页。
② 曹银山、王国峰：《乡村数字治理：社会基础、现实挑战与政策因应》，《贵州省党校学报》2023 年第 5 期。

区数字新基建布局，消弭城乡数字鸿沟。有关部门应当积极推动数字要素向乡村地区扩散、融入。加快引进城市数字化建设的技术、经验、人才，把数字乡村建设与智慧城市建设紧密联系起来，以城带乡、以工补农、相互促进、相互借鉴，在共建、共享、共商的基础上，构建数字乡村建设与智慧城市协同发展新格局。

3. 提升干群信息素养，培育智慧治理有效主体

基层群众是乡域智慧治理的首要主体，他们既是数字化时代的见证者，也是数字乡村建设的受益者。要通过全方位提升村干部、村民数字素养，为推进乡村数字治理提供主体保障。其一，拓宽人才培养渠道，确立以政府为主导的乡村人才培养机制，培养造就一批爱农业、爱农民、爱农村，懂技术、懂数据、懂网络的高素质乡村数字人才队伍。其二，要结合农业农村生产生活实际，积极推动乡村人才培养变革，以农业院校为依托，探索开展产教深度融合、校村协同育人，建立与"新农人""职业农民"相适应的人才培养标准和课程体系，以"互联网+"人才数字化培训为契机，加快推进乡村数字化人才培养。① 要利用好乡村"存量"资源。在培训主体选择上，充分利用好选调生、驻村帮扶专干等力量，加大对村干部、村民的技术培训力度。同时，可以将在村青年吸纳进来，加入技术培训推广队伍。其三，不断提升农民信息意识，加快其思维方式的转变，提高农民学习数字化、信息化的积极性和主动性。人力资源部门要加强培训管理体系建设，精心设计培训内容，设立培训专项资金，利用村级信息服务站点进行宣传教育，开展信息素养教育培训，激发掌握数字技术的需求意愿。将信息素养培训教育模块化，让农民养成良好的信息习惯，善用信息工具来解决农业生产和生活中的各类问题，逐渐把数字技术渗透到基层治理的全领域。

（二）优化政务平台，提升服务效能

1. 加强顶层设计，完善政务服务制度保障

面向未来，要立足智能技术对政务服务的提升与改造效能，从顶层和宏

---

① 李天龙：《数字乡村建设：基本理念、价值追求与实践路径》，《中州学刊》2023 年第 11 期。

观层面，完善智能化和在线政务服务融合的体制机制，加速推进互联互通和底层数据关联共享分析，增强全国一体化在线政务服务平台的智能服务能力，全面提升全国"一网通办"和政务服务"一次登录、全网通办、智能反馈"的智能化水平。一是要提升"智能互联网+政务服务"标准的统一性，以制度的统一性来保障技术层面的协同性，为智能化推进铺平道路。在地方政府实践中，要进一步细化一体化智能政务服务平台的实施细则，特别是对那些能够推动人机协同处置的政务服务，要加快完善相关制度，建立标准、规范程序，在总结经验的基础上形成可推广复制的制度安排。二是要针对实践中存在的政务碎片化问题，加强智能在线政务服务关联与协同性建设和领导，完善跨部门跨区域线下联席会议和定期协商政务服务协同等问题的制度，破除传统的垂直行政管理体制和智能技术条件下关联复杂、超扁平分布格局不相适应的体制藩篱。三是要建立健全与智能政务服务相应的领导机构，在相对集中负责人的统筹谋划与决策下，加强智能政务数据交换标准体系建设，克服因业务数据不一致带来的智能整合分析难的问题。四是要加大智能政务服务在移动终端的开发，并与时俱进地以移动互联网为载体推动在线政务零距离、零时滞地贴近群众。五是要加大政务服务套餐定制和推送服务力度，大幅提高政务服务便捷性与实时性。

2. 推进一体化建设，促进政务服务集约化发展

政务服务一体化和协同性的重要支撑是政务数据资源的标准化和开放性，提升智能政务服务系统中信息资源建设效益是推动政务资源共享与协同的重要手段，也是智能条件下"互联网+政务服务"提质增效的根本环节。一要从智能在线政务服务一体化运行角度出发，本着提升整个政务系统效能的原则，加快智能检索、分析等技术与人口、法人、电子证照等基础数据库的融合，促进相关数据库的在线互通、应用开发和跨部门、跨区域互认共享。二要按照全国一体化政务服务平台要求，集约建设智能政务服务要求的信息资源目录分类检索、数据采集、数据质量、共享交换与关联接口等方面的标准。三要建立各部门各地区动态运行数据的及时汇总机制，确保智能政务平台信息资源的一致性和时效性，提升数据关联分析的智能化水平，提升

智能政务服务的精准性。政务服务智能化水平越是充分，越是要求数据资源丰富、快速共享。在一体化智能政务服务平台架构下，各地区政务协同工作迫切需要构建分布存储、多级互联、全国统一的政务数据资源共享交换平台体系，不断增强基于数据交换平台的数据智能分发处理功能，使其能够支持跨层级、跨地域、跨系统、跨部门、跨业务的数据资源智能调度和协作。

3. 强化防御系统，提升政务服务安全保障水平

智能技术条件下的"互联网+政务服务"安全保障是复杂的系统工程，要立足整体安全和总体安全的需要，从"智能+"在线政务服务的底层硬件平台安全、系统软件安全、应用安全维护以及数据智能关联安全等方面出发，综合研判政务服务安全风险，制定系统完备的安全保障体系。一方面，要完善智能条件下政务服务安全保障的体制机制，明确不同环节、不同机构的目标任务，夯实各级安全管理机构的职责，确保政务服务平台健康有序运行。要依照《网络安全法》相关规定，从中观和微观层面细化"智能互联网+政务服务"安全规章，明确基层政务平台的安全需求，加强"智能互联网+政务服务"各个环节的安全研判，切实增强政务信息存储、传输、处理、共享等过程的监管能力。另一方面，在"智能互联网+政务服务"平台的日常运行中，要常态化开展风险评估，科学分析潜在的安全要素，制定切实有效的防范与应急响应措施，增强"智能互联网+政务服务"系统的整体稳定性与可恢复性。要结合智能算法与区块链等新技术在政务服务安全保障中的应用与研发，以智能分布式存储增强政务服务后台数据的全域安全校验功能，提升政务服务数据资源的动态一致性和平台的整体安全水准。

（三）立足社会需求，推进有效治理

1. 满足群众生活需求，提高数字技术普惠性

乡域智慧治理是提升群众生活幸福感的重要手段。基层人民生活需求是推动乡域治理数字化转型的内在动力。随着我国经济社会的快速发展，我国社会主要矛盾已经转化为人民日益增长的美好生活需要和不平衡不充分的发展之间的矛盾，人们渴望美好幸福的生活。因此，智慧治理最关键的是回应

群众对于美好生活的向往，从而实现基层治理的共建共治共享。一方面，要提高基层群众的数字素养，将数字技术与基层群众日常生活相结合，激发广大基层群众数字治理参与积极性。例如，通过建设"数字农家书屋"，举办各种形式的数字培训班和数字学习课程，增强农民掌握数字运用和操作的技能，引导农民参与数字治理过程。同时，以数字平台收集农民的实际生活需求，进行分门别类的安排和推进，通过日常"微项目"资源的"微供给"，满足农民不同的"微心愿"，进而提升农民的生活获得感和幸福感。另一方面，要通过数字技术提升农民的物质生活和精神生活水平。在物质生活方面，完善农村物流销售渠道，加快网络零售平台建设，挖掘农业产品的市场潜力，精准有效地匹配市场需求，保证农业产品的供需平衡，提高农民实际收入。在精神文化生活方面，当前基于农村空心化、空巢化、老龄化的现状，农民精神文化生活较为匮乏。因此，乡域智慧治理要通过乡村数字平台和数字网络，向农民传送喜闻乐见的节目，丰富农民的精神文化生活，让数字技术更接地气。

2. 构建数字治理规则，推动数字治理减负

乡域智慧治理应构建科学合理的数字治理规则，以实际治理效能为监督考核导向，规避基层数字形式主义。首先，要建立科学合理的考评机制。在监督考核内容方面，不能以数字指标作为衡量基层政府工作绩效的唯一标准，而是要与基层治理实际相结合，既要突出数字的重要性，又要关注实际治理内容的真实性，兼顾客观数字和主观评判。其次，构建立体化的考评体系，对公众评价、专家评价、自我评价等进行综合考量，既重视治理结果又重视治理过程，避免基层的应付式"数字生产"，杜绝各种"水分数字"。最后，乡域智慧治理需要界定治理边界。一方面，明确乡镇政府和村级组织在数字乡村治理中的工作角色和内容。数字乡村治理不仅是乡村治理的数字化，更是乡镇政府统筹下的乡村治理转型。乡镇政府通过数字技术的运用，加强对村庄的管理，帮助村级组织提高数字治理能力。另一方面，明确数字治理工作内容和业务工作内容的区别和联系。在保证正常工作不受影响的情况下，安排专门的工作人员进行运营和保障，提高数字治理工作的专业性。例如，基层政府公众号的运营和维护，安排专门人员或者制定轮值制度，努力实现"专业人做专业事"。

3. 发挥村级组织作用，推进数字有效治理

随着数字化的技术治理在乡村社会推广，村级组织科层化趋势越发显著。基于数字乡村治理的技术逻辑，技术手段大范围嵌入乡村治理，可能造成村民自治空间被挤压，不利于村民自治的长期发展。与此同时，乡村治理行政化要求大量的人力物力投入农民日常生活"微事件"中去，加大了乡村治理的人力、物力等成本，造成治理资源的低效和浪费。① 当前，部分村级组织在日常工作中主要是完成乡镇政府派遣的各项任务，缺乏治理主动性，对于村庄总体规划和发展缺乏总体性和长远性思考。因此，数字乡村治理要在考虑乡村治理特征的基础上，将数字技术与村民自治制度相结合，以数字化激发乡村治理活力，实现数字乡村的有效治理。

一是要把握好精英引领带动与大众充分参与的关系，加快构建多元主体共建共治共享的乡村数字治理格局。需进一步健全村干部选拔机制、完善乡村经济能人的激励机制，充分发挥乡村各类精英群体在乡村数字治理实践中的引领带动作用。二要通过完善数字接入条件、拓展应用场景，降低农民参与成本、提高参与深度，充分激发包括流动人口在内的农民群体参与乡村数字治理的积极性和创造性。以村民议事会、恳谈会、乡贤会等为载体，加快重塑村庄共同体，着力增强广大农民的主体性意识和村庄认同感。三是多渠道开展面向村干部和普通农民的数字素养与技能培训，依托网格员、信息员推进数字治理进村入户，并加大对弱势群体使用数字技术的社会帮扶力度，加强年轻子女对老年群体的数字反哺和代际支持，以保障不同群体享有参与乡村数字治理同等的权利和机会。同时，将本土培育和外源连接相结合，发展壮大乡村各类能人群体，盘活用好"田秀才""土专家"的数字化能力。鼓励引导有创业意愿和创业能力的农民工、大学生、退役军人等人员返乡入乡创业，加强土地、资金、技术等方面的政策倾斜和配套保障，着力突破乡村数字治理的人才瓶颈。

---

① 丁波:《数字赋能还是数字负担：数字乡村治理的实践逻辑及治理反思》,《电子政务》2022 年第 8 期。

后　记

本书是华中师范大学政治学世界一流学科建设的阶段性成果。2021 年，华中师范大学政治学进入世界一流学科第二轮建设周期。为进一步深化"基层与地方治理"高峰领域，华中师范大学凝练形成了省域治理、市域治理、县域治理、乡域治理等四个基本研究方向，并确定了若干重点研究任务。其中，编写发展报告是"四大治理"研究的主要任务之一。此次出版的《乡域治理现代化发展报告》就是基于这一科研规划的重要成果。

《乡域治理现代化发展报告》以"乡域治理现代化"为主题，重在关注当下乡域治理现代化的最新趋势和主要挑战，并提出相应的政策建议。在具体的研究内容上，本书重点围绕乡域治理现代化指标体系构建、乡域党的建设、乡域政权建设、乡域群众自治、乡域法治建设、乡域德治建设、乡域智慧治理等七个方面展开。各章节的写作分工如下：绪论和第一章由张海超负责；第二章由孟凡柳负责；第三章由肖文康负责；第四章由王毅负责；第五章由刘少新负责；第六章由肖瑶负责；第七章由周渝凡负责。黄振华承担了本书的组织统筹、框架设计、结构安排等工作，并对全书进行了修订和完善。

作为"四大治理"的重要内容，《乡域治理现代化发展报告》是在华中师范大学政治学部的统一规划和支持下推进的。徐勇教授对全书的结构安排和写作思路进行了审定，为本书写作指明了方向。陈军亚教授对于本书的诸多关键性问题进行了指导，并提出了一系列指导意见。政治学部的王璐老师为本书出版给予了诸多工作支持。最后，要特别感谢参与本书各章写作的各位作者，通过他们生动细腻的文笔在不长的篇幅中将乡域治理现代化的最新进展呈现出来。

　　《乡域治理现代化发展报告》是我们推进乡域治理现代化研究的一次初步尝试。由于作者水平有限，本书可能存在错漏之处，请各位读者不吝赐教。

编者

2024 年 10 月 5 日

图书在版编目(CIP)数据

乡域治理现代化发展报告 / 黄振华主编 . -- 北京：
社会科学文献出版社，2025.4. --（基层与地方治理年
度报告系列）. -- ISBN 978-7-5228-4544-9

Ⅰ. D625

中国国家版本馆 CIP 数据核字第 2024EG1461 号

基层与地方治理年度报告系列
乡域治理现代化发展报告

主　　编 / 黄振华
副 主 编 / 张海超

出 版 人 / 冀祥德
责任编辑 / 黄金平
文稿编辑 / 尚莉丽
责任印制 / 岳　阳

出　　版 / 社会科学文献出版社·文化传媒分社（010）59367156
　　　　　 地址：北京市北三环中路甲 29 号院华龙大厦　邮编：100029
　　　　　 网址：www. ssap. com. cn
发　　行 / 社会科学文献出版社（010）59367028
印　　装 / 三河市龙林印务有限公司

规　　格 / 开 本：787mm×1092mm　1/16
　　　　　 印 张：15.25　字 数：231 千字
版　　次 / 2025 年 4 月第 1 版　2025 年 4 月第 1 次印刷
书　　号 / ISBN 978-7-5228-4544-9
定　　价 / 98.00 元